インターネットは
流通と社会をどう変えたか

阿部真也＋江上　哲
吉村純一＋大野哲明 〈編著〉

CHANGES MADE TO THE MARKETING
& SOCIETY BY THE INTERNET

中央経済社

はしがき

　コンピュータが情報化社会を発展させ，さらにインターネットがわれわれの日常的な生活を大きく変えて久しい。ネット社会は産業構造だけではなく，消費生活に大きな影響を及ぼしている。そこで，本書は流通経済とネット社会の関係を軸にしてさまざまな角度から14人の研究者が論じている。

　この本の出版のために阿部真也先生を中心に2年間以上をかけて数回にわたって研究会を東京，大阪，福岡などで開催した。執筆者である各メンバーの研究会での報告と議論が本書の内容となっている。各執筆者が重要と思われる課題に取り組んでいるが，共通の問題意識を持っている。それは「流通経済から見る社会」である。その意識が書名に示されている。インターネットと流通やマーケティングに関する著作は巷にあふれている。それらの多くの書は，「いかに利潤をあげるか」が目的となり，その「手法」を展開している。われわれから見れば，その種の著作はそもそもの「利潤」や「経済社会」への本源的な「問い」はないである。さらにいえば資本主義経済体制そのものへの問題意識はなく，今の経済システムを当たり前のごとく不問にしたままに書かれている。それらの「社会科学」としての意識のない流通に関する研究や出版は，近年において大きな問題となっている「下流化社会」や「格差社会」の進展などを結局は看過しているといえよう。

　われわれは，流通経済論にとどまるだけではなく，今日の流通経済を通して資本主義経済社会を考えている。そこでは，現実のネット社会がもたらす「暗い面」と「明るい面」を踏まえながらも，次なるネット社会の可能性を意識しながら流通経済分野に的を絞り論じている。特に，社会科学の研究者にとって重要なのは，日常的にはよく見えない「暗い面」を分析し明らかにすることであると私は思っている。

　本書は3部構成からなる。順序として第Ⅰ部「インターネットの発展と流通機構の変貌」。第Ⅱ部「ソーシャル・メディアの社会構造へのインパクト」。第Ⅲ部「インターネットとマーケティング・ネットワーク」である。

第Ⅰ部では，流通活動とネット社会の関係性を論じている。消費者意識や小売商業などがネット社会において変化を余儀なくされている現状を実証的研究なども踏まえ論じられている。

　第Ⅱ部では，われわれの消費生活に近年おおきな影響を与えているSNSを軸に議論が展開されている。SNSをめぐる「資本の論理」と「生活の論理」の鬩(せめ)ぎ合いが流通経済の分野を中心に論じられている。

　第Ⅲ部では，ネット社会とマーケティングの関係が論じられている。内容としては，消費者問題，マーケティングの国際化，環境問題などとネット社会がどう関連しているかを，現状分析とそれを踏まえた将来展望も射程にいれて論じられている。

　以上のような内容で14人の研究者がさまざまに取り組んでいるが，共編者が方向性を貫くため調整をして出版の運びとなった。本書全体の方向性は大切にしているが，各執筆者の問題意識や主張に若干の差異があると思われる。しかしそれは各論者の独自性を尊重するためであることを了解いただきたい。

　私をはじめ各執筆者（中西，河田氏を除いて）は阿部真也先生に大学院で指導を受けたいわゆる「弟子」である。なお中西，河田氏は私が大学院で指導した研究者で，いわば阿部先生の「孫弟子」に当たる。したがって，本書の執筆者は同じ研究姿勢を底流に持っている。

　阿部先生は，古希を迎えられた後も旺盛に流通研究をされている。それらの日頃の研究姿勢に身を持って，いまだにわれわれは指導を受けているといえる。本書においても序章と終章を書いていただいた。その内容は若々しい。やはり阿部先生の「大きな精神」が本書のような具体的な「形」になったのは，「弟子」たちとして大きな喜びである。

　中央経済社の納見伸之編集長には企画の段階から，さらに浜田匡氏には編集や多数の執筆者の調整などにおいて大変お世話になった。最後になったがあらためて両氏に謝意を表したい。

日本大学経済学部教授
江上　哲

目　次

はしがき／i

序　章　インターネットの始まりとネットスピリット……………1
1　初動期のネットスピリットとその商用化／1
2　商用化による多様な収益モデルの展開／4
3　情報技術の社会的受容過程
　　　―『個別資本と経営技術』再考／11

第Ⅰ部　インターネットの発展と流通機構の変貌

第1章　ネット社会における消費者意識の行方…………18
1　高度ICT社会における産業構造の変化／18
2　消費生活意識の政治的位置づけ／22
3　消費者欲望（意識）の「グーグル」による可視化／26
4　情報縮減化と消費者の意識／31

第2章　流通における情報機能の変容……………………36
1　情報通信技術の急速な発展と流通への影響／36
2　流通における情報機能の位置づけ／37
3　流通ICT化の進展と意義／41
4　情報化による商業排除と情報域の台頭／44

第3章　商品集積から情報集積へと転換する流通サービス……………………48
1　情報技術の発展と電子商取引の発展／48
2　ネットワーク外部性について／50
3　ネットワーク外部性が存在する市場の特徴／53

4　商品集積から情報集積へと転換する流通サービス／58

第4章　ネット販売における情報過負荷と
　　　　消費者選択に関する探索的研究……………63
　　　1　ネット販売における消費者選択／63
　　　2　情報過負荷と情報混乱状態／63
　　　3　調査分析／65
　　　4　情報混乱をもたらす情報過負荷―まとめと今後の課題―／74

第Ⅱ部　ソーシャル・メディアの社会構造へのインパクト

第5章　バーチャル・コミュニティと
　　　　リアル・コミュニティ……………………78
　　　1　ネット社会におけるコミュニティの行方／78
　　　2　ネット・コミュニティと流通研究／79
　　　3　コミュニティ・ツールとしてのインターネット／82
　　　4　インターネットはコミュニティに何をもたらすのか／85
　　　5　コミュニティの複合化とインターネットの可能性／89

第6章　ネット・コミュニティにおける
　　　　他者との関わり………………………………95
　　　1　ITの発展と両義的な他者との関わり／95
　　　2　他者とのコミュニケーションとリフレクション／98
　　　3　「他者らしくない他者」とのコミュニケーション／104
　　　4　固着した関係性／107

第7章　ソーシャル・メディアとSNSの発展過程……110
　　　1　ソーシャル・メディアの躍進／110
　　　2　ソーシャル・メディアとSNSの誕生／115

3 ソーシャル・メディアの普及がもたらす影響／121

第8章 ソーシャル・メディア時代の消費生活と企業社会……126

1 消費者発のメディア／126
2 ソーシャル・メディアと消費生活／127
3 ソーシャル・メディアとマーケティング／132
4 ソーシャル・メディア時代の相互浸透／138
5 ビジネス利用から流通制度の変革へ／140

第9章 商用化が進むソーシャル・メディアの問題点……143

1 ソーシャル・メディアの浸透と問題点／143
2 パーソナルデータの取り扱いをめぐる法的な問題／146
3 消費者情報の取得をめぐる競争上の問題／151
4 ユーザーの情報環境への規定力の問題／155

第Ⅲ部 インターネットとマーケティング・ネットワーク

第10章 インターネット時代におけるマーケティングと消費の変化……160

1 マーケティング3.0／160
2 関係性パラダイム／161
3 インターネット時代の情報格差／164
4 インターネット時代の消費欲望／169

第11章 情報化と国際マーケティング戦略 ―ウェブサイトの文化的側面―……175

1 ウェブサイトへの文化的要素の適用／175

2　ウェブサイトの文化的側面の分析／176
　　3　文化的要素の研究／177
　　4　企業のウェブサイトは文化的要素を持つのか／179
　　5　既存のフレームワークとの相違点／184
　　6　おわりに／187

第12章　企業と消費者の環境配慮行動における情報の重要性……189

　　1　企業の環境配慮行動／189
　　2　消費者の環境配慮行動／195
　　3　経済的取引システムへの情報技術発展の影響／198
　　4　双方向コミュニケーションの重要性／202

第13章　ICT事業分野におけるプラットフォームの概念規定とその戦略的意義……205

　　1　いま，脚光を浴びつつも曖昧なプラットフォーム概念／205
　　2　プラットフォームの意義／206
　　3　プラットフォームの3つの特徴／207
　　4　プラットフォーム戦略の意義／213
　　5　プラットフォームの戦略的意義とRBV／218

終章　ネット・イノベーションの世界再編成の未来像……221

　　1　インターネットの未来についての諸見解／221
　　2　ネットのグローバル展開とライフサイクルの現局面／225
　　3　情報資本主義の時代認識とその未来／232

索　引／237

序章
インターネットの始まりと
ネットスピリット

1 初動期のネットスピリットとその商用化

1.1 初動期の動向

　インターネットの誕生は，1969年にアメリカ国防総省のARPA（Advanced Research Project Agency）の研究プロジェクトが，カリフォルニア大学などの4つのノードとARPANETとの接続を開始してからといわれる。この初動期の動きを年代記風に整理しておくと下記のようになろう。
- 1971年1月—稼働当初は4カ所であったノードが，71年には13カ所となった。ネットワーク・プロジェクトの指揮をとっていた情報処理技術部長のロバーツ（Roberts, L. G.）は，この時点でARPANETは実験段階から実用段階に入ったと判断した（喜多［2005］，232-235頁）。
- 1972年—第1回コンピュータ・コミュニケーション会議でのARPANETと民間のNETサービスとの接合実験モデルが提示された。
- 1973年—民間の側の動きとしては，カリフォルニア大学のバークレー校で構築されたBBS（Bulletin Board System：電子掲示板）が，市民の間での情報の共有化を目指すものとして，注目されていた。付言すれば，政府の多額の援助を受けて，軍事利用を目的とした「金持ちのネットワーク」と呼ばれていたARPANETに対して，上記の民間の研究者の自主的なネットは「貧者のARPANET」と呼ばれたが，しかし両者の間には学会を通じての人々の交流があり，既述の1972年のCPコミュニケーション会議でのARPA

NETと民間のネットとの結合実験などに刺激されて，両者の統合が急速に進んだ。
- 1982年—国防通信局はARPANETを軍事的実用情報ネットとして純化すべく，セキュリティ管理の弱い研究志向の大学のノードを軍事関係のノードから分離した。このことが，民間部門におけるインターネット相互の広がりをさらに加速した。

1.2 初動期のネットスピリット

上記の初動期の動向が，現在および将来のインターネットの性格を考えるうえで，非常に重要な時期であるということが明らかになってきている。それはこの時期の活動が，国防総省の支援を受けた点があるにせよ，その実質的な研究と運用が，科学者や技術者の自主的で相互協力的な体制のもとで行われ，その独特の思想状況が，後述するネットの商用化によって影響を受ける前の姿で，純粋なかたちで存在したといえるからである。

この時期と前後してRandall［1997，邦訳1999］や，Hauben & Hauben［1997，邦訳1997］などの著書があいついで出版されている。前著の邦訳書には「オープンソース革命の起源」というサブタイトルが付けられていて，監訳者の村井純は「何が『革命』なのか？」と問いかけ，インターネットは「自立分散的なシステム」であるということ，そして「運用の心臓がどこか中央のシステムで制御されている従来のインフラストラクチュアの技術体系と本質的に違う」（Randall［1999］，邦訳iv頁）と書かれているのである。

ハウベン（Hauben）母子の著書については，さきに触れた喜多千草が次のような意見を述べているのを紹介しておきたい。この当時の「若手研究者の間で育ったさまざまなネットワーク上の習慣が，今日のインターネットを支えるオープンで共有主義的な性格をつくったという議論を展開しているのがハウベン母子の『ネティズン』（Netizens）である」（喜多［2005］，259頁）。

このようなアメリカでの議論に連動し共鳴するかたちで，わが国でも，「情報革命」やCMC（コンピュータ介在型コミュニケーション）の評価についての議論が展開された。その代表的なものの1つが広瀬［1998］の論文である。情報革命を「中間レベルでのマイナーな革命」と定義して，その一定の役割を

評価するのであるが，その具体的な展開の方向性としては，覇権化，アナーキー化，民主化という3つのシナリオの相克として捉えている。

さらにやや遅れて2000年になるが，吉田［2000］の著書が出版され，CMCの普及によって自動的に民主主義的な政治理念や政治の実践が実現されるという「技術決定論的発想」を批判している。「電子民主々義の成長を現実に左右するのは，テクノロジーそのものではなく，テクノロジーに様々な意味を与える社会的文脈である」（同上，127頁）という視点を打ち出している。

この時期になるとわが国でもインターネットの商用化によってその普及が急速に進み，初動期の純粋に科学的・技術的な受け止めとはやや異なった視点が出てくるのである。「情報・メディア技術と社会・文化との相互作用の動的な過程」（同上，127頁）として捉えるという点では本章の視点と共通する面もあり，後で詳しく触れることになろう。

1.3 商用化の急展開とグローバル・ネット間の競争へ

- 1990年―「普遍的なシステム」としてのウェブ（Web）システム，「探している情報を求めてあちこちのトピックに移れるようにリンクされている，階層的ではないシステム」（Randall［1997］，邦訳198頁）が開発され実働した。このウェブ・システムには改良と拡張が加えられ，電子商取引などのためのツールとして，インターネットのより一層の発展を可能にした。さらにこのことは，ビジネス関係者によるネットの商的利用への関心を著しく高めることになった。
- 1991年―「高性能コンピュータ法」がアメリカ議会で成立し，研究者を中心に展開されてきたネットワークから，民間の企業の参入によるインターネットの展開，つまりその「商用化」へと大きく舵が切られることになった。
- 1997年―5月にはわが国での本格的なネット販売企業の楽天がオープンした。しかしその直後の8月にはグローバル化の先端をゆくグーグル（Google）の日本語版がサービスを開始し，グローバルなネット間競争の時代へと突き進んでいく。

2 商用化による多様な収益モデルの展開

ウェブ・システムの開発や，パソコンを中心とした小規模分散的なネットワークとしてのインターネットの展開が主流となるところまでをみてきた。

しかしそれから今日までのネットの開発と急速な普及は，そのビジネス利用に支えられて展開してきたのであり，そこで新しく開発された注目すべき収益モデルのいくつかを，段階を追って整理しておく。

2.1 電子商取引とデル（Dell）の成功

電子商取引（electronic commerce：EC）という言葉が日本政府の公的機関である経済産業省によって使用され，『電子商取引レポート』という書名でその市場規模などが発表されるようになったのは1998年以降である。

インターネットの普及とそのビジネス利用の拡大が，インターネットを介した商品およびサービスの取引（受発注）の増加として現れたのは当然である。この新しいビジネス手法を実践して成功したデル，M.の著書 *Direct from Dell* ［1999，邦訳2000］はベストセラーとなり，その追随者が世界各地に続出した。

この生産者から消費者へのダイレクトな販売つまり直販の試みは，中間商業を排除したマーケティングの1つの試みとして，古くから存在した。たしかにインターネットによる電子商取引の普及がその直販システムを容易にした面は明らかである。しかしそう考えた多くの追随者たちが，2000年前後のネットバブルの崩壊で姿を消したのも事実である。

デルは自分の会社をバーチャル・コーポレーション（情報株式会社）と呼んだが，その特色と経営上の課題を明確にするために**図表序−1**を掲げた。

この図に見られるように受注過程と供給過程とが，デルによって統合されているが，この両者は同じものではない。前者は分権的でオープンなネットワークであり，後者は対照的に集権的でクローズなネットワークとなっている。

顧客とデルを結びつける受注過程は，まさにバーチャルなネットを使って消費者がその欲求をデルに伝達するプロセスであり，グローバルに広がる多数の消費者はインターネットの技術特性を生かして，オープンなかたちで自分の希

図表序－1 ▶ バーチャル・コーポレーションにおけるデルの役割

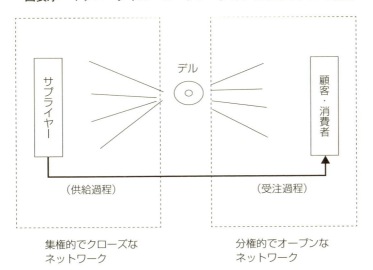

出所：デル［1999］をもとに筆者作成。

望をデルに伝えることができる。

　これに対してデルとサプライヤーを結びつける供給過程は，デルがサプライヤーを厳しく管理し，製品の不良品率や出荷期限などについて，「まるでデルの一部であるかのように」（デル［2000］，邦訳306頁）クローズに制御されるのである。

　1984年の創業からまたたく間に全米1位，世界2位の市場シェアを確保できたのは，この消費需要に対する供給側の強力で迅速な対応が可能となったからである。しかし世界市場シェアが18％，アメリカ合衆国でのシェアが33.6％に達した2005年頃になると，広域的に分散した消費市場へのデルのリアルな供給体制は，バーチャル空間に依存した受注体制のようには良好に機能せず，世界市場に強力な配送センターを持った世界小売業トップのウォルマートの支援を要請せざるをえなくなった。

　商品の供給システムはバーチャルだけでは解決できないリアルの側面が強く，そこに限界が示されたといえるだろう。

2.2 端末を利用したアプリの販売モデル

　上記のデル・モデルに代わって新しい時代を画した販売モデルは，2007年に発売が開始されたアップルのiPhoneの登場である。このときから，デルのようにインターネットでモノとしての商品を販売するのではなく，モノとしての商品をデジタル化された情報として販売し，端末と呼ばれるモバイル機器によって購入される，新しい販売モデルが姿を現した。

　デジタル化される製品分野としては新聞や雑誌，書籍（これは主としてアマゾン（Amazon）の端末キンドル（Kindle）によって受信された），音楽CD，娯楽ゲーム等々があるが，ビジネスマンの仕事のスケジュール管理システムやネットショップでの買物，食材やクッキングについてのアプリなど，ビジネス世界や生活世界の多くの分野でデジタル化された情報として送られてくる。

　アプリという言葉を使ったが，これはアプリケーションの略称で，上記のよ

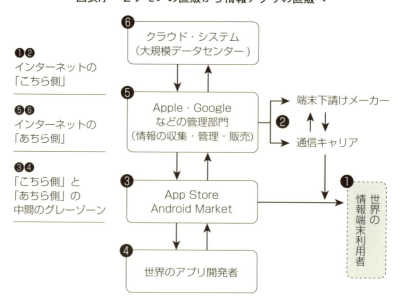

図表序－2 ▶ モノの直販から情報アプリの直販へ

出所：筆者作成。

うなさまざまなデジタル情報が世界中のアプリ開発者（このなかには学生やビジネスマンもいる）によって作成され，それがアップルやアマゾン，グーグルなどの情報管理者の手を経て端末を持った消費者に届けられる。

　その全体的な構造を図示したのが**図表序－2**である。ここではアップルとグーグルの名前が出ているが，もちろんこれはアマゾンでもよいし，韓国のサムスンでも中国のタオバオでもよい。これらの「プラットフォーム」と呼ばれる情報コンテンツの管理者によって全体の流れが生み出されてくるのであるが，その最終の買い手が図中の①の「世界の端末利用者」になる。これが新しい情報フローの終着点であり同時に出発点でもある。

　図の左側にインターネットの「こちら側」と「あちら側」という表示があるが，これは梅田［2006］から借用した言葉で，①②の「こちら側」は私を含む世界の消費者が見聞し接触できる分野であり，日本では「流通キャリア」と呼ばれるソフトバンクやNTTドコモなどから端末を購入する。その端末を使って③のアップルやグーグルの情報アプリの販売部門から，必要な情報フローを入手する。

　だがここで忘れてはならないのは，この新しく創出されたグローバルな情報の流れは，インターネットの「こちら側」ではなく，われわれ消費者が見ることも立ち入ることもこともできない「あちら側」⑤⑥でつくられ提供されているということである。③④は中間のグレーゾーンとなっているが，この中間ゾーンを通じて「あちら側」と「こちら側」が結びつくのである。

　この新しい流れの情報の創出によって，どのようなメリットが生ずるのか。デメリットは生じないのか。

　従来型パソコンを利用したネット直販をデル・モデルとして先に紹介したが，これに比べるとiPhoneなどの端末型は，小型で移動可能性が高いという利便性が低価格で入手できるという点で，消費者の新規購買意欲を大きく喚起したといえるだろう。何よりも，モノとしての商品の物流コストや在庫コストを，デジタル化した情報流に変換することで克服したことは，1つの大きな技術革新として歴史に残ることになろう。

　だが，特定の大企業の発信する情報流が特定の端末によって受信されるというクローズな構造が，インターネットに固有のオープンな性格を否定して，ネ

ット以前の垂直的系列支配の構造に逆戻りするものだとの批判があるのも事実である。堺［2010］やハズリット［2011］などの見解がそれであるが，本書の終章で紹介するジットレイン［2008］などと合わせて検討する必要があろう（**図表序－4参照**）。

2.3 ソーシャル・メディア（Social Media）の急成長

アメリカの調査会社イー・マーケター（eMarketer）によると，世界人口に占めるソーシャル・メディアの利用者は2015年には27.3％，20億人を超えるという。同じソーシャル・メディアのトップ企業フェイスブック（Facebook）のシェアは17％に達した（**図表序－3参照**）。

もともとソーシャル・メディアという名称が生まれたのは，それが新聞やTVなどのマス・メディアと違って，インターネットを使った個人対応のメディアであるにもかかわらず，しかしその個人対応の強さを生かしたメディアとして，社会全体に多大のインパクトを与え，社会的ネットワークづくりの動因となったことに起因している。本章のはじめのところでネット・スピリットについて触れたが，もともとインターネット本体の技術的特質には，自立分散的

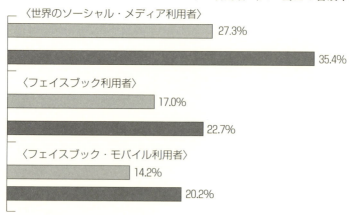

図表序－3 ▶世界のソーシャル・メディア利用者（人口当たり普及率）

注：上欄…2015年実績，下欄…2019年予測値
出所：http://www.eMarketer.com

な個々の主体(科学者や技術者など)の相互交流的・相互協力的な性格が潜んでいることを指摘しておいた。

フェイスブックがハーバード大学の学生を相手にして，自立的な学生集団の相互交流的なネット・システムを開発したとき，それはインターネットの技術特性に合致したものとして，速やかに受容され急速に広がっていったのである。このような基本的要因のほか，インターネットでの交流の手段として，携帯可能で移動可能なモバイル・フォンが開発されたのも，ソーシャル・メディアの成長に貢献した。前掲の図表序－3でフェイスブックの利用者の中のモバイル端末の利用者の比率を別記しているが，その利用者の比率が圧倒的多数を占めているのがわかる。

本章でこれまで述べてきたデル・モデルやiPhone・モデルとは異なり，ソーシャル・メディアの場合は商品や情報を販売して利益をあげるビジネス・モデルではない。**図表序－4**にみられるように，初動期のインターネットでの電子掲示板を出発点として，ブログやツイッターの流れの上で展開されてきたそ

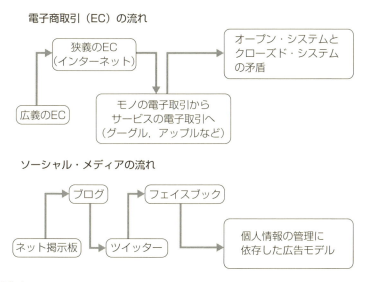

図表序－4 ▶ インターネットを利用した多様な収益モデルの流れ

出所：筆者作成。

れ自体無料の情報交流モデルである。フェイスブックもその初動期においては，ハーバード大学の学生のための情報サービス機関として生まれてきた。

　興味深いのは，フェイスブックの成長の跡を克明に記したD. カークパトリック（D. Kirkpatrick）の著書［2010，邦訳2011］の第13章は「金を稼ぐ」と題されて，「継続性のある収益事業に変えるために……，フェイスブックを広告大陸へと変える」（Kirkpatrick［2010］邦訳［2011］，375頁）重大な決定がなされる過程が描かれている。ただそこでは，広告大陸としてはグーグルのほうが大先輩で，そのグーグルとの違いをどう打ち出すかに苦労しているのがわかる。

　グーグルは多面的に事業を展開しているので，単純なソーシャル・メディア企業とは言い難いが，その無償で行われる検索事業が，アドワーズ広告やアドセンス広告で支えられているのは広く知られている。そして，フェイスブックを含むこれらの広告事業が，旧来のマス・メディア広告と競合してこれらの企業に大打撃を与えてきた事実も周知のところである。

　だが，一見大成功にみえるこれらのソーシャル・メディア広告に，重大なウィーク・ポイントがあるのが明らかになってきた。それはこれらの広告事業から派生した個人情報の濫用とその保護という深刻な社会問題の発生である。もともとソーシャル・メディア広告（正確にはインターネット広告）が，旧来のマス・メディア広告に対して優位を維持できたのは，これらのソーシャル・メディア企業が，その検索事業や交流事業を通じて大量の消費者情報を入手できたからである。

　これらの蓄積された個人情報を分析することにより，消費者の個人に即した「行動ターゲティング広告」を打ち出すことができるのである。そのある側面が，消費者のプライバシーを侵害したとして訴訟されたり，また蓄積された個人情報が漏出することにより損害賠償が請求される事件も後を絶たない。

3 情報技術の社会的受容過程
─『個別資本と経営技術』再考

3.1 個別資本の具体像と資本家の意識的管理

　以前九州大学で経営学を学んだ際，馬場克三教授の経営経済学を勉強する機会に恵まれた。深遠な馬場学説の精髄を正しく理解しえたかどうかには全く自信はない。しかしこれまで述べてきたインターネットという情報技術の展開が，どのようなかたちで資本の運動に包摂され，さらに社会的に受容されていくかを体系的に把握するうえで，多くの示唆が与えられると考えたからである。

　馬場教授の個別資本運動説は，教授の全くの独創によるものではない。その当時すでに個別資本運動説を提唱しておられた中西寅雄東大教授の『経営経済学』［1931］を発展的に継承したものである。ただ，中西教授の場合は，個別資本と社会的総資本の関係は，部分と全体の関係という両者の抽象的で端緒的な区別を指摘するだけで，個別資本を社会的総資本から「抽離」する方法が示されていなかったのである。

　さらに馬場教授は，「個別資本論争についてのメモ」［1968］という小論の中で，昔日の中西教授との論戦を回顧して次のように書いている。「もちろん（馬場教授の：筆者注）五段階規定は，個別資本を社会的総資本から抽離するための操作として考え出されたものである。しかしその操作は単に抽象から具体へという上向規定のみで完了したといえるものであるのか，それとも上向のある段階で，例えば『意識性』（括弧は筆者）といった契機を導き出すことによって操作を完了するはずのものであるのか」（7頁）と自問しておられる。

　戦時体制へと向かう困難な研究状況の中で，中西教授が個別資本の具体的内容の展開を放棄する方向に向かうのに対して，馬場教授は個別資本の具体像を企業経営者の意識的行動の中に求め，製造技術，工場管理技術，販売技術等の経営技術と呼ばれるものを，経営学の中に体系的に位置づける方向を目指したのであった。

　ここで本章の第1節・第2節で述べてきたインターネット技術の普及過程の

記述に立ち戻るのであるが，上述の個別資本と経営技術の関連，特に具体化された個別資本家による経営技術の管理の記述は，アメリカでのインターネット技術の急速な開発と資本によるその導入と管理の展開を考察するうえで，重要な意味を持つと思われる。

ウェブ技術の開発によってネット技術の商用化の可能性が高まり，電子商取引の急速な発展などもみられたのであるが，それは資本家の意識的管理のもとでどのように進展したのか，それはどこで資本の制約という限界に逢着したのかを知るうえでも有益であろう。

3.2 企業活動の中での技術と資本

個別資本という言葉をたびたび使用したが，個別資本というのはいわば経済原論の中で用いる抽象的な概念であり，その具体的な姿は資本家であり企業家である。資本家や企業家は日常的に多様な経営技術を意識的に利用して行動する実業家である。経営計画や経営組織の編成と維持，販売計画の達成，さらには予測の技術や調査の技術が必要とされ実施される。

経営学の考え方として，これらの多様な経営技術をあまり深く考えることなく羅列して終わりとするものもあろう。しかし社会的総資本を対象とする経済学の独立の1部門として，その対象となる個別資本を運営する資本家の意識的管理の体系の中に，上記の多様な経営技術を位置づけていく考え方が求められるのである。

ここで，営利企業としての資本の論理と経営技術との統合を意図される馬場教授の次の言葉を想起する必要がある。「多くの学者は経営技術を問題とするにあたって，営利原則という資本の論理を前提にして出発するが，やがて資本の論理は棚上げにして，技術の論理の展開にのみ没頭する。他方では一部の学者は，資本の論理の暴露にのみ関心をよせて技術の論理の展開を白眼視する。だが，資本の論理と技術の論理の矛盾交錯するところにこそ，資本主義社会における経営学の解明すべき問題が潜むのである」（馬場［1966］，26頁）。

では「資本の論理と技術の論理の矛盾交錯する」企業経営の実態は，どのような視点から，またどのような順序で解明していけばよいのか。この点について，馬場教授のいわれる「技術が一般にもっているところの目的の重層性」

（馬場［1970］，44頁）というところから考えてみよう。技術は第1次の目的から第2次目的，第3次目的という階層的な目的連鎖を持つといわれる。

利潤追求技術という上位の技術は，生産技術や販売技術などの下位の技術に支えられているが，この下位の技術を「上位目的の支配からとり出してそれ自体として研究することは，……独自の論理を展開させる道でもある」（馬場［1957］，45頁）。

インターネット技術の持つ多極分散的な特質を利用して，その技術特性を「電子商取引」に役立てるというのは，その技術の一側面を独自の論理展開として分析し体系化することになるだろう。ただグローバルな展開となると，電子商取引の販売でも物的流通と関連したコストが高まり，上位技術としての利潤追求の技術と衝突する。この電子商取引で成功した企業デルは，その物流活動の一部をウォルマートに委託することによって上位技術との矛盾を解決したというのは，先に述べた事実である。

3.3　インターネットと技術・資本・社会

経営学と技術学の「融合」を意図された馬場教授の見解から多くのことを学ぶことができた。インターネットの導入・普及・飽和の過程には多様な側面が存在するが，それが技術的側面に由来するものか，それとも資本の論理によるものなのかは必ずしも明確にはされておらず，「技術の論理の展開にのみ没頭するか」あるいは「資本の論理の暴露のみに関心をよせるか」というバイアス（偏向）が強い。この両者を明確にして，その両者の交錯する点の解明にこそ，インターネット発展過程の研究課題があると思うのである。

この関連の解明の手がかりになればと思って**図表序－5**を用意した。すでにこれまでの記述の中で述べたことと重複するものも多く，それを情報技術の開発の側面と，その技術の資本による利用の側面に区分して整理したもので，その文面を読むことによってご理解いただけると思う。

そこで最後に，これまで述べてきた技術革新と資本によるその利用という問題から一段と広がった問題，すなわち，技術と資本を広く取り囲む社会的認証の問題に触れておきたい。

もちろん馬場教授によって，次の指摘がなされているのを見落としてはなら

図表序－5 ▶情報技術の開発とそのビジネス・モデル化

情報技術の開発とその連鎖	情報技術のビジネス・モデル化とその限界
インターネット技術の開発とオープンで分散的な情報交流の可能性。ウェブ技術の開発はインターネットの商的利用（電子商取引など）を急速に拡大した。	電子商取引のグローバル展開。物流や保管のグローバル化にどう対応するか。従来の商業組織との連携。
デジタル情報技術の発展は，モノとしての商品をデジタル化する。ハードとしての商品がソフトとしての情報に変換される。	新聞，雑誌，書籍，音楽CD，娯楽ゲームなどの商品が，情報化されて無店舗，無物流で直販される。ただし受信用の端末（デバイス）が特定化され垂直的統合が進む。
マス・メディアに対抗するインターネット技術を利用したソーシャル・メディアの急成長。オープンで双方向的なネット技術に依存したものであり，社会運動の原動力にもなる。	情報のパーソナライズ化が進み，企業は多様で詳細な個人情報を入手する。マス・メディア広告に代わる個人のターゲティングが広まる。しかし同時に個人情報保護の運動も広がる。

出所：筆者作成。

ない。「技術は具体的には社会関係の中で吟味されてはじめて現実の技術となる」（馬場 [1966], 24頁）。また，次のような記述もある。「経営が社会的性質を持つに至るにつれて経営技術も社会性を帯びるに至り，資本の私的な要求に必ずしも常に従属するものではなくなるであろう」（馬場 [1966], 93頁）。

馬場教授は「生産技術の複雑化，所有と経営の分離の進行」などの技術や資本構造の事例をあげて，上記の文章を述べているのであるが，本章では，序章第1節のネットスピリットの記述をもとにして，インターネット技術とその資本的利用に対する社会的承認の問題を提示しておきたい。

すでにこれまでの記述からおわかりのように，インターネットの利用に関しての社会的批判の多くは，ネットの利用者である消費者・市民のグローバルな広がりと，そのオープンな発言力というネットの社会的成功の側面が，逆にネットに対する社会的批判や懐疑を強めたという皮肉な結果なのである。インターネットの持つ社会的性格の発展が，ネット技術の持つ社会的批判の精神を高めたといってもよい。検索や消費者の意思表明を通じて集められた個人情報の保護の問題など，別の機会に触れる機会があるかと思う。

最近の事件であるが，グーグルが新製品として開発・販売を開始した眼鏡型の情報端末に対して，眼鏡に内蔵されたカメラによる隠し撮りが，プライバシ

ーの侵害であるという批判が高まっている。グーグルは苦境に立たされたが，そのときの新聞の見出しには「テクノロジーと社会の溝，埋まらず」と記されていた。

技術の論理と資本の論理，さらに社会の論理とが矛盾交錯するところに，インターネットの発展過程を解明するカギがあり，課題があるということである。

【本節の作成にあたっては，中川誠士［2013］「馬場克三」『日本の経営学説Ⅱ』を利用させていただきました。心よりお礼申し上げます。】

● 参考文献

Dell, M.［1999］*Direct from Dell*, Harper Business.（国領二郎監訳『デルの革命』日経ビジネス人文庫，2000年）

Hauben, M. & Hauben, R.［1997］*Netizens: On the History and Impact of Usenet and the Internet*, IEEE Computer Society Press.（井上博樹・小林統訳『ネティズン』新潮社，1997年）

Hazlett, T. Teece, D. & Waverman, L.［2011］Walled Garden Rivalry: The Creation of Mobile Network Ecosystems, *George Mason Law & Economics Research Paper* No.11-50.

Randall, N.［1997］*The Soul of the Internet*, International Thomson Computer Press.（村井純監訳『インターネットヒストリー――オープンソース革命の起源』オライリー・ジャパン，1999年）

Kirkpatrick, D.［2010］*The facebook Effect*,（滑川海彦・高橋信夫訳『フェイスブック――若き天才の野望』日経BP社，2011年）

梅田望夫［2006］『ウェブ進化論』ちくま新書。

喜多千草［2005］『起源のインターネット』青土社。

境真良［2010］『Kindleショック――インタークラウド時代の夜明け』ソフトバンク新書。

中川誠士［2013］「第2編 第4章 馬場克三――経営技術学としての経営経済学の探求」経営学史学会監修『日本の経営学説Ⅱ』文眞堂。

中西寅雄［1931］『経営経済学』日本評論社。

馬場克三［1957］『個別資本と経営技術』（増補版［1977］）有斐閣。

馬場克三［1966］『経営経済学』税務経理協会。

馬場克三［1968］「第1編 第1章 個別資本論争についてのメモ」馬場克三編著『経営学方法論』ミネルヴァ書房。

馬場克三［1970］「第1部 第2章 個別資本運動説の反省」古林喜楽・三戸公編『経営経済学本質論』中央経済社。

広瀬克哉［1998］「『情報革命』と権力――覇権化・アナーキー化・民主化の相克」井上達夫他編著『新・哲学講義――自由・権力・ユートピア』岩波書店。

吉田純［2000］『インターネット空間の社会学』世界思想社。

第Ⅰ部
インターネットの発展と流通機構の変貌

第1章

ネット社会における消費者意識の行方

1 高度ICT社会における産業構造の変化

1.1 「ソフトのハード化」と「ソフトのソフト化」

　情報化が消費者の生活の質を豊富化させているのであろうか。情報化がわれわれの生活を豊かにするとすればどのような基本的方向が描けるであろうか。ビッグデータ社会と呼ばれる今日において，企業はそれらのデータを活用し消費者のニーズを分析し，消費者の要望に応える製品，商品を市場に出す。その限りではまさに，ビッグデータが消費生活の質の向上に役に立っているといえる。一方，消費者はインターネットによる情報を参考にしながらネットショッピングし，これまでにない「情報化」の便利さを享受している。しかし，消費者の生活の質はどうであろうか。

　一般的に「情報」という概念はさまざまな次元で考えられる。まず「データ」が集められ，次にそれらが整理され「情報」となり，さらに体系化され「知識（意識）」となり，生活，教育，研究に活かされるようになる。つまり，そのような一連の情報化は，「データ」→「情報」→「知識」へと高度化する方向を考えることができよう。それはいうなれば「ソフトのソフト化」という流れともいえる。しかし，データから知識へと高度化する情報化社会の内実はどのように進展しているのだろうか。消費生活場面での知識は，「新しい意味」を個々の人々が生活の上で創ることだともいえる。つまり，多様な情報を個々の人々が自主的に分析して，意識化し独自の意見を形成するとすれば，それら

の人は自立的な消費者であり，質の高い消費生活を営んでいるといえよう。したがって，本章ではネット社会と呼ばれる今日において，消費者の自立的な生活意識が確立する方向へと進んでいるのかどうかを分析し，そのことを論じたい。

　2000年に日本政府が高度情報通信ネットワーク社会形成法を制定した。そこでは，インターネットの高速化や「いつでも，どこでも，何でも，誰でも」情報ネットワークが利用できるいわゆる「ユビキタス社会」を目指す方向が示された。まさにその法案でICT（情報通信技術）を軸にした情報大国への方向が国によって示された。さらに，われわれの日常の消費生活において携帯電話の普及は急速に拡大した。平成24年末には総務庁の調査（情報通信統計データベース）では契約数が日本の人口（約1億2,800万人）を超えた。つまり，数字の上では，誰でもが携帯電話を持っている計算になる。

　携帯電話やスマートフォンの普及率の高さをみても，日常的な消費生活のパーソナル（個人的）な次元において，これまでになく歴史的に「情報化」が浸透している社会だといえる。そこで，まず最初に近年の産業構造における情報化の動態変化を分析し，それを踏まえ次に理論的な問題として「情報化と消費者意識」の関係に的を絞り論じたい。

1.2　産業連関表による情報化分析

　日本の情報化は産業構造レベルではどのような動態変化をしているかマクロ的かつ実証的に把握しておこう。

　産業構造の情報化について産業連関表を用いて分析したい。その分析で注目したい実証的データがある。それは，総務省が情報通信関連部門をより詳しく部門を細分化して集計した産業連関表である。それは，「情報通信産業連関表」と呼ばれ，平成12年から毎年，「情報通信統計データベース」として総務省が公表している。その産業連関表は，情報通信部門と他の工業部門や流通部門などとの連関を示している。それらのデータを活用することによりメゾ・マクロ的な産業部門レベルで今日の情報化経済が明らかになる。

　その連関表の中間取引部分をイメージするとすれば図表1－1のようになる。4つのセルに分割された取引領域はそれぞれ，内容が異なる。図表1－1にあ

る情報通信産業部門をCとし，Pは情報通信産業部門を除く農業，工業，サービス業などの非情報通信産業を表し，以後「一般産業部門」と呼ぶ。CとPという2つのグループに分けた産業連関表で，情報通信産業部門と一般産業部門との関連をみてみたい。

　例えば，図表1－1では情報通信産業部門同士の取引額（CC）が全体の中間的な取引額に占める割合がわかる。同じようにCPでは情報通信産業部門が一般産業部門（農業，工業さらには流通・サービス産業）へどれほど情報通信財を販売しているかが数値的にわかる。さらに，PCの領域をみると，一般産業部門から情報通信産業への財の販売が把握できる。PPは，一般産業部門同士の取引である。なお，CPの領域は農業部門や工業部門が情報通信産業から財を購入する領域でもある。したがってその部分は，一般産業部門の「情報化」を計る指標とすることができよう。さらにいえば，工業部門などの「ソフト化」部分を示しているといえよう。

　同様に，左下セルのPCの領域は工業部門などが情報通信産業へ工業品を販売している領域を含み，その取引は逆に情報通信産業からみれば，情報通信産業が工業品などを購買している額を示している。したがって，その産業間の取

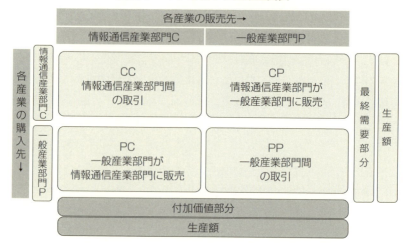

図表1－1 ▶分割した産業連関表

引は「ソフト部門のハード化」部分ともいえる。

　PPブロックは一般産業部門間の中間取引である。そしてさらに左上の領域のCCは，情報通信産業部門同士の取引であり，その取引の高まりはいわば「ソフト部門のソフト化」の部分とも呼べよう。

　2013年情報通信産業連関表で先のPP部分の総額をみるとすれば380,989百万円である。この連関表の情報通信部門は，①通信部門，②放送部門，③情報サービス部門，④インターネット附随サービス，⑤映像・音声・文字情報制作部門，⑥情報通信関連製造部門，⑦情報通信関連サービス，⑧情報通信関連建設部門，⑨研究部門の9部門である。なおその9部門の情報通信部門産業をあえてハード的部門からソフト的部門へとさらに分類するとすれば，ハード的情報部門（⑥, ⑧），データ・通信的情報部門（①, ③, ④, ⑦），知識創造的部門（②, ⑤, ⑨）と分けて位置づけることができよう。なお，一般産業部門を一部門に一括し，情報通信部門の9部門を加えた10部門からなる連関表だけではなく，総務省は情報通信部門をより細分化した72部門表も作成している。

　そこで，この情報通信産業連関表により時系列的に，日本の産業における情報化の流れを主要な数値によって把握しておこう。2000年，2005年，2010年，2013年のそれぞれの情報通信産業連関表で，先に示したCC，CP，PC，PPのそれぞれの取引額が中間投入（需要）取引総額（図表1－2では461,166,154百万円）に占める割合を**図表1－2**に時系列的に比較している。図表1－2に示した4つのブロックの割合から重要なことがわかる。それは何よりもCCのブロックの割合が減少していることに注目せざるをえない。情報産業部門間の取引（CC）が必ずしも増加していないのである。これが近年におけるICT社

図表1－2 ▶情報通信産業部門と一般産業部門の取引

	CC (%)	CP (%)	PC (%)	PP (%)	中間取引総額（百万円）
2000年	4.821%	9.101%	6.433%	79.645%	428,338,259
2005年	4.169%	9.921%	6.035%	79.875%	427,331,089
2010年	3.808%	8.426%	6.049%	81.718%	444,580,234
2013年	3.624%	8.232%	5.530%	82.614%	461,166,154

出所：各年度の情報通信産業連関表（総務省公表）より筆者作成。

会の産業構造次元での内実である。

2 消費生活意識の政治的位置づけ

2.1 拮抗力としての流通産業と消費者

　情報通信産業連関表によると「ソフトのソフト化」の傾向が必ずしも実証的には広がっていない。日本国内の産業レベルでの情報化が数値的には必ずしも拡大していないのである。しかし，現実にはわれわれの消費生活における情報化は実感的にはインターネットを軸にして拡大しているといえよう。その実感と情報通信産業連関表にみる数値との差をどう考えればいいのだろうか。やはり，情報化についての産業部門の「数値」と消費生活にみる「実感」との落差は，消費生活における情報化の数値的把握の難しさにも要因があろう。

　次に，**図表１－３**でみるように，現実的にネットによる商品購入者は，年々増加し，平成22年ではすでに36％以上を示している。したがって，先の産業連関表などの経済的なデータ以上に，非産業部門分野というべき消費部面に焦点を当てて情報化を分析すべきであろう。つまり，消費生活場面での情報化を考察することこそが今日的意義を持つといえよう。もちろん，それらの消費生活の情報化が産業次元の情報化と関連していることも考慮して分析をしなければならない。

　情報化の進展を，先に「データ」から「情報」，さらに「知識」への方向を考えた。消費生活にあってはそこでの「知識」は「意識」へと発展し，消費生活における消費者の欲望の形成につながる。しかし，そこでの欲望は非営利的な要素をも含むだけに企業や産業を中心とした実証的分析においては捉えることのできない要素を含むであろう。

　さらに言えば，われわれの消費生活は，多くが営利的な企業に勤務しながらもその「営利性」とは関係ない「生き方」や趣味などを大切にする意識を持ちながら消費生活を送っている。一方，近年のコンビニエンスストアをみれば，物販だけではなく，公共料金の支払いを取り扱うなど，われわれの生活に密着したさまざまな公共的なサービス事業を行っている。そのこともみても，今日

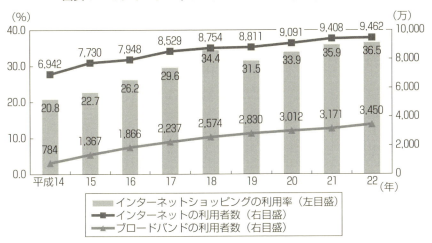

図表1-3 ▶ インターネットショッピングの利用状況の推移

出所:『平成23年版 情報通信白書』。

の小売業はわれわれの非営利的な消費生活に関係している。それは、小売業が「資本の論理」と「生活の論理」の狭間に位置していることを示している。

消費者の生活意識と行動の変化は小売業に影響を与える。卸売商業と小売商業は理論的にもメーカーなどの企業とは違う行動を示す。彼らは製造業から相対的に自立している。つまり、商業は基本的にさまざまな製造業の製品を売買集中(品揃え)して販売していることもみても、製造業と商業は異なる経済行動をする。そこには潜在的に衝突と対立がある。

かつて経済学者ガルブレイスは小売業のチェーン展開を寡占的メーカーに対する「拮抗力」として大規模小売チェーンを位置づけた。高度成長期においては大量生産と大量消費を結ぶ太いパイプとして多くの大規模小売チェーンが発展した。そこでは、大規模小売チェーンは消費者への大量販売という規模の経済と組織革新を武器に寡占的製造業に仕入量や仕入値などに対して圧力をかけより安く仕入れをした。そして、その大規模小売チェーンは消費者へ低価格販売を行った。まさに大規模小売チェーンは寡占的製造業に対する「拮抗力」となったことは事実であろう。

また、大規模小売チェーンに限らず小売商は直接的に接する消費者の行動に

図表１−４▶ネットおよび実店舗において購入する商品

(%)

商品	実店舗が多い	ネットが多い
CD/DVD/BD類	32.5	35.7
本	44.2	29.0
小型家電	53.7	24.0
小型家具	56.7	13.6
衣類	60.0	12.4
大型家電	70.6	10.1
大型家具	62.9	9.6
食品	82.8	2.3

■実店舗が多い ■ネットが多い

出所：『平成26年版情報通信白書』，p. 189。

影響を受けることはいうまでもない。したがって寡占的な製造業に対する「拮抗力」である小売業のさらなる「拮抗力」は消費者といえよう。

最近の消費者が商品を購入する際に利用する実店舗とネットの割合が**図表１−４**のグラフに示されている。音楽などのCDや本，さらには小型家電などの購入においてかなり高い比率でネットによる購入割合が増えている。それとともに最近の商店街が変化している。かつては，地方の小都市には必ずあったレコード店や本屋の多くが商店街から消えている現実を誰もが目の当たりにしている。このことの根拠というべきデータを，図表１−４が示しているといえる。生産から流通，消費へと流れる流通経路の最後に位置する小売過程が変化することは，商店街だけでなく街の雰囲気やわれわれの日常生活を変える。

2.2 消費者意識の政治性

ここでさらに，情報通信産業連関表の分析を踏まえ，流通過程と消費者の意識や行動の関係を考えてみたい。序章で馬場教授の企業経営者の管理的な「意識性」やそれについての論争が検討された。

そこでは，経営者の意識性との関連での研究であり論争であった。それらを

念頭に，産業資本の一般的定式をもとに消費者の「意識性」も考えてみよう。

資本運動の一般的定式

$$M-C{<}^{Pm}_{A} \cdots P \cdots C'-M'\ (M+\Delta M)$$

資本家がM（貨幣）を資本として投下し，商品としての生産手段（Pm）と労働力（A）を購入（購入過程）し，次に生産過程（P）を経て新たな商品（C'）を生産する。さらに次は重要な過程であるC'-M'の流通過程がある。資本はそれらの3つの過程を経て循環し増殖する。その循環を端的にいえば投下した最初の貨幣Mによって買われたC（生産手段と労働力）を使い，最終的には増加した貨幣M'を得る。その循環はM-C-M'とも端的に示される。

先の序章で述べられている馬場教授の資本家の「意識」はこの定式全体を営利のために管理するためのものといえる。そこでさらに考えたいのが，資本家，経営者の「意識性」に加え，C'-M'（流通過程）における消費者の意識性である。つまり，この過程は命懸けの飛躍と呼ばれる商品実現過程である。ここで製品を市場で売ることができなければ，この定式で示される資本運動が停止し，資本蓄積はできない。重要なのは馬場教授が注目した経営者の「意識性」と同様に，C'を購入する労働者（消費者）の意識性である。

柄谷行人は資本の運動において流通過程を特に重視している。資本運動の一般定式を社会的総体の次元から考え，柄谷は次のように述べている。

> ……産業資本の蓄積＝存続の条件をみるならば，それに対する最も有効な闘いがどこにあるかがわかります。生産点とは，労働者が自分の労働力を「売る立場」です。しかるに，流通，つまり消費の場では，労働者が「買う立場」に立ちます。資本は生産点では優位にあるが，消費の場では労働者に対して従属する。しかし，そうしないと，M-C-M'という過程を完了することができない。　　　　　　　　　　（柄谷［2009］，87頁）

ここで柄谷のいうように，消費者は資本の運動のカギを握っている。カギというよりも，消費者が経済社会を変えていく可能性を柄谷はわかりやすく述べ

ている。さらにいえば，流通過程での消費者の意識性が，流通機構だけではなく資本主義経済システムを変革していく方向と拠点が示されている。つまり，われわれの多くが消費者と労働者という二面的でアンビバレント（「会社人間」と「生活者」という両価値が併存している状態など）の存在でもある。その点を注視し，柄谷は「したたかな」消費生活を送るうえでの精神的な草の根的意識をわれわれに植えつける。さらに柄谷は，より具体的に次のように述べている。

> 一般に，消費者運動は労働運動と別のものだと考えられています。しかし，消費だけしている人間などいない。労働者と消費者は別のものではない。労働者が消費という場に立つ時に，消費者となるだけなのです。であれば，労働者は，彼らが最も弱い立場である生産点だけでなく，むしろ消費者としての立場で闘うべきだ。生産点では，労働者は企業と一体化しやすい。企業に利益があるのは，労働者にとってもよいことだからです。だから，労働者は，たとえば，汚染食品をつくっていても，それに反対したり暴露したりすることはなかなかできない。会社がつぶれたら困るから。しかし，消費者としてならば，それを許せないでしょう。だから，労働者はむしろ消費者の立場において，普遍的であり公共的なのです。（柄谷［2009］，88頁）

流通過程の末端に位置する消費者に直接的に接する小売業は卸売業よりも，資本の論理と生活の論理が併存するといえよう。そこでの小売業や消費者の生活の論理は柄谷のいう「公共的」なものと重なる。したがって小売業の行動や自立的な消費者の意識はより社会変革につながる公共的で政治的なものである。

3 消費者欲望（意識）の「グーグル」による可視化

3.1 東浩紀の「グーグル化社会」論

　柄谷の視点から，本章の課題である消費者の意識と情報化社会の関係をより

理論的に考える段階にきた。この問題を考えるために重要な示唆を与える著書がある。それは東浩紀の著『一般意志2.0』である。この著書は「ルソー，フロイト，グーグル」というサブタイトルが付されている。ルソー，フロイトと並列的にあの情報産業のグーグルを置き，その3つをつなぐ底流を描き出す。そこには，東の卓越した研究者としての現代性とセンスがみてとれる。少し彼の論説に耳を傾けたい。

東は世界的なグーグルなどによる情報化社会に注目し，そのグーグルの情報技術を政治思想の問題と連動させてルソーの『社会契約論』を今日の歴史的高見から捉え直している。特に，東はルソーが『社会契約論』で展開した「一般意志」論を今の「グーグル化社会」でより具体的に再評価して展開している。

ルソーは，東も述べているように文学者でもあり政治思想家でもあった。個人主義と社会制度の関係に対する問題意識がルソーの中には思想家として常にあったといえる。ルソーの『社会契約論』は，個人と社会の関係を論じている。その著書で，議論の要点となる概念が人民の「一般意志」である。

政治制度を考えるうえで世論や民意は重要な概念として重視される。東は『社会契約論』を読み込み，単なる「世論」や「民意」とは違うルソー独自の「一般意志」論を掘り起こす。何よりも東は，グーグル化社会と呼ばれるほどに特徴的な情報化社会を呈している今日の現実を踏まえ，「社会契約」論を考えている。それはまた民主政治を考えることである。

たまに，情報化社会の民主主義を進めるためにインターネットによる総選挙の実施などが語られる。それらは俗論的な「集合知」論の類であろう。たしかに，インターネットによる国民の総意や世論はその総選挙システムでスピーディに反映されることもあろうが，東の議論はそのような希薄な言説ではない。

ルソーが『社会契約論』で展開する一般意志の位置づけは東の論理にとっても重要な概念である。一般意志は人民の総意ということが通説的な理解であろう。しかし，この点を軸に東はルソーの一般意志が必ずしもわれわれが思い描く「世論」や「総意」とはかけ離れていると位置づける。ルソーにあっては「一般意志」は一般化された意志であり，共通の利害に関わるものであるのに対し，ルソーの「みんなの意志」は「全体意志」であり，私的な利害の総和とする点に東は注目する。したがって，全体意志は私的で特殊な個別意志の総和

と考える。つまり、全体意志を構成する特殊意志から、相殺し合うプラスとマイナスを取り除き、そこでの差異の和が残る。その「差異の和」こそ、ルソーのいう一般意志と東は位置づける（東［2011］、43頁）。

　ルソーの「一般意志」は単純な個別意志の総和でないと東は捉える。つまり、重要なのは「差異の和」として考えることであろう。今日の政治は、民主的な選挙による投票数という「スカラー」の多さにより政治家が選ばれて進められている。しかし、東はスカラー概念でなくベクトル概念を応用して次のように主張している。まず、先の「差異の和」を東は具体的な例を示して次のように述べている。

> 特殊意志は方向をもっている。つまり、ベクトルである。しかし全体意志はスカラーの和にすぎない。ルソーはそう言おうとしているのではないだろうか。全体意志が方向を消してしまうものだとすれば、ある一組の特殊意志がまったく反対の方向を向いていたとしても──たとえば、あえて現代日本でわかりやすい例を挙げるとすれば、ある有権者が高齢者の福祉の強化を望んでおり……、もうひとりの有権者が若年層の福祉の強化を望んでいたとして……、その方向の差異は考慮されずに、つまりは国のかたちをどうデザインするかは考慮されずに両方の希望がマニフェストに盛り込まれれば、ただ社会保障費ばかりが膨れあがることになる。他方でルソーは、一般意志を、そのような方向の差異をきちんと相殺した、別種の和として捉えようとした。「差異の和」とは、スカラーの和でなくベクトルの和を意味するのだと理解すれば、ルソーの記述はなにも曖昧で神秘的なところはない。
>
> 　　　　　　　　　　　　　　　　　　　　　　　（東［2011］、44-45頁）

　ベクトルとベクトルの和は方向性を持った和であることは高校数学レベルでも理解できる。そのような「和」が一般意志である。また、その意志の存在は数学的に存在すると主張しているルソーの考えに東は特に注目し、「一定数の人間がいれば、だれもなにも調べようと思わなくても、平均身長や平均体重の数値はあらかじめ決まってしまっているように。だからそれは、ある意味では言葉よりもむしろ物質に近い」（東［2011］、57頁）と述べている。そこから、

さらにこの物質的な一般意志論を起点に，政治社会における現代のコミュニケーション論を東は展開する。東は，一般意志はコミュニケーションの外部に数値的に存在し，それを軸に民主政治が行われれば，そこでは人民間のコミュニケーションは二次的なものになるという。さらに東は，一方でハーバーマスの著作『公共性の構造転換』などで示される人民の討議を重視する政治思想を「熟議民主主義」と呼び，ハーバーマス理論の現代における限界を指摘し批判する。その批判の要点は，ハーバーマスが重視するコミュニケーションが成立するためには，「公的世界」の存在を前提する点である。しかし，重視すべきはその「世界」が近年にあっては，壊れかかっている。21世紀における情報化社会では，議論の前提すらさまざまであり，共有できない現実がある。その典型的な1つがテロリズムの台頭であろう。やはり「熟議民主主義」は今日においては限界のある主張だと思える。

東は「熟議民主主義」論ではなくルソーの「一般意志」論を踏まえ，東自身の独自の「一般意志論」を現代の情報化社会につなげて論じている。そこでは，政治の問題を超えて消費者の欲望や意識の問題を考えるうえで示唆に富む。注目すべきは一般意志とグーグルに代表される情報サービス産業などとの関係が彼の論理では結びつく点である。

 だれもが知るように，グーグルのユーザーはべつに相互に意見を交換しているわけではない。わたしたちはただ，自分の目的のためにサービスを利用し，思い思いに検索窓に単語を入力するだけである。結果についても，このページがいい，悪いと意見を表明するわけでもない。にもかかわらず，そのひとりひとりの行動が蓄積し解析されて現れる集団的な「意志」，検索語の選択やページの閲覧履歴や広告のクリック頻度は，巨大な知を形成して現代社会に大きな影響を与えている。グーグルの創業理念は「世界中の情報を体系化し，どこからでもアクセス可能で有益なものにする」というものだった。しかし，そこで体系化する主体は決してグーグルではない。彼らはむしろ，わたしたちの無意識が行っている体系化を可視化しているのである。
             （東［2011］，81-82頁）

このわたしたちの無意識こそが,東にいわせればルソーの一般意志をヴァージョンアップした「一般意志　2.0」なのである。もちろんグーグルだけではなく,SNSのフェイスブックなどに記録されるデータも含め,そこから「もはや個々の人の思いを超えた無意識の欲望のパターンの抽出を可能にする」(東［2011］,83頁)。そして,東は次のように断言する。「……そのデータの蓄積こそを現代の『一般意志』だと捉えてみたいと思う。わたしたちの望みの蓄積は,わたしたち自身が話し合い探ることがなくても,すでにつねにネットワークのなかに刻まれている。──わたしたちはそのような時代に生きている。一般意志とはデータベースのことだ……」(東［2011］,83頁) と。

東は,情報技術の発展を政治の問題と関連させて論じているが,われわれ流通経済の研究においても,さらには消費者の欲望や意識を考えるうえでも鋭い分析視座を与えてくれる。

多くの人々が,グーグルなどが提供する情報や検索サービスなどに日々接している。しかも,それらの情報を利用者自身がグーグルに参加しながらも無意識に自らも情報を生成している。

3.2　間接的マーケティングの出現

まさにビッグデータを人々が自ら創り自ら活用している。そこに多くの消費者の無意識的欲望がデータベース的に可視化されているのである。その傾向は,そのデータをマーケティングに活用する「間接的」マーケティングの生成を促している。つまり,レストランで食事し,その料理をフェイスブックなどに消費者が掲載するデータなどを企業がマーケティングに活用したり,さらには,企業自ら広告するのではなく,消費者に「間接」的に自分の店をSNSなどで広告的に広めてもらう仕掛けを工夫する。例えば,レストランなどで食事をする消費者が自らその料理の内容をSNSに掲載することを,店は織り込み済みで,店員が料理の説明をしたり,消費者が撮る写真のために洒落た食器を使うことなども「間接的」マーケティング戦略の一環といえる。

われわれは,クレジットカードで買物し,交通カードで電車に乗るだけでも足跡のように電子データの記録を残している。たしかに,それは東がいう「総記録社会」と呼べよう。そのような情報環境の中でわれわれの消費者意識や欲

望が生まれる。その欲望の可視化というべきものを東は興味深く具体例を示している（東［2011］，126頁）。

それは，グーグルなどの検索窓に検索語を，例えば「若者」と入れ，次にスペースキーを押すと検索窓の下に，「若者　〇〇」と出てくる。2015年9月では「若者　貧困」「若者　デモ」などが上位にリストとして並ぶ。これは2015年9月頃の若者に対する関心の度合いの高さを示す単語と単語のつながりといえる。このような検索技術をグーグルは「共起可能性」を軸とした数理的な手法を使い，ユーザーの検索をリスト化し助けている。それはまた，多くの人の一般意志的な欲望や意識が可視化された「上位リスト」と呼べよう。つまりそのリストは，われわれの集団的無意識が可視化されたデータともいえる。

4　情報縮減化と消費者の意識

4.1　情報検索企業の影響力

東の「一般意志2.0」論はあと1つわれわれにとって看過できない論点がある。それは情報過多と情報縮減の問題である。かつてないほどの地球規模で情報化社会が進んでいる現実において，情報の多さが，われわれの消費生活にむしろ負になる場合がある。そのような時代においては，東がいうように，現代のメディアなどは，「情報の減少」を付加価値としてわれわれに提供しているのではないかと思える。この考えを東は，ドイツの社会学者ノルベルト・ボルツの分析を援用して主張している。具体的には検索エンジンが提供するサービスがそのことを端的に示している。複雑で膨大な量となった「すでに存在している情報」から選んで的確に抽出するのがグーグルなどのサービスであり，そこでは「複雑性の節減」が主要なサービスといえる。

この「複雑性の縮減」という概念は消費者行動を考えるうえで重要である。われわれは，「複雑性を縮減」した情報サービスに囲まれ，レストランを選び，衣服を買い，ホテルを選んでいるのである。さらにいえば，その「複雑性を縮減」した情報に影響を受けて，消費者の欲望や意識が生まれているといえる。しかし，その東の「縮減」論はその内容をもう少し吟味する余地があると思わ

れる。一般意志を規定するときにベクトル的視点からの「差異の和」という考えを先に東は示していた。しかし，東がここでの「複雑性の縮減」論を論じる段階ではそのベクトル的な視点が発展的に展開されていない。そこで，さらに東の「縮減」論の内容をベクトル的視点からもより立ち入って吟味してみたい。つまり，ここでの「縮減」は，ただ単に算数レベルの「減算」が行われているわけではないと思う。

グーグルの検索サービスにおいて，形態素解析など数学的手法に注目すれば「縮減」の特徴的内容が理解できる。今日のビッグデータ時代はあらためて統計学が注目を浴び，マーケティングの世界では多変量解析の分析が重視されている。その多変量解析では線形数学が使われる。その手法を少し詳しく考えると，ここでの「縮減」が見えてくる。例えば，多変量解析の主成分分析を考えてみよう。多くの多変量解析では「重み」を考慮しながらも情報の「縮減」と「差異化」「特徴化」が固有値・固有ベクトルという数学的論理性を踏まえて行われている。よく知られるグーグルのページについての重要度の自動判定技術においては，「多くの良質なページからリンクされているページは良質である」という循環的で自己言及的な手法が使われている。ただ，スカラー的なリンク数の多さだけでランクが上位に位置するのではないのである。そのグーグルのページランクの手法においても，固有値・固有ベクトルの考え方が活用されているのはよく知られている。

4.2 キャラ主義的な情報縮減社会

やはり，東のいう「複雑さの縮減」は単なる縮減でなく，より数学的にいえば「固有値・固有ベクトル」的縮減化が基礎にあるといえる。さらに多変量解析の主成分分析を例にいえば，統計で示される相関的な散布図に点在する値を固有ベクトルの方向に情報次元を縮減しながらも，それぞれの値の差異を統計的に最大化する。それは縮減化と「差」を際立たせる手法が使われている。われわれはグーグルなどの検索サイトに接するたびに「固有値・固有ベクトルによる情報の縮減化」に日々さらされている。そのような情報化社会の中で消費者の意識や欲望が生まれている。やはり考えるべきは，固有値・固有ベクトルを使った手法による「縮減化」とともに，一方では「序列化」「類型化」を促

している点である。

　先にグーグルの検索窓の例を示したことを，再び思い起こしてほしい。「若者」とスペースキーを検索窓に入れるとそこに示される言葉のランクつまり序列が示されることである。若者という言葉を検索した際に，同時に検索される言葉が序列的に示される。そこでは，そのような上位にランクされる語句などが自己増殖的に検索に使われる可能性が高い。つまり，グーグルの検索窓に示される上位の検索用語だけで情報を活用することは，たとえていえば，英語を和訳するときに，辞書に示される最初の単語だけで訳する稚拙な英訳をしているような状況と似ている。

　さらにいえば縮減された情報社会では，4コマ漫画というよりも劇画的な情報にいつも触れているといえる。つまりそれは，インターネットで飛び交う多くの情報は，風刺やユーモアを含む4コマ漫画的情報というよりも，暴力的な台詞が飛び交い誇張した絵でストーリー展開される劇画的な情報内容になっているのではないかと思えるのである。そしてそれらの社会的傾向が結局は，消費者意識の「主流」をなす大きな要素となっていると考えられる。森田雅憲が「商品の記号化」を論じた論文に次のように展開していることと深く関係する。

　　……われわれの暮らしは選択の余地のない商品で分節され，多くの人は反省的意識に訴えることなく，つまり判断停止に身を任せて市場へと足を運ぶ。そして商品棚に手を伸ばし，レジで支払いをする。その一方で，個々人の行為が集合し，諸商品を供給する側に販路を提供し，それゆえ諸商品の体系は維持される。市場には「皆が買うもの」しか供給されないので，迷うことなく「皆が買うもの」を手に取る（あるいは手に取らざるを得ない）という形ができあがる。それがひるがえって「皆が買うもの」の供給を支える。まさに循環論的支持構造ができあがる。
　　　　　　　　　　（石川健次郎編『ランドマーク商品の研究2』，18頁）

　つまり，商品だけでなく消費生活におけるグーグルなどが提供する「情報」は「循環論的支持構造」によるものが大きな流れとなっている。
　さらに，ビッグデータ時代における統計的手法で考えるべき点がある。企業

のマーケティングなどにおいてはビッグデータを統計的に多変量解析して戦略を立てる機会が近年において増えている。そこでもまた固有値・固有ベクトルが使われる。統計的分析され，新しい消費者層を特定し，その消費者集団の「塊り」についての特徴的な名付けなどがマーケッターにより「恣意的」に行われる。例えば，「マイルド・ヤンキー層」「癒し系消費者層」などと戦略的に「消費者層」を考案することなどがあげられる。そして，その名付けには，「ビッグデータを活用した多変量解析」という「根拠」を持った「確固たる戦略」となり，どこかでそもそもの「恣意性」がかき消される。

やはり考えたいのは，いくらコンピュータを使った多変量解析による主成分分析を行っても「〇〇層」という名前まではコンピュータは示してはくれないことである。データ分析者やマーケッターが消費者層の「名前」や「コピー」を考案せざるを得ない。しかし，その「恣意的」で「特徴的」な名前やコピー文言が，結局はマーケティングなどにより消費者意識に影響を及ぼす。

ここで最も重要なのは，消費者調査などでの「外れ値」となる異質で特異な意識を持つ消費者の意見などはまさに「外され」，統計的な検定に適合する分析結果だけが学術的な実証的研究として「公的」になったり，企業戦略として活用される。そのことは，先の森田のいうような「循環論的な支持構造」が学会でも企業内の戦略においてもでも形成されることとつながる。

やはり，われわれが利用するネットにおける検索サイトのデータは，利用するたびに縮減化されると同時に序列化され，さらには特徴化されたデータとして更新されることに注目すべきであろう。そこではネット利用者による「ステレオタイプ化」がより「ステレオタイプ化」されるという，循環が進行する傾向が続く。つまり，「ステレオタイプ」的に「短絡化」された情報の中で消費者は「欲望」を育むといえる。やはり，縮減化された情報化社会では，さまざまに異質で独自的な少数意見などはこぼれ落ちる可能性が高い。

またそれは，「情報」が一元的に固められ，少数意見が無視される傾向が強まる。そのような方向は「情報のハード化」ともいえるし，産業化しやすい「ハードな情報化」ともいえる。その展開がビッグデータ社会によりさらに進んでいるのではないかとも考えられる。つまりは，「情報」が「知識化」し，消費者がより生活を政治的かつ思想的に考えるような創造的な「ソフトのソフ

ト化」ではない方向に進んでいると思える。したがって，結局はこれからも前半で情報通信産業連関表を使い分析したように最近の「ソフトのハード化」の傾向を強めるのではないかと思う。つまり，今日のネット社会は先の東が「一般意志」論で述べているように，「意志」を「モノ」として扱う傾向が強まっているといえよう。

　複雑性を縮減することは，複雑さの中にある「他者」に出会う可能性が低くなることである。さらにいえば，最近において投稿サイト「2ちゃんねる」などで流布するヘイトスピーチ的で硬直的な言説の多さと関係していると思える。消費者は複雑性を縮減しわかりやすくベクトル的に「序列化」した情報に囲まれ，欲望を抱き続けるのだろうか。

　やはり「縮減化した情報社会」による「ステレオタイプの消費生活」を超えて多様な価値観に基づく自立的な情報化社会における「ライフ・スタイル」をどう培うかが今後のわれわれの課題であろう。そのためにも柄谷のいうように流通過程から消費者によって自立的に社会を変えてゆく政治意識（情報）化が重要であり，それが「自己を変えながら消費社会を変え，消費社会を変えながら自己を変える」ことの始まりであろう。

●参考文献

東浩紀［2011］『一般意志2.0―ルソー，フロイト，グーグル』講談社。
江上哲［2013］『ブランド戦略から学ぶマーケティング』ミネルヴァ書房。
柄谷行人［2009］『柄谷行人　政治を語る』図書新聞。
清水聡［2000］「考慮集合形成メカニズムの研究」『日経広告研究所報』191号。
　消費者が情報縮減化して行動する研究として「考慮集合」という概念を用いた上記の清水の研究は注目すべきであろう。
堤清二［1985］『変革の透視図―脱流通産業論』トレヴィル。
森田雅憲「商品の制度化とランドマーク商品」石川健次郎編［2006］『ランドマーク商品の研究2　商品史からのメッセージ』同文舘出版，第1章所収。
宮台真司［1994］『制服少女たちの選択』講談社。
J.K.ガルブレイス［1970］『アメリカの資本主義』藤瀬五郎訳，時事通信社。
ジャン＝ジャック・ルソー［1995］『社会契約論』桑原武夫・前川貞次郎訳，岩波書店。
ノエル＝ノイマン，E.［2013］『沈黙の螺旋理論（改訂復刻版）』池田謙一・安野智子訳，北大路書房。
ノベルト・ボルツ［2002］『世界コミュニケーション』村上淳一訳，東京大学出版会。
ユルゲン・ハーバーマス［1994］『公共性の構造転換（2版）』細谷貞雄・山田正行訳，未来社。

第 2 章
流通における情報機能の変容

1 情報通信技術の急速な発展と流通への影響

　情報通信技術（ICT）の急速な発展は情報収集技術や分析技術を進展させ，大量のビッグデータを活用できる技術と環境は今や当然のものとして企業にとっても，消費者にとっても受け入れられている。ICTの急速な発展は企業と企業，企業と消費者の関係性にも大きな変化をもたらした。1980年代以降のEOS（electronic ordering system），VAN（value added network）の普及や，1990年以降に出てくるQR（Quick Response），ECR（Efficient Consumer Response），2000年以降のSCM（Supply Chain Management）もまた情報を流通システムの中で販売量，価格，在庫量，決済，物流，顧客ニーズなどの情報を企業間で共有し，効率性・合理化を推し進めた流通のICT化であると捉えることができる。

　このような企業間連携は製販連携，製販同盟，製販統合といった商業者と生産者の社会的分業とは乖離する傾向を生み出し，序章で紹介されているようなアメリカのパソコンメーカーのデルに代表される単一企業による消費者直結の「統合仮想企業」も出てきた。これら生産者と商業者の連携には，従来個別企業が有してきた販売量，価格，在庫量，決済といった取引情報と市場における顧客情報，顧客ニーズといった市場情報を共有することによって実現できるものである。

　流通ICT化の進展は生産から消費までの流通プロセスの中でどのような役割を担い，またそれに関わる機関が情報に対して，どのように積極的に関与する

ようになったのかといった視点から本章は考察していく。

2 流通における情報機能の位置づけ

本節では，流通機能における先行研究をひもときながら，情報機能の位置づけの変化を考察していく。流通機能研究は20世紀初頭から多くの研究者によって分類され検証されてきている。

2.1 F.E.クラーク，向井，谷口の研究

代表的な研究としてF.E.クラーク［1922］があげられる。彼は著書『Principle of Marketing』の中で**図表２－１**に示すように，流通機能は所有権移転機能（交換機能），物的供給機能，補助的，促進的機能の３つに分類している。

クラークは所有権移転機能，物的供給機能が流通において重要な役割と考え，それを補助する役割としての機能として，(a) 金融，(b) 危険負担，(c) 標準化をあげている。(d) 市場情報の収集分析は後の1942年の出版のときに追加されたものである。

日本の流通研究の機能分類は，向井［1928］に始まるとされる（**図表２－２**）。当時の流通研究は生産から消費までの生産活動を配給活動と呼び，向井

図表２－１ ▶ クラークの流通機能分類

(1)所有権移転機能
　（交換機能）
　　(a)購買
　　(b)販売

(2)物的供給機能
　　(a)輸送
　　(b)保管

(3)補助的，促進
　　的機能
　　(a)金融
　　(b)危険負担
　　(c)標準化
　　(d)市場情報の収集分析（1942年に追加された機能）

出所：Clark, F. E. [1922] *Principle of Marketing*, The Macmillan Company, 1922, p.11.
　　　Clark.F.E & Clark, C. P. [1942] *Principle of Marketing*, The Macmillan Company, p.13.

図表2−2 ▶ 向井鹿松の配給機能分類

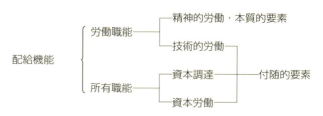

図表2−3 ▶ 谷口吉彦の配給機能分類

は配給上の本質的要素を精神的労働とした。他の技術的労働や資本調達，資本労働にあたるものは付値的要素であると位置づけた。

谷口［1935］は配給機能を本質的機能（人格的機能）と副次的機能とに分類し，配給が成立するための必要十分条件は人格的流通であるとしている（**図表2−3**，谷口［1935］，68頁）。向井の労働機能の中の需給の連絡一致を期する「精神的労働」を本質的機能としている。この精神的労働にあたるものは，谷口の人格的機能とともにF.E.クラークの所有権移転機能にあたるものであると考えられる。初期の流通機能研究は流通の本質は需給を一致させることであり，それを補助するものとして副次的機能をあげていた。

副沢的機能の中でも向井・谷口は情報をいう言葉を用いることなく，流通機能を分類しており，当時の流通研究において情報という用語が出てはきていない。クラークは後の研究において「市場情報の収集分析」を補助的機能として情報機能をあげていたが，流通において情報が重要な位置づけを持っていなかったことがわかる。

日本において，情報という用語が流通機能研究に用いたのは，1980年以降の久保村［1974］，石原［1989］，田村［2001］らが代表的な研究者としてあげられる。次項では3氏の流通機能分類を考察し，情報機能がどのような性格であるのかを考察していく。

2.2 久保村・石原・田村の研究

久保村は流通機能を需給接合機能，物財移転機能，助成的機能の3つに分類している（**図表2−4**）。需給接合機能として市場評価，商品調整，情報の提供，取引の4つをあげている（久保村［1974］）。その中で本質的であり，すべての流通に含まれるのは取引であり，他の要素はすべての商品において求められるものではないと指摘している。しかし，その一方で，消費欲求がぜいたくになると市場把握，商品調整，情報提供などを特に重視しなければならない商品が多くなってきていると指摘している（久保村［2014］）。

石原は流通を取引流通（商流），物的流通（物流），情報流通（情報流）を3つに分け，売買行為としての取引流通を重要視する（**図表2−5**）。

石原は，流通機能において，売買行為としての取引流通が決定的に重要であると指摘しているが，物的流通と情報流通のあり方が広域圏の広がりをもたらすという。また取引流通が円滑に進むためには供給側の情報と需要側の情報が迅速かつ正確に流通していなければならないと情報の重要性を指摘している

図表2−4 ▶久保村隆祐の流通機能分類

1．需給接合
　(1)市場評価
　(2)商品調整
　(3)情報伝達
　(4)取引

2．物財移転機能
　(1)運送
　(2)保管

3．助成的機能
　(1)流通金融
　(2)流通危険

図表2−5 ▶石原武政の流通機能分類

1．取引流通（商流）
2．物的流通（物流）
3．情報流通（情報流）

図表2−6 ▶田村正紀の流通機能分類

1．所有権機能
2．危険負担機能
3．情報伝達機能
4．物流機能

（石原［1989］）。久保村の流通機能分類では情報は需給接合の中で情報を取り扱っていたのに対して，取引流通や物的流通と同じレベルに情報を並置し，情報を収集し，分析することは流通機能の中で売買の意思決定を行うための重要な活動と位置づけている。

　田村は流通機能の概念を流通概念の基本的類型であるとの考えにとどまらず，流通活動を分析するための明確な視座を理論装置と位置づけ，4つに分類している（**図表2−6**）。ここでも「情報伝達機能」は他の機能と同じ位置づけで議論されている。また田村は機能分析の重要な視点として，「流通機関があるから流通機能ではあるのではなく，流通機能によって流通機関が生成される」と指摘する。つまり商業者がどのような機能を持っているのかではなく，流通機能を遂行する適切な機関が他に出てくるのであれば，その機能は他の機関が代替できると「機関代替性」を提唱している（田村［2001］，23−24頁）。この「機関代替性」の概念をもとに，流通機能の遂行者を考えてみると，卸売商や小売商といった流通業者のみが流通機能を遂行するのではなく，生産者や消費者の機能行為によっても代替されることを示唆している。もちろん，既存の流通機関の代替ではなく，新しい流通機関の登場もありえるのである。

2.3 流通機能研究における情報機能の位置づけ

F.E.クラーク以降，流通機能分類において大きな変化はみられない。しかし情報機能において考察してみると，その取り扱いは時代とともに大きく異なっていることがわかる。岡本［2008］は「流通機能は歴史性に規定されながら，その重要性のウェイトは変化している」と指摘し，「流通の情報化は流通機能の遂行様式や流通機能の機関分担関係に大きく影響している」と述べている。特に情報流通の流通における役割は大きく変化しており，情報流通は付随的な役割を担うのではなく，取引流通や物的流通と同じように重要な役割を占めてきていると考えられている。

阿部［2009］はハンガリーの経済学者コルナイの経済分析のフレームワークを用いながら，情報流通と取引・物的流通を前者を情報域，後者を実物域として区別して，その相互の関係・結びつきを考察している。情報の流れは従来，実物域の経済の中に埋められたものとして，その反映として把握されてきたが，IT革命以降，経済活動の実物域から相対的に独立しており，そのため，明示的な存在として取り上げる必要性と可能性があることを指摘する。

本節では，流通機能研究を考察することによって，情報流通と取引・物的流通との関係性の変化を考察した。また，流通における機能の遂行において時代によって流通機能の重要性のウェイトは異なっており，現在では情報機能の重要性が増していることを確認した。次節では流通における情報化の進展について考察する。

3 流通ICT化の進展と意義

3.1 流通におけるICT化の進展

1980年代以降のPOS（point of sales），EOS（electronic ordering system），VAN（value added network）が流通分野において急速に普及した。POSシステムによって店舗における単品管理が可能になり，またEOSを導入することによって受発注が自動的に行えるようになった。商品管理，注文，発注などを

電子化した業務が可能になり，業務の効率性や合理化を推し進めることになった。POS，EOSのシステムは企業内，あるいは提携した企業間であったのに対して，VANはさらに広域でのシステム構築を可能にした。

1900年代に登場したQR（Quick Response），ECR（Efficient Consumer Response）も在庫レベルを最適化しながら，需要に迅速に対応できる生産・販売システムを可能にした。このQR，ECRの活用は，小売企業と製造業あるいは，卸売業と製造業などの製販同盟，製販統合という新たな企業間連携を生み出した（西村［1995］，田村［2008］）。さらにSCM（Supply Chain Management）は生産から消費までのネットワークを構築することによって商取引と物的流通の迅速な連動の実現を可能にしたのである。

また，EDI（electronic data interchange）は電子データを互換することを可能にし，従来のシステムがクローズドネットワークであったのに対して，オープンなネットワークを構築することを可能にした。業界標準EDIが構築されるとその汎用性はさらに高まり，2000年以降にweb-EDIは国際標準に準拠しながら，さらにオープンなネットワークが構築されている。

日本における企業のICT化は1960年代からみられるが，流通分野におけるICT化の進展は，1980年代の単一企業の在庫管理と商取引における電子化が始まりであった。つまり，企業内の合理化，コスト低下のために導入されたものであった。しかし現在では，企業間関係においてどのシステムを導入し，どのような連携を図っていくのかということと同時に情報システムをどのように組んでいくのかがその連携の成否にかかわってきている。企業間情報ネットワークが商取引，物的流通の基礎をもたらすといってもいいだろう。さらにweb-EDIはグローバルな連携を容易にし，広がりをみせている。流通ICT化によって，どのように商取引と物的流通の迅速な連動を実現させるか，情報機能をどのように活用するのか，その情報機能を遂行する主体がどの流通機関が担っていくのかということが重要になってきている。

3.2 流通ICT化の意義

前項で述べたように流通分野で導入されたPOSから始まる流通ICT化は，単なる業務や機能遂行を電子化したシステム化したということだけではない。流

通に関わる生産者から消費者までのあらゆる主体における取引関係に変化をもたらした。ここでは，流通ICT化における流通分野での変化について考察する。

以下にあげる3つの点が流通ITC化によってもたらされたと考える。流通ICT化とひと口にいっても，事業体や企業間などといったさまざまなレベルや部門でICT化が推進している。ここでは，共通する要因としてあげた。

① 迅速な商取引
② 商取引と物的流通の迅速な連動
③ 取引企業間連携

第1に，迅速な商取引である。流通ICT化はさまざまな側面において効率性を上げ，コストも低下させることができる。データの迅速な処理，加工を行うことができ，大量にデータを扱うことを可能にした。また，企業間，企業と消費者の取引において従来の取引と比較すると迅速かつ正確に遂行することを可能にした。

第2に商取引と物的流通の迅速な連動である。企業間で情報を共有することによって，商品の在庫管理や受発注をスムーズに行い，迅速な商品の流れを構築することができた。POSとEOSの連動はその典型であるし，また，JIT物流にみられるような高度なロジスティクスを可能にした。さらにSCMはサプライヤーから消費までのモノの流れとそれに付随する情報を共有することで，効率性と合理性を高めている。

第3に取引企業間連携である。情報ICT化は，企業内の業務効率を上げ，合理化をもたらすだけではなく，取引企業間連携をもたらした。情報ICT化の導入が，システム化，ネットワーク化という議論になるゆえんであろう。もちろん，ICT化を進めることと，組織内外の関係性を議論することは区別する必要があるし，慎重な議論が必要であるが，流通ICT化を進めることは組織内外の連携，ネットワークをどのように構築していくのかがセットで求められるであろう。

流通ICT化は流通における各機能に大きな変化をもたらした。つまり，従来の各機能に大きく関与し，効率性・合理性だけではなく，取引流通機能や物的流通機能の迅速な連動をもたらし，各機能を遂行する機関のパワー関係にも変

化をもたらしている。次節では，この各機関の関係性について議論を進める。

4 情報化による商業排除と情報域の台頭

4.1 流通ICT化による分業体制の変化

　序章で述べられているデルのような「仮想統合企業」は流通ICT化によって，無数の消費者と直接結びつくことができ，また最終需要の不確定な変動に対して，適切な供給を行う延期的在庫を持つことができる卸売業者や小売業者といった商業者の排除を行った「新たな商業排除」というべき現象をもたらしている。これは，従来からいわれている流通系列化における商業排除と質が異なるものであると考える。この点に関して，江上［2003］は生産的企業と消費者がネットなどで直接的にコミュニケーションを相互にとることができることによって中間的な商業の役割・機能が低下している側面を指摘し，この側面を高度情報化社会における固有の「新たな商業排除」または「情報化による商業排除」というべき現象であるといい，商業における「社会性」について言及している（江上［2003］，246頁）。

　「社会性」とは商業者が多数の異種商品を取り扱い，多数の生産者から商品を買い「市」を形成し，それによって多数の購買者を引きつけるという二重の意味での売買集中をもたらす商業者の持つ最も本質的な側面であり，存立根拠に関わる側面を指す（石原［2000］，220頁）。

　つまり，デルのような「仮想統合企業」は従来，商業者が持っていた売買の集中を生み出し，従来言われていた「個別的」，「私的」な存在ではなく「社会性」を持った生産者として存在する。ゆえに阿部［2009］が疑問視する「デルが製造業であるのか……組立業なのか，それとも情報仲介業であるのか」という疑問（阿部［2009］，116頁）が出てくるのであろう。つまり，パソコンという商品がさまざまなサプライヤーからの商品を収集し，顧客のニーズに合わせたパソコンをつくっていくという意味においてはサプライヤーからさまざまな異種商品を集め，商品を作り出し，多数の購買者への販売を行うという従来の製造業と異なる側面を持っているからである。

また，デルが流通系列化と大きく異なることは生産者と商業者とのパワー関係で構築されているのではなく，オープンなネットワークを構築しながら，かつ商業者が行ってきた需給調整を自ら行うことができることである。流通系列化と「情報化による商業排除」との対比でみていくと，流通系列化はクローズドなシステム構築であったのに対して，「情報化による商業排除」は流通ICT化によって実現されたオープンなネットワーク構築であるといえるだろう。

　現実の生産者と消費者がもともと持っている情報は，限られた情報であり，そこには情報の非対称性が存在している。その情報の非対称性が存在するがゆえに，商業者を媒介することによって，生産者はより正確な供給情報を取得することができるし，消費者は多くの商品情報を得ることができた。また売買と情報が分離していないときには，商業者が「情報の縮約・斉合」を有していたが，売買と情報が分離することによって，情報機能を他の機関，生産者あるいはまた別の産業が担うことが可能になり，流通において情報機能を遂行する新しい機関が現れてきた。もちろん，商業者が売買と情報の集約を行うことによって流通においてパワーをさらに持つことになるのである。

4.2　埋め込まれた「情報域」の台頭

　「個別的」産業資本である製造業が売買の集中を生み出し，商業者の売買集中を実現することは不可能なことであった。つまり商業者には分散的でありながら，売買を集中させることが求められるからである。しかし，インターネットの普及や流通ICT化の進展は「個別的」産業資本である製造業者が売買集中できる環境を作り出すことができる。また商業者の持つ「売買の集中」もバーチャル市場をつくることによって，可能となっている。このバーチャル市場を運営する企業は商業者とは限る必要はない。

　生産者と消費者の限定された能力を補ってくれる存在としての商業者が他の機関によって，つまり従来持ちえなかった市場情報を生産者などが持ったりすることで，代替される可能性が生じていることが情報ICT化がもたらした現代的な特徴といえるのではないだろうか。流通ICT化は新たな市場を生み出し，流通における情報機能の位置づけを変化させた。つまり，実体的な取引機能や物流機能を重視したうえで流通情報を考えるというスタンスよりは，流通ICT

の急速な発展は，流通情報を中心に置いた新たな考察を加える必要が生じてきている（阿部［2003］，17頁）。

　阿部［2012］は「情報の流れが『実物域』でのモノやサービスの流れの反映として，いわば『実物域』に埋め込まれたものとしてではなく，リアルの流れから相対的に独立した大きな流れとして自律し，それが逆に，『実物域』でのモノやサービスの取引に非常に大きなインパクトを与え始めている」と指摘する（阿部［2012］，134頁）。この事実は，流通分野にとって大きな革命であり，流通ICT化は流通機能における情報機能をどのように遂行するのか，活用するのかということだけでなく，流通において各機能を遂行する機関の代替ということも含めて考察していく必要性が出てきているのである。つまり，「流通機能の機関代替性」をもとに考えてみると，情報機能を遂行する機関はどの機関が適切であるのか，それは既存の機関であるのか，新しい機関が代替できるのかという議論が求められていると考える。その意味において，従来の生産者と商業者の分業関係や流通機能の遂行主体を再検討する必要性が求められるインパクトのある「流通情報革命」なのである。

●参考文献

Clark, F.E.［1922］*Principle of Marketing*, The Macmullan Company.
Clark, F.E. & Clark, C.P.［1942］*Principle of Marketing*, The Macmullan Company.
阿部真也［2003］「序章　流通研究はどこまで進んだか」阿部真也・藤沢史郎・江上哲・宮崎昭・宇野史郎編『流通経済からみる現代』ミネルヴァ書房。
阿部真也［2009］『流通情報革命―リアルとバーチャルの多元市場』ミネルヴァ書房。
阿部真也・宮崎哲也［2012］『クラウド＆ソーシャルネット時代の流通情報革命』秀和システム。
石原武政・池尾恭一・佐藤善信著［1989］『商業学』有斐閣。
石原武政［2000］『商業組織の内部編成』千倉書房。
江上哲［2003］「第12章　マーケティング・チャネルの変容と消費者情報の公共化」阿部真也・藤沢史郎・江上哲・宮崎昭・宇野史郎編『流通経済からみる現代』ミネルヴァ書房。
岡本哲弥［2008］『情報化時代の流通機能論』晃洋書房。
久保村隆祐・荒川祐吉編［1974］『商業学　現代流通の理論と政策』有斐閣。
久保村隆祐［2014］『商学通論（八訂版）』同文舘出版。
兼村栄哲［1998］「製販統合の本質に関する若干の考察」『駒大経営研究』第30巻第1・2号，53-64頁。
谷口吉彦［1935］『配給組織論』千倉書房。

田村晃二 [2008]「第6章 流通におけるICT活用の展開」渡辺達朗・原頼利・遠藤明子・田村晃二『流通論をつかむ』有斐閣。
田村正紀 [2001]『流通原理』千倉書房。
西村順二 [1995]「高度流情報化のネットワーク側面と取引様式の変化」『広島経済大学経済研究論集 荒川祐吉退官記念号』18巻第2号。
向井鹿松 [1928]『配給市場組織―財貨移動の社会的組織』丸善。

第3章

商品集積から情報集積へと転換する流通サービス

1 情報技術の発展と電子商取引の発展

1.1 プラットフォームビジネスの発展による市場の変化

　現代市場において，消費者，企業などがeコマースなどの取引を行うため各種プラットフォームをインターネット（以降，ネット）上に提供するビジネスの発展が急速に進み，さらにはそのビジネスも統合化などを通じて，市場全体としては急速な寡占化が進んでいるように思われる。特に，ネットを通じた取引の影響力の拡大は流通研究において現在欠かすことのできないものとなっている。そのなかでは，流通サービスにおけるネット上のさまざまな「情報集積」機能が消費者の購買の重要な要素になっていることを忘れてはならない。
　そこには，相次ぐプラットフォームビジネスの誕生を通じて，ネット上における顕著な特徴が存在し，それが再注目されている。その1つは，従来ネットワーク産業の研究で注目されていた「ネットワーク外部性」という特徴である。そこでネット上の産業などおいても，特有な特徴として存在するネットワーク外部性という概念に着目しつつ，また，リアルな社会での流通はこのバーチャルな情報集積による集中＆拡散などによって，多大な影響を与えられるようになってきていることを説明したい。

1.2 「情報」プラットフォームビジネスの特徴

　ネット上におけるプラットフォームビジネスは大きくBtoB（Business to

Business：企業間取引），BtoC（Business to Consumer：企業対消費者），CtoC（Consumer to Consumer：消費者同士）の3つの例に分けることができるだろう。

まず，BtoB（Business to Business：企業間取引）は従来からのEDI（Electronic Data Interchange：電子データ交換）等の企業間ネットワークの関係である。さらに，ネットの発展は，発注等の企業間取引ネットワークを大きく変化させようとしている。BtoBをネット上で行うBtoBのeコマースは注目されており，BtoBは大きく分けてWEB受発注システム，ネット卸，BtoB通販，eマーケットプレイスの4つのシステムがある。

WEB受発注システムは，WEB-EDI化を図り，業務の効率化をいっそう進めることになった。ネット卸売りはWEB化することで商圏を日本全国・海外へ拡大，また新規顧客の開拓を狙うこともできるようになっている。BtoB通販としてあげられる一例は，業務用の文房具を扱うアスクル（ASKUL）のような法人＆事業者向けのeコマースサイトである。アスクルは会社の事務用品などをネットで容易に購入できるようにしたサイトである。

そして，eマーケットプレイスは，複数のサプライヤーが複数のバイヤーに向けて商品を販売する，モール形式のeコマースサイトである。例えば小売業者が共同または単独でSCM（Supply Chain Management：サプライ・チェーン・マネジメント）を形成するeマーケットプレイス「WWRE（ワールドワイド・リテイル・エクスチェンジ）」，仏カルフールや米シアーズ・ローバックなどが結成した「GNX（グローバル・ネット・エクスチェンジ）」や，米ウォルマート・ストアーズが運営する「リテール・リンク」などがある。

次にBtoC（Business to Consumer：企業対消費者）のビジネスは一般的なeコマースを形成する消費者向けのネットショッピングサイトであり，楽天市場やヤフー・ショッピング，中国のアリババなどがこれにあたる。これらはネット上に仮想商店街を提供し，その商店街に企業や個人経営者などが出店して，商品やサービスなどを販売しているのである。各種ネットショッピングサイトは企業や個人経営者と消費者が共有するビジネスプラットフォームである。

そして最後のCtoC（Consumer to Consumer：消費者対消費者）のビジネスは，消費者同士での取引を行うためのプラットフォームビジネスであり，最近

急速に発展し始めている。代表的なのは各種オークションサイトである。日本での最大のサイトはヤフー・オークション（ヤフオク！）であり，日本のオンラインオークションサイトは，ヤフー・オークションの独り勝ちのようになっている。一方アメリカなどではe-BAYが主流になっている。

また，ファッションサイト「ZOZOTOWN」を運営する「株式会社スタートトゥデイ」は無料でECサイトを作成できる「STORES.jp」を運営する「株式会社ブラケット」と組み，個人が簡単に商品を売れる「ZOZOMARKET」を開設し，個人（消費者），法人，新品，中古を問わず出品が可能となった。

このようにさまざまなプラットフォームビジネスの形があるが，それらが存在するネット上のバーチャルな市場には，リアルな世界とは異なる独特の特徴が現れる。

なぜ，消費者までもがeコマースに参加できるようになったのか。そのカギを解く概念としてネットワーク外部性の再注目と，ネット上の「情報集積」機能の発展と重要性が増していることなどがあげられよう。

その中で欠かせない1つの概念として従来からあるネットワーク外部性の概念にまず，注目したい。

特にネット上のプラットフォームビジネスにおける，eコマースの発展にはこのネットワーク外部性が大きく関わっていると思われる。

そこで，そのネットワーク外部性の特徴を述べ，ネット内でのネットワークが拡張すればするほどネットワーク外部性効果がネット上のあらゆるサービスにも影響を与えることを指摘したい。

2 ネットワーク外部性について

2.1 ネットワーク外部性とは

まず，ネットワーク外部性とは何か。ネットワーク外部性の概念は経済学においては決して新しい概念ではない。

ネットワーク外部性は先に述べたネットワーク産業と呼ばれていた産業に存在する特徴の1つである。そしてそれはその産業の需要側（消費者側）の特徴

として存在している．ネットワーク外部性の定義はさまざまあるが，「ある財・サービスを需要することによる個人の効用が，その財・サービス自身の使用価値だけでなく，同じ財を他人がどれほど，需要するかということにも依存するケース」を指している[1]．

もともとネットワークを形成している情報通信関連産業の発展は，ネットワーク産業内外の他産業と関わり合って新たな産業を生み出しており，その新たな産業内でもネットワーク外部性が存在する可能性があり，さらにはそれが拡大していく可能性もあるからである．

流通やマーケティングの理論などからネットワーク概念を考察するときには，「供給側の規模の経済」など，まず，供給側を中心とした視点から論じられるのがほとんどであった．しかし，サービス産業などの発展とともにサービス生産へ消費者の参加が可能になったり，消費者同士の自主的なネットワーク等が作られるようになり，消費者の地位やパワーの重要性が増した現在，それだけではなく，「消費側（需要側）の規模の経済」も考察しなくてはならない．本章で述べるインターネット社会は，まさにそのようななかにある問題といってよいだろう．

2.2 ネットワーク外部性の「直接効果」と「間接効果」

2.2.1 ネットワーク外部性の「直接効果」

さて，ネットワーク外部性には「直接効果」と「間接効果」の2つの効果が存在しているといわれている[2]．

ネットワーク外部性の直接効果とは，その財やサービスの使用者数の増加が財やサービスから得られる効用を直接増加させる効果である．初期の携帯電話通話サービスから得られる効用を例にあげてみよう．携帯電話の通話サービスは加入者がたった1人だった場合はその携帯電話の通話サービスから得られる効用はほとんどない．携帯電話の通話サービスの加入希望者は通話サービスを受けられることを目的として携帯電話サービスに加入する．それは携帯電話サービスの加入者以外の利用者がどれだけ同一の通話サービスを享受しているのか，つまりどれだけ加入者がいるのかということに大きな影響を受けているからである．そして通話サービスの加入者ネットワークの規模が大きければ大き

いほどさらに効用が高まるのである。

このように一般的に携帯電話という通信機器などを通じた直接的な接続によってネットワーク外部性の影響を受けることをネットワーク外部性の「直接効果」（または直接外部性）という。直接効果は電話（固定電話，携帯電話，PHSなど）やファクス，もちろん最近の携帯電話に標準装備されている電子メール機能，チャットなどの相互接続機器やコミュニケーション・サービスなどにもこの直接効果がみられる。

2.2.2 ネットワーク外部性の「間接効果」

また，ネットワーク外部性は直接的な影響を受けない財やサービスからも影響を受けている。それは例えばその携帯電話と補完的な関係にある財やサービスとの相互作用で生じるネットワーク外部性である。初期の携帯電話のネット・ブラウジング機能ではネットワーク外部性が働いていた。携帯電話でインターネットが利用できる初期のネット・ブラウジング機能は，NTTドコモ，au，ボーダーフォン（のちのソフトバンク）などでは画像「規格」の互換性がほとんど確立しておらず，当時，ほとんどの携帯電話向けウェブサイトはNTTドコモのi-modeの規格に対応したウェブサイトだったため，初期の携帯電話市場は一気にドコモが市場を広げた。しかし現在では，それぞれのキャリアのどの機種でも見ることができるようになっているため，NTTドコモのネットワーク外部性の効果はほぼなくなっていると思われる。

このように補完的な財やサービスと通信機器の相互的使用が広がり，当該製品から得られる効用が増大するというこのような補完的な財やサービスなどによって間接的にネットワーク外部性の影響を受けることをネットワーク外部性の間接効果（または間接外部性）という。

特に最近のインターネット関連サービスの特徴は，さまざまな補完的な財やサービスが重層的かつ階層的に存在しているし，ある1つのネットワークの加入者が多くなれば多くなるほど，ネットワークを形成する企業は競争力を高め，さらに加入者である消費者は効用を増大することができるようになっている。そうすることでまた形成するネットワーク全体の価値を高めることになるのである。

3 ネットワーク外部性が存在する市場の特徴

　ネットワーク外部性が存在している市場には多くの特徴と性質がある。ネットワーク外部性を研究する際には主に以下の特徴と性質に注目しなくてはいけない。

　それは①スイッチングコストとロックイン（Lock-in）効果，②クリティカル・マス（Critical Mass）または限界加入者数，③Winner-takes-all（独り勝ち市場），である。

3.1 スイッチングコスト

　そもそも経済学や経営学，特にマーケティングにおける「スイッチング」とは何か。一般的に顧客（消費者）がある製品やサービスから他の製品やサービスに切り替えることを意味しており，取引の維持あるいは反復購買の反対概念として使用されている。

　そして，スイッチングコストとは，「消費者が財の購入元を変更する際に変更しないときと比べて労力や資源を余分に投入する必要がある場合，このような余分な労力や資源」をスイッチングコストと呼んでいる[3]。

　スイッチングコストの概念研究は，経済学，経営学を中心とした各分野において幅広く研究がなされている。経済学では，ウィリアムソンに代表される企業組織等における取引費用の捉え方が中心のアプローチであり，主に産業材市場に代表されるようにいったん取引が開始され，ある特定の企業との取引のために設備的・物理的投資が先行された場合には，そのような経済的投資コストが新規参入者に対して大きな参入障壁になると同時に既存の取引企業に対しては取引から離脱することを困難にする障壁にもなりうることが指摘されている。したがって，経済学においては，それらの設備的・物理的投資にかかる経済コストに主たる焦点が合わされていた。

　しかし，その後経済学等において，主に価格競争を中心とした市場の論理が，現代ではブランド戦略競争やデザイン価値競争，サービス競争など，新たに物的商品ばかりでなく情報的価値を含む追加・拡張された競争論理が働いて市場

が成立していることを無視することはできなくなっている。

　例えば，立原・野口［2004］はその内容について，①心理的なものから，②実際金銭的費用として発生するもの，また，③「手間」という，例えばネットスキル訓練や習得，操作の違いに慣れるために費やさなければならない時間と労力などのようなものなども含まれていると述べている[4]。

　つまり，消費者は参加しているネットワークに存在する財やサービスを消費することから得られる便益が，過去にそれと同一，または互換的な財やサービスを消費した経験の大きさに依存するという，過去の時間を通じた需要における規模の経済が存在し，かつ財やサービスの購入元を切り替えるとこの規模の経済を全く，あるいは不完全にしか享受することができない場合に，取引の変更を阻止するスイッチングコストが働くと捉えることができるのである。

　このようにスイッチングコストは市場や組織に関連する当事者間（ステークホルダー）のあらゆる場面に存在している。そして，このスイッチングコストは次に述べるスイッチング障壁となって，取引や消費のあらゆる場面に影響を与えるようになってくる。

　スイッチング障壁とは，顧客が製品やサービスを切り替えることが難しいか，あるいは費用がかかるようにする要素を指しており，それを乗り越えるさまざまな要因の壁をスイッチング障壁という。

　それは市場において，企業組織がマーケティング戦略を計画するにあたり，不特定多数の一般消費者を対象とする消費財市場におけるスイッチングコストの意識が高まり，さらに顧客の心理的・社会的なコストなどをスイッチングコストの概念に含める考え方が認知されるにつれ，従来の経済的コスト中心であったスイッチングコストの概念が，後述するような拡張された概念として捉えられているためである。

　つまり，スイッチングコストは，経済的コスト，サービスコスト，心理的コスト，顧客と従業員関係，その他のステークホルダーとの関係などにおけるさまざまなスイッチングコストが考えられ，それが見えない障壁となって取引や消費に多様な影響を与えているのである。

　情報通信関連産業にはスイッチングコストやスイッチング障壁の問題は，必ずといっていいほど付随するものと思ってよいだろう。従来から使用していた

産業材や補完財，自分が以前購入した携帯端末機器などに慣れている消費者は，価格以外のところでさまざまなスイッチングコストを認識し，それと同時にスイッチング障壁を感じているのである。

3.2 ロックイン（Lock-in）効果

　先述のように既存のネットワークに加入していた消費者が，新規のネットワークに参加するときにスイッチングコストが発生し，サンク・コスト（埋没費用）の壁ができると，その利用者を既存のネットワークに拘束する方向に作用することになり，そのネットワークから移動することが，困難になってくる。このような現象を「ロックイン効果」と呼ぶ。

　ロックインとは，ある製品やサービス，さらにはブランドや心理・社会的関係などから他の製品やサービス，ブランドなどに転換するとき，費用が相当な額になったりすると，ユーザーが直面するさまざまな問題によって市場にとどまり，ロックインすることである。

　スイッチングコストは，すでに使用している財やサービスなどを選んでいるがゆえに発生するコストであり，その財やサービスを使い続ける限りは発生しない。例えば，以前のパソコンOSにおけるウインドウズ対応とマック対応との操作方法の問題があったように，操作方法に互換性がないと，他の製品に切り替えるとまた操作方法を覚えなければならないというコストがかかる。

　また，すでに使用している製品のソフトのような補完財あるいはファイルなどを多数保有している場合は，切り替えによってそれらが無駄になるコストが発生する。利用にあたって，工事や設置費用のような環境整備コストもスイッチングコストとなる。これらスイッチングコストがあるときも，ユーザーは後から出た他社製品が少々機能・価格面ですぐれていても，既存製品を使い続けなければならないのでロックイン効果が生じる。このロックインという点では，スイッチングコストとネットワーク外部性は同じような効果を持つといえよう。

　しかし，両者には重大な違いがある。ネットワーク外部性によるロックインは正のフィードバックがかかるので，特定の財・サービス（正確にはそのインターフェース）のシェアが高まる方向に圧力がかかる。しかし，スイッチングコストはシェアにかかわらず，すべての製品について同じように働くので，シ

ェアの大きい企業が特に有利になるわけではない。たとえシェアが低い製品やサービスでも，ユーザーがその操作方法に慣れており，また補完財をたくさん持っていれば，同じようにスイッチングコストが発生し，ユーザーはその製品にロックされる。スイッチングコストの効果は現状でのシェアの固定化であり，最大シェアの企業のシェアをさらに高めるわけではないのだ。

　ロックイン効果が発生する背景としては，スイッチングコストで提示したなかで，①これまでに投資した資産が他の用途に転用できず，サンク・コストが発生するケース，②あるネットワークに加入したことで蓄積された情報やノウハウなどが，他のネットワークでは利用できないケース，③定められた期間を超えて利用する場合に価格を割引，途中解約時に一定の補償金を請求するなどの契約が締結される結果，顧客が最初に加入したネットワークに拘束されるというケースなどが上げられる。それをマーケティング戦略に当てはめてみても現在のマーケティング戦略の中でもその方策がみられる。

　ロックイン効果は，特に情報通信関連産業に顕著に現れている。また，この産業におけるロックインには，さらに際立った特徴がある。それはロックイン効果の継続期間が非常に長く続く傾向が強いことである。つまり，機器類は消耗し，償却されてスイッチングコストも下がっていくが，例えばパソコンの補完財である，ソフトやファイルは新しいバージョンが出るたび，複雑化，強化され，さらにはその中に蓄積されていくデータベースは長時間にわたって運用され成長していくため時間が経つにつれてロックイン効果はより強力になっていくのである。

　このように，ロックイン効果は，ネットワーク外部性が働く情報通信関連産業を通じて各産業や消費者までにも大きな影響を与えているのである。

3.3　クリティカル・マス (Critical Mass)

　ネットワーク外部性が存在する財やサービスを購買したり参加する加入者のネットワークはまた，ネットワーク外部性が存在する市場は需要が参加者（加入者）同士の相互依存性が効用の増大に影響を与える。

　その特徴の1つとしてあげられるのが，「クリティカル・マス」である。クリティカル・マスはあるネットワークが拡大することによってネットワーク外

部性を持つ財やサービスはある一定基準以上の市場規模を超えないと加入者の効用を満たすことができなくなる性質があることである。

つまり，ネットワーク外部性が存在しない財やサービスは，限界費用の低下＝コストダウンになり，消費は拡大する。しかし，ネットワーク外部性が存在する財やサービスはその他に需要面で加入者（参加者）が増えることによる効用が存在するため，それによって影響を受け，その財やサービスの普及や消費は，供給面と需要面の両方からの影響を受けるという特徴を持っている。そしていったんクリティカル・マスを越えることができれば加入者は自律的に増加してゆく。

ただしこの現象（性質）は主に双方向型サービスのみにおいて顕著に現れるといえよう。

3.4 Winner-takes-all（独り勝ち市場）

ネットワーク外部性が存在する市場では，供給側の規模の経済でシェアを広げ，魅力的なネットワークのほうが競争優位になり，独り勝ちの傾向がより鮮明に表れる。

つまり，シェアや魅力がより大きいほうがネットワーク規模の競争上優位になるので，最も大きなシェアを獲得した企業または財やサービスがさらにシェアを増大させ，Winner-takes-all（独り勝ち市場）になりやすい。

例えば，現在使用されるキーボードの配列は，技術的背景をもとにあえて性能を落として市場に出たが，いまだ，その機能の劣ったままの配列が主流になっている。

また，ゲーム機市場ではより顕著に出ていることが実証され，SONYプレイステーション2の独り勝ちはその有名な市場席巻の事例となっている。その現象が起こるごとに対抗するゲーム機の市場が消えていき，ガリバー型の市場になる。ただし独り勝ちが実現するためには，財の性質がある程度同質という前提がある場合であり，製品差別化が存在していることである。もし，財やサービスの質が全く異なる場合は共存は可能だと予想される。

このようにネットワーク外部性が存在する市場は今まで経済学で扱ってきた市場の特性とは若干異なる財やサービスの法則などが存在し，ネットワーク外

部性が存在する財やサービスにおいては一般的な市場の自動調節機能は働きにくく，いったん勝ち始めるとどこまでも勝ち続ける現象が起こるのである。

4 商品集積から情報集積へと転換する流通サービス

4.1 情報集積機能の発展

　以上述べてきたことはネットワーク外部性の競争制限効果，集中促進効果などの市場経済へのマイナス効果であった。しかし，ネットワーク外部性の効果はそれに限られるものではなく，市場参加者，特に消費者にとってのメリットが期待される。いわゆる「消費の外部性効果」と呼ばれるものである。たしかに，現代の流通において，リアル世界の流通サービスのさまざま効率性を考慮したとき，商品集積の効果は現代のリアルな流通システムを形成する重要なものであった。しかし，ネット上の世界での流通サービスを考えた場合では，この商品集積の効果よりもむしろ，「情報集積」のありようが重要になってくる。

　そのネット上での流通サービスは，より多くの顧客（消費者）の参加や情報の共有，そして適切な情報をいかに集積するかなどの「情報集積」ともいうべきものが中心となるのではないだろうか。

　消費者への魅力の点は，いかに信頼性や反応性のある財やサービスの情報が迅速に提供できるか，また，オンラインショッピングにおける提供されるサービス品質などのウェブサイトを通じてのサービス・プロセスの設計が重要になってくるのである。

　つまり，単なる商品集積ではなく，いかに各種消費者の購買にとって消費者に有利となる情報サービスの集積があるネットワークに消費者は参加し，情報を共有したりするのである。

　これはまさに先述した，ネットワーク外部性のもう1つの効果であり，より消費者にとっては効用のある大きな情報集積ネットワークを選択して，リアルな商品集積に比べて，より迅速に移動していくのである。

　例えば，楽天はもともとあったバーチャルショッピングモールのプラットフ

ォームの中に多種多様な店舗が進出すればするほど，ネットワーク外部性の直接効果が働き，消費者にとっては情報集積の効用が拡大してゆく。消費者にとっては製品情報，価格情報，在庫情報など，消費者の商品やサービスの最終選択に必要な情報などを他のネットワーク規模の小さいショッピングモールよりはるかに得ることができる。

まさに最終決済をするまでの独自のサービス・プロセスを通じて消費者は情報集積の効果によって，商品情報を自分で集めることができ，その効用を享受することができるようになったのである。

具体的には消費者にとっては売り切れのリスクを避けたり，価格情報の比較もでき，より効率よく商品やサービスを購入することができるのである。

そして，ネットワーク外部性の直接効果や間接的効果によってよりネットワークの大きなショッピングモールへと顧客は価格情報などを中心に移行しているのである。

4.2 ネット上における消費者の「参加」と「共有」

ネット小売業者から，ネットで商品やサービスを購入する人をネット消費者というならば，バーチャルな空間で購入するネット消費者の特徴もリアルな市場で購買する通常の購買とは，消費行動においていくつか異なる特徴が現れている。

そのネット消費者行動として代表的な特徴として取り上げているのが，消費者の販売への「参加」と「共有」であろう。ネット消費者は，ネットによる圧倒的な情報量を収集するなかで，容易に製品情報等，従来卸・小売が持つ情報を獲得でき，製品選択行動などもとても柔軟に，かつ，賢くなっているといえるだろう。また，ネットの特徴の1つとして取り上げられている「双方向性」から「相互交流性」によってネット小売業とネット消費者との距離も近くなり，ネット小売業にとってもマーケティング活動も消費者の反応を軽視することはできなくなっているのである。

ネット上のバーチャル空間における小売業において，消費者との双方向交流性などは存在していたが，もともと情報の非対称性があり，情報を入手するのは，それを販売する側（小売業）の情報を受動的に受け取る傾向が強かったと

いえよう。しかし最近のネット全体の動向を通して受け手側の積極的な情報の利用と参加，しかも消費者同士で情報を交換しながら，独自の新たなネットワークを形成し，独自の情報を発信する傾向が強まっているといえる。

ネットの世界では，すでにブログや掲示板など消費者が自由に情報交換をしたり意見を発信したりできることが可能になっている。もちろんネット上のバーチャルな空間にあるネット小売業のサイトにおいても消費者は自ら商品についての意見を書き込むことができるようになった。

例えば，楽天市場の「みんなのレビュー」やアマゾンの「カスタマーレビュー」のように購入した商品を消費者が評価する「レビュー機能」がある。ネット小売業を運営するにあたってはこれがあるのが当然のようになっている。

しかし，ネット上は「取引の非対面性」があるため，商品の信用・信頼という点においては通常の売買と比べるとネットが劣っていることは否めない。そこでレビュー機能で消費者が使用した感想を書いてもらったり，評価を星の5段階などで区別したりすることで商品やサービスの購買につながる情報を消費者同士で共有することができ，商品の信頼性・信用性を向上させ，ネット小売業にとってはショップの信頼性・信用性，ブランド力などを向上することができるのである。

そのようなことによって消費者は財やサービス購入の参考にすることができ，小売店や商品・サービスの情報を消費者同士のつながりで「共有」することが可能になり，消費者はその情報を頼りに店舗や財やサービスを選択したりすることが可能になっているのである。

このように消費者がネットにおいて情報の「参加」と「共有」できることで，消費者が賢くなっているといえるかもしれない。そこでのネット小売業は，そのレビュー等においてブランド力や商品・サービスのブランド力や購入の信頼や信用を勝ち取らないといけないのである。

そこで，ネット小売業は最も大きな情報の非対称性を解消したり消費者の関与を即座に反映するシステムを確立し，消費者から財やサービス自体の信頼性のみならず，消費者の購買に至るまでをサポートする援助機能や決済機能にいたるまでの，あらゆる購買援助サービスを向上することがネット小売業の信頼性を上げることにつながるのであろう。

4.3 情報集積機能の重要性と流通情報サービスの変化

　それぞれ，ネット上の購買における消費者のこのような行動は，主に「購買後行動」の消費者が参加する情報システムが発展してきたことによるだろう。

　ネットの世界は，誰もが参加でき，誰もが情報を集積できる。中間商業の情報集積の役割を最近では消費者が担うようになってきているといえるだろう。

　ネットワーク外部性の問題は，これら情報通信関連サービス業が成長，拡大することによって新たなサービス提供が誕生するに従い，さらに重要な概念として取り上げられている。このネットワーク外部性の新たな概念がサービスの生産・消費構造の学問的研究などに今後多大な影響を及ぼしていくと思われる。

　そこで今後の課題になるのは，ネット上の消費者同士のネットワークの中で，新たな独自のネットワーク外部性効果が存在しているのか，それはどのような効果があるのか，そしてそれがそれぞれの市場にどのような影響を与えるのかなどという問題点である。従来の社会ネットワーク研究と消費者行動研究などからのアプローチで新たに研究を進めていくことが求められよう。そして，さらにその消費者のネットワークに企業や組織が今後どのように参加していくのかが課題となってくるだろう。

　ネット上に存在するあらゆる流通システムや流通サービスは，このように情報集積を中心に影響を受けていろいろな形として大きく変化を遂げているといえよう。その変化に対応するようにリアル世界の商品集積は形づくられてきている。情報の収集，集積機能は，すでにリアル世界の商品集積に影響を与える時代に入っているといえるのかもしれない。まだまだ，ネット上における情報集積機能は継続的に進化している。これからの流通システムや流通サービスはそれに対応するように発展するものと思われる。その変化は消費者のリアル消費行動に直結しているといえよう。

●注
1 依田ほか［1995］, 17頁。
2 依田ほか［1995］, 20頁。
3 江副［2003］, 17頁。
4 立原・野口［2004］, 200-201頁。

●参考文献
Shapiro, C. and Varian, H. R.［1998］*Information Rules*, Harvard Business School Press.（千本倖生監訳・宮本喜一訳『『ネットワーク経済』の法則』IDGコミュニケーションズ, 1999年）

秋吉浩志［2008］『ネットワーク外部性について―情報通信サービス業の発展による流通・マーケティングにおける新たな課題―』九州情報大学学術研究所ジャーナル, 第3号。

秋吉浩志［2010］『「ネットワーク外部性」が存在する市場の特徴について―スイッチングコストとロックイン効果の基礎的考察―』九州情報大学研究論集, 第12巻, 第1号。

江副憲昭［2003］「ネットワーク産業の経済分析―公益事業の料金規制理論―」勁草書房。

KDDI総研［2005］『携帯電話サービスにおけるネットワーク外部性の推計』ICF委託研究調査報告書。

立原繁・野口正人［2004］「ネットワーク効果と日本の電気通信政策」東海大学政治経済学紀要, 第36号。

依田高典・広瀬弘毅・江頭進［1995］「ネットワーク外部性とシステム互換性」京都大学経済論叢, 第156巻, 第5号。

根来龍之監修［2013］『プラットフォームビジネス最前線』翔泳社。

平野敦士カール［2010］『プラットフォーム戦略』東洋経済新報社。

三木谷浩史監修［2015］『ヒューマン・コマース』角川学芸出版。

南知恵子・西岡健一［2014］『サービス・イノベーション』有斐閣。

渡辺達朗・原頼利・遠藤明子・田村晃二［2008］『流通論をつかむ』有斐閣。

第4章
ネット販売における情報過負荷と消費者選択に関する探索的研究

1 ネット販売における消費者選択

　消費者選択の多様性を実現するためには，商品選択に関する多種多様な情報が必要であることはいうまでもない。商品選択に利用可能な情報や選択肢が多ければ多いほど消費者の意思決定にはプラスに作用するはずである。しかし，インターネットの出現に伴う情報の爆発（質・量的）は，意思決定にプラスに作用する閾（いき）を超えて情報過負荷を誘発し，意思決定混乱状態に陥らせているかもしれない。

　そこで本章では，情報の混乱性をもたらす情報過負荷を4つの要因（類似性，多義性，不十分性，過多性）で捉え，商品知識，評価基準・ルール，事前情報，実店舗探索との関係を探索的なアプローチで捉えた仮説について，2015年1～2月に行ったインターネット調査に基づき検証を行い，ネット販売における情報過負荷をめぐる消費者選択の一側面を明らかにしたい。

2 情報過負荷と情報混乱状態

　元来，意思決定に必要な情報が多ければ多いほど，消費者の意思決定にはプラスに作用すると考えられるが，インターネットの普及による情報流通量の爆発的な増加が，逆に消費者の意思決定にマイナスに作用することが考えられる（Iyengar & Lepper［2000］，アイエンガー［2010］）。このような状態を情報過多状態と呼ぶ。情報過多状態は情報の「質」と「量」の増大として捉えるこ

とができる。しかし，消費者は情報過多状態に置かれているから意思決定麻痺状態になっているとは必ずしもいえない。情報過多状態であってもその情報を的確に消費者の求める情報へ分類・選別可能なテクノロジーがあるならば，意思決定麻痺とは認識しないし，また意思決定の重要情報として考慮しないあるいはならないような情報であればいくら過多だとしても問題にならない。つまり，情報過多認識が情報混乱状態をもたらし，それによって意思決定麻痺状態を生み出すと理解する必要がある（Walsh et al.［2007］, Walsh & Mitchell［2010］, Wang & Shukla［2013］）。

そこで今回は消費者の情報混乱状態をもたらす要因をウォルシュ他（Walsh et al.［2007］）を参考に情報の「類似性」「多義性」「不十分性」「過多性」の4つに分類し検討を行う。情報の類似性（similarity）[1]とは，商品の外見上，機能上類似していると判断する程度であり，具体的にはパッケージや形状や色など商品属性に付随するものから，広告や販売方法などのマーケティング戦略が類似していると認知する程度を表す。情報の多義性（ambiguous）とは，商品に関する情報や広告が不確かな情報であるとか誤解をまねく曖昧な表現であるとする消費者認知である。その中には商品属性が曖昧な場合や，消費者間の評価の曖昧さも含む。

次に情報の不十分性（inadequate）とは，購買決定する際に商品に関する情報が不十分あるいは整っていないと判断する程度である。商品に関する情報（例えば，価格や品質などの情報）が不十分だけでなく，使用方法やブランド，販売先の情報などが整っていない状態を表す。最後に情報の過多性（overload）であるが，上記3つが情報の中身，言い換えれば「質」に関するものであったのに対して，過多性とは，情報の「量」に関する概念である。購入決定する際に代替案と比較検討する場合に，個人の情報処理能力を超えた製品情報や選択肢情報，はたまた消費者の購入前後の使用に関する情報などが量的に過多状態であると認識していることを指す。具体的には情報過多，選択肢過多だけでなくSNS等にあふれる使用方法や感想，評価などの情報も含むものである。

ここでは，消費者が購入意思決定を行う際の情報の類似性や多義性，不十分性，過多性などにより情報の混乱状態に陥ることを情報過負荷と定義する[2]。そして本章の目的は，情報過負荷を情報の「類似性」「多義性」「不十分性」

「過多性」という4つの要因で捉え，情報過負荷の内実，商品知識や評価基準，事前情報，実店舗探索行動と情報過負荷の関係を明らかにすることである。

3 調査分析

3.1 調査目的

消費者の情報過負荷に関して以下の仮説について検証を行う。

3.1.1 情報過負荷の4つの要因間の関係性

> 仮説1　情報過負荷の4つの要因は，相互に強い関係性がみられない。

現在，消費者が購買意思決定を行う際に参照する情報は質的・量的に確実に増大しているが，実用レベルにおいて画期的な外部処理装置や方法が開発されているわけでもなく，消費者の情報処理能力が飛躍的に向上したともいえない。よって，情報過負荷における情報の類似性，多義性，不十分性，過多性は相互の関係性が弱い。つまり，完全に独立しているとまではいえないが関係は弱いと考えられる。こうして，混乱状態にある消費者は自己が混乱状態に陥った際に，その要因である類似性，多義性，不十分性，過多性を明確に識別していると考えられる。

3.1.2 商品知識と情報過負荷

> 仮説2　商品知識と情報過負荷には有意差があり，商品知識が高くなればなるほど情報過負荷（4つの要因すべて）は低くなる傾向がみられる。

特定の商品知識が高いと自覚しているということは，多数の商品情報に触れ，その商品カテゴリー情報や使用に関する情報，ユーザーに関する情報まで幅広く網羅していることが想定され，それらすべての情報を勘案し，自己に最適な解を導くことができる処理能力を持つと考えることができる。また，その商品知識は過去の購買経験や過去の情報収集等によって涵養された能力のみならず，

多様なメディアに接触することで得られた多面的な知識に他ならない。よって商品知識が高いと認識にしている人は，情報により混乱することは少ないと考えられる。

　商品知識が高いということは，商品属性の類似性（パッケージやデザインなど）に混乱を生じる可能性は低く，不確かな情報であるとか，曖昧な情報，誤解を招く情報などに接しても，その与えられた情報の欠落部分や曖昧性を補完・修正し情報の適正化を図ることができるので，情報過負荷は低くなると想定できる。また，同様に不十分性に関しても，情報の不足分を補充することが可能な知識を有しているし，過多性に対しても情報混乱を引き起こしているという認識は起こらないと考えられる。

3.1.3 評価基準（重要視）と情報過負荷

> 仮説3　購入に際する評価基準・ルールと情報過負荷には有意差があり，買物に関する評価基準やルールを重視する人ほど，情報過負荷は高い傾向がみられる。

　ネット通販における重要性基準で自己の買物に関する評価基準・ルールを重視する人は，評価基準やルールを構築するために数多くの情報に接触し，数多くの価値判断に触れ，判断基準が揺らぎながら，現在の評価基準・ルールを確立したと考えることができる。また，その評価軸や基準をいったん確立してしまえば，その評価軸やルール基準で対象商品を判断することが多くなるので，その意思決定はヒューリスティックなものとなり，情報過負荷は低くなると考えられる（Swait & Adamowicz [2001]）[3]。しかし，明確な評価基準やルールを重視する人ほど，常に評価軸やルール基準に変更を求めるような多種多様な情報に晒されることになり（あるいは積極的に収集するようになり），その評価軸やルール基準はますます揺らぐことになる。つまり，購入に際する評価基準・ルールと情報過負荷には有意差があり，買い物に関する評価基準やルールを重視するほど，情報過負荷は高いと考えられる。

3.1.4 事前情報収集と情報過負荷

仮説4　事前情報収集と情報過負荷には有意差がある。

　事前情報収集と情報混乱性には関連がある。つまり，事前情報収集する人とそうでない人では情報混乱性の程度に差が存在する。事前情報収集は当然，接触する情報の質・量とも増大することが予想される。そのことが情報混乱状態の差となって現れると考えられる。

3.1.5 実店舗探索と情報過負荷

仮説5　実店舗探索行動と情報過負荷には有意差があり，実店舗探索行動の程度が高い人ほど，情報過負荷も高い傾向がある。

　仮説4の事前情報収集が意思決定「前」の情報収集であるとすると，実店舗探索行動は意思決定「後」の情報収集を意味する。ここでの実店舗探索行動とは，ネット通販で購入したにもかかわらず，もっといいものがなかったのか実店舗探索を行ったかということである。仮説4で示したように事前情報収集と情報混乱性と関連性があるのと同様に実店舗探索行動と情報過負荷は関連があると考えられる。購入後，実店舗探索を行うということはネット上で再度，商品情報を探索するのみならず購入後の認知的不協和を低減するという意味合いも含め実店舗探索を行うということであり，事前情報では確認することができなかった実物情報や小売販売員情報を追確認することである。

3.2 調査概要

　ネット通販と情報過負荷を調査するために，2015年1月～2月にかけて全国の20代～60代の男女300名に対して，ネット通販における購買行動や全般的な消費者行動・意識に関するインターネット調査（質問紙調査）を行った。サンプル数は年代×性別による10カテゴリーにそれぞれ30人を目標として，300名に達したところで，調査表回収を終了した[4]。

3.3 仮説の検証

3.3.1 情報過負荷の要因間の関係性の検証

　情報過負荷をもたらす4要因について，それぞれ困惑したことがあるかどうか「1．全くない」から「5．ものすごくある」まで5点尺度で尋ねている。単純集計の結果は**図表4－1**のようになっている。

　情報混乱の4要因間の平均と標準偏差の結果が**図表4－2**である。検定（χ^2検定）の結果はすべてのセルでp値<.0001で統計的に優位であり，関係があることが明らかになった。また，SomersのDも0.4354～0.7181とやや強い相関があるといえる（**図表4－3**）。

　よって，情報過負荷の4つの要因相互間で相関がみられるということであり，仮説は棄却された。

図表4－1 ▶ 情報の混乱の4要因

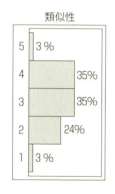
類似性

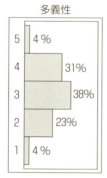
多義性

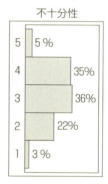
不十分性

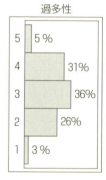
過多性

図表4－2 ▶ 情報過負荷の4要因平均

情報過負荷の4要因	平均	標準偏差	平均の標準誤差
類似性（過負荷）	3.113	0.911	0.0525
多義性（過負荷）	3.066	0.919	0.0530
不十分性（過負荷）	3.170	0.926	0.0535
過多性（過負荷）	3.090	0.922	0.0532

図表4－3 ▶ 情報過負荷の４つの要因（χ^2検定）

	類似性(過負荷)	多義性(過負荷)	不十分性(過負荷)	過多性(過負荷)
類似性(過負荷)	×	0.6122 0.6088	0.5750 0.5713	0.4400 0.4354
多義性(過負荷)	0.6088 0.6122	×	0.7181 0.7174	0.4827 0.4803
不十分性(過負荷)	0.5713 0.5750	0.7174 0.7181	×	0.5333 0.5311
過多性(過負荷)	0.4354 0.4400	0.4803 0.4827	0.5311 0.5333	×

p値＜.0001
上段：SomersのD（C|R）
下段：SomersのD（R|C）

3.3.2 商品知識と情報過負荷の検証

　商品知識に対する単純集計は，「ものすごくある」，あるいは「まあまあある」と答えた人の合計が34％であり，「ほとんどない」，「全くない」の約９％に比べて約４倍となり，商品知識はあると認識している人が商品知識はないと認識している人より多い。反面，普通と回答した人が半数以上の57％であり，商品知識を相対的に評価することの限界でもあるといえる。

　商品知識と情報過負荷に関するχ^2検定の結果は**図表４－４**のとおりである。すべてに有意差がみられた。

　しかし，商品知識と情報過負荷に関する相関係数は類似性が0.0210，多義性が－0.0028，不十分性が－0.0019，過負荷－0.097であり0.05水準ですべてに有意ではなかった。商品知識と情報過負荷の単回帰分析した結果でも，回帰式の有意性は認められなかった。よって，商品知識が高いほど情報過負荷（４つの要因すべて）は低いという関係性も統計的には認められなかった。商品知識が

図表4－4 ▶ 商品知識と情報過負荷（χ^2検定）

	類似性(過負荷)	多義性(過負荷)	不十分性(過負荷)	過多性(過負荷)
カイ２乗値	55.902	46.893	49.597	56.981
自由度	16	16	16	16
有意水準	＜.0001	＜.0001	＜.0001	＜.0001

図表4－5 ▶ 商品知識と情報過負荷の4要因

商品知識と類似性の単回帰分析

回帰係数の有意性検定

	回帰係数	標準誤差	t値	p値
定数項	3.0193	0.2603	11.60	<.0001
説明変数	0.0287	0.0780	0.37	0.7125

自由度調整R2乗＝-0.0029
F値＝0.1360

商品知識と多義性の単回帰分析

回帰係数の有意性検定

	回帰係数	標準誤差	t値	p値
定数項	3.1941	0.2626	12.16	<.0001
説明変数	-0.0211	0.0787	-0.5	0.6205

自由度調整R2乗＝-0.0025
F値＝0.2457

商品知識と不十分性の単回帰分析

回帰係数の有意性検定

	回帰係数	標準誤差	t値	p値
定数項	3.2560	0.2645	12.31	<.0001
説明変数	-0.0263	0.0793	-0.33	0.7401

自由度調整R2乗＝-0.0029
F値＝0.1103

商品知識と過多性の単回帰分析

回帰係数の有意性検定

	回帰係数	標準誤差	t値	p値
定数項	3.5250	0.2624	13.43	<.0001
説明変数	-0.1331	0.0786	-1.69	0.0916

自由度調整R2乗＝0.0061
F値＝2.8645

高いと自覚しているほど，情報過負荷は低いという仮説はすべて棄却された（**図表4－5**）[5]。

3.3.3 評価基準（重要視）と情報過負荷の検証

　買物する際に重要視することとして，評価基準やルール[6]に関する単純集計の結果は「ものすごく重視する」，あるいは「まあまあ重視する」と答えた人

図表４－６ ▶ 評価基準（重要視）と情報過負荷χ２乗検定

	類似性(過負荷)	多義性(過負荷)	不十分性(過負荷)	過多性(過負荷)
カイ２乗値	57.593	64.953	72.886	58.459
自由度	16	16	16	16
有意水準	<.0001	<.0001	<.0001	<.0001

図表４－７ ▶ 評価基準（重要視）と情報過負荷の４要因

評価基準(重要視)と類似性の単回帰分析

回帰係数の有意性検定

	回帰係数	標準誤差	t値	p値
定数項	2.7891	0.1862	14.97	<.0001
説明変数	0.1032	0.0569	1.81	0.0707

自由度調整R^2乗＝0.0076
F値＝3.2898

評価基準(重要視)と多義性の単回帰分析

回帰係数の有意性検定

	回帰係数	標準誤差	t値	p値
定数項	2.4216	0.1849	13.09	<.0001
説明変数	0.2054	0.0565	3.63	0.0003

自由度調整R^2乗＝0.0392
F値＝13.2070

評価基準(重要視)と不十分性の単回帰分析

回帰係数の有意性検定

	回帰係数	標準誤差	t値	p値
定数項	2.6156	0.1874	13.96	<.0001
説明変数	0.1765	0.0572	3.08	0.0022

自由度調整R^2乗＝0.0276
F値＝9.50

評価基準(重要視)と過多性の単回帰分析

回帰係数の有意性検定

	回帰係数	標準誤差	t値	p値
定数項	2.6177	0.1875	13.96	<.0001
説明変数	0.1504	0.0573	2.62	0.0091

自由度調整R^2乗＝0.0193
F値＝6.8845

の合計が37％であり、「ほとんど重視しない」、「全く重視しない」が約21％となっている。

評価基準（重要視）と情報過負荷に関するχ^2検定の結果は**図表４－６**のとおりである。

情報過負荷４つすべてと購入に際する評価基準・ルールには有意差があり、買物に関する評価基準やルールと情報過負荷には関係性があるという仮説が認められた。また、度数パターンの似通っているカテゴリーを抽出するために対応分析を行った。詳細を記載することはできないが４つの要因で全くないと答えている人（１と回答している人）は評価基準を全く重視しないと答えている人（１と回答している人）と近似性がみてとれた。しかし、４つの要因で高いと答えている（５と回答している）人で評価基準をものすごく重視している（５と回答している）と答えている人は、双方とも１と回答している人に比べて近似性が低いということも明らかになった。

また、買い物に関する評価基準やルールと情報過負荷の関係をみるために単回帰分析の結果は以下のとおりとなった。すべてに関して決定係数は低いが、モデルの当てはまりは類似性を除き悪くないといえる。つまり、買い物の評価基準やルールと情報過負荷（類似性を除く３つの要因）には正の関係が存在し、買い物に関する評価基準やルールを重視する人ほど、情報過負荷における多義性、不十分性、過多性の３要因が高い傾向がみられる（**図表４－７**）。

3.3.4 事前情報収集と情報過負荷の検証

実際ネットで購入する前に、さまざまな事前情報を収集するかという回答は「はい」が83％、「いいえ」が17％であった。

事前情報収集と情報過負荷の有無によって差があるのかwilcoxonの順位和検定を行った結果が**図表４－８**のとおりである。

図表４－８▶事前情報収集と情報過負荷のwilcoxon順位和検定

事前情報	類似性(過負荷)	多義性(過負荷)	不十分性(過負荷)	過多性(過負荷)
「はい」平均	156.594	158.486	155.546	153.797
「いいえ」平均	120.745	111.51	125.563	134.402
p値	<.001	<.001	<.005	n.s.

図表4-9 ▶ 実店舗探索と情報過負荷 χ^2 検定

	類似性(過負荷)	多義性(過負荷)	不十分性(過負荷)	過多性(過負荷)
カイ2乗値	50.686	60.295	59.562	62.295
自由度	16	16	16	16
有意水準	<.0001	<.0001	<.0001	<.0001

図表4-10 ▶ 実店舗探索と情報過負荷の4要因

実店舗探索と類似性の単回帰分析

回帰係数の有意性検定

	回帰係数	標準誤差	t値	p値
定数項	2.6143	0.1487	17.58	<.0001
説明変数	0.1836	0.0513	3.58	0.0004

自由度調整R2乗=0.0379
F値=12.7972

実店舗探索と多義性の単回帰分析

回帰係数の有意性検定

	回帰係数	標準誤差	t値	p値
定数項	2.3701	0.147	16.11	<.0001
説明変数	0.2563	0.0507	5.05	<.0001

自由度調整R2乗=0.0757
F値=25.495

実店舗探索と不十分性の単回帰分析

回帰係数の有意性検定

	回帰係数	標準誤差	t値	p値
定数項	2.6637	0.1511	17.62	<.0001
説明変数	0.1863	0.0521	3.57	0.0004

自由度調整R2乗=0.0378
F値=12.753

実店舗探索と過多性の単回帰分析

回帰係数の有意性検定

	回帰係数	標準誤差	t値	p値
定数項	2.546	0.1501	16.96	<.0001
説明変数	0.2002	0.0518	3.86	0.0001

自由度調整R2乗=0.0445
F値=12.927

類似性，多義性，不十分性に関して5％水準で有意差が認められた。しかし，過多性に関して有意差は認められなかった。類似性，多義性，不十分性に関しては事前情報収集との間に有意差が認められたのに，過多性は有意差が認められなかったことは，対象者は自分の情報過多による混乱状態の詳細を的確に理解していないが，情報自体は過多であるという認識を強く意識している結果であると解釈することが可能かもしれない。

3.3.5 実店舗探索と情報過負荷の検証

ネット通販で購入したにもかかわらず，もっといいものがないか，あるいはなかったのか購入後に実店舗探索に関する単純集計の結果は「ものすごくやる」，あるいは「まあまあやる」と答えた人の合計が28％であり，「ほとんどやらない」，「全くやらない」が約48％となっている。大別して「やる」と答えた人と「やらない」と答えた人では，「やらない」と答えた人が20ポイントほど多く，約半数（48％）である。

実店舗探索と情報過負荷に関するχ^2検定の結果は**図表4－9**のとおりである。

実店舗探索と情報過負荷4つすべてに有意差があり，実店舗探索と情報過負荷には関係性があるという仮説が認められた。実店舗探索と情報過負荷の関係をみるために単回帰分析の結果は**図表4－10**のとおりとなった。すべてに関して決定係数は低いが，これもモデルの当てはまりは悪くないといえる。つまり，実店舗探索と情報過負荷には正の関係が存在し，実店舗探索をよくする人ほど，情報過負荷の4つ要因すべて高くなる傾向がある。

4 情報混乱をもたらす情報過負荷
　　　―まとめと今後の課題―

仮説1に関しては，4つの要因が相互に独立しているわけではなかった。また，強い程度の相関がみられた。このことは4つの要因それぞれが明確に区分され認識されているというわけではなく，相互連関したかたちで混同して理解されている可能性があることを示しているといえる。仮説2に関しては，検定結果より，商品知識と情報過負荷（4つの要因）の関係性は認められたが，商

品知識が高くなるほど，情報の過負荷は低くなるという仮説は棄却されたことで，商品知識の高さがネット通販においての情報混乱性を低減させるということを認めることはできなかった。仮説3に関しては，評価基準と情報過負荷（4つの要因）の関係性は認められ，評価基準やルールを重要視すればするほど，類似性を除く3つの要因は高くなることが明らかになった。しかし，評価基準やルールを重視する人ほど情報過負荷（類似性を除く）が高いということは明らかになったが，それが評価基準やルールを重視する人が，常に評価軸やルール基準に変更を求めるような多種多様な情報に晒されたり，あるいは積極的に情報収集することにより，混乱状態となっている理由には必ずしもならない。また，類似性のみ関係性が認められなかったことをどう理解するのか大きな課題として残っている。仮説4に関して，過多性のみ有意性が認められなかったことは，回答者が自己の情報過負荷状態を正確に認識していないかもしれないが，商品情報の過多性のみを特に強く感じており，混乱状態に陥っていると認識しているかもしれない。最後に，仮説5に関して，実店舗探索をする人ほど情報過負荷は高いということも明らかになった。実店舗も含め情報探索行動を行うことが，より情報過負荷を高め，情報混乱を進展させている可能性もあるといえる。

　情報混乱をもたらす情報過負荷の問題は今後ますます対応が迫られる重要な課題であることに間違いない（須永［2010］）。今回は情報の混乱性をもたらす情報過負荷を4つの要因（類似性，多義性，不十分性，過多性）でとらえ，商品知識，評価基準・ルール，事前情報，実店舗探索との関係を探索的なアプローチで捉えた。もちろん，情報過負荷を規定する要因がこの4要因だけであるはずはない。今後，ネット通販の規模はさらに拡大し，商品情報収集のためのメディアも変貌し，われわれを取り巻く消費環境は大きく変化するであろう。そのための消費者対応が重要になるということは間違いない。消費者が直面する情報混乱状態に迫るためにはさらなる詳細な研究が必要であるといえる。

　（謝辞）
　本研究は，相模女子大学特定研究助成（A）をいただいた研究成果の一部である。

● 注

1 Walsh *et al.*［2007］は混乱をもたらす要因を，情報の類似性（similarity），過負荷性（overload），曖昧性（ambiguity）を 3 分類しているが，ここでは，情報が不十分あるいは整っていない状態（inadequate）を含めている。
2 Walsh *et al.*［2007］．
3 Mitchell & Papavassiliou［1999］は情報混乱に陥った消費者は価格をヒューリスティックに用いることを明らかにしている。
4 実査はMarble-Lab（福岡市城南区）に依頼した。サンプルは同社もしくは提携先のモニターから抽出した。
5 ただし，類似性以外の 3 つの要因において相関係数がマイナスであったことは，値は低いが今後の検討の余地を残しているといえる。
6 ここでの評価基準・ルールとは，「○○を購入するときはこういうものを買い物することに決めている」や「健康や安全に配慮した商品をなるべく選ぶ」などの買い物に際しての基準・ルールを指す。

● 参考文献

Iyengar, Sheena S. & Mark R.Lepper［2000］"When Choice is Demotivating: Can One Desire Too Much of a Good Thing?," *Journal of Personality & Social Psychology*, 79(6), pp.995-1006.
Mitchell, Vincent-Wayne & Vassilios Papavassiliou［1999］"Marketing Causes & Implications of Consumer Confusion," *Journal of Product & Brand Management*, 8(4), pp.319-339.
Swait, Joffre & Wiktor Adamowicz［2001］"The Influence of Task Complexity on consumer choice:A Latent Class Model of Decision Strategy Switching," *Journal of consumer Research*, 28(1), pp.135-148.
Walsh,Gianfranco, Thorsten Henning-Thurau,& Vincent-Wayne Mitchell［2007］, "Consumer Confusion Pronemess:Scale Development, Validation,& Application," *Journal of Marketing Management*, 23(7-8), pp.697-721.
Walsh,Gianfranco, &, Vincent-Wayne Mitchell［2010］"The effect of consumer confusion proneness on word of mouth,trust, & customer satisfaction," *European Journal of Marketing*, 44(6), pp.838-859.
Wang, Qing & Paurav Shukla［2013］"Linking Sources of Consumer Confusion to Decision Satisfaction: The Role of Choice Goals," *Psychology & Management*, 30(4), pp.295-304
シーナ・アイエンガー［2010］『選択の科学』櫻井優子訳，文藝春秋。
須永努［2010］『消費者の購買意思決定プロセス―環境変化への対応と動態性の解明』青山社。

第 II 部
ソーシャル・メディアの社会構造へのインパクト

第5章
バーチャル・コミュニティとリアル・コミュニティ

1 ネット社会におけるコミュニティの行方

　これからの流通と社会を考えてゆくにあたり，その中心的位置を担うと思われる1つの重要なキーワードが，コミュニティである。コミュニティは，指摘するまでもなく，長い研究の歴史を持つ社会学の古典概念である。同概念の多義性およびその歴史的な変容プロセスについては後でふれることにして，ここではさしあたりコミュニティを，信頼や協力関係などに支えられた価値観や目標を共有する人々のつながり（紐帯）と理解しておくことにしよう。

　個人と社会の関係に焦点を当てる社会科学は，おおよそ以下の2つの伝統的な分析視角に依拠してきた。すなわち個人の行動の積み重ねの結果として社会が形成されると考えるもの，もう1つは，個人に還元できない法則性をもつマクロの社会構造の存在を強調するものである。しかしいずれの立場も，個人と社会の間に存在する人々の社会的関係という重要な領域を捨象してきた。

　格差社会の進展や都市問題に象徴される，既存の市場システムや行政主導型地域政策の行き詰まりは，それを代替ないし補完する社会問題解決のための新たな実践的ツールとして，コミュニティ領域への注目を促してきた[1]。同様の意味で，今日における生活情報化の進展が，コミュニティ領域への社会的関心を飛躍的に高めたことはいうまでもない。

　インターネットの普及は，企業活動領域に制限されてきたICTの恩恵を社会レベルへと拡張させ，生活領域の情報化を著しく進展させる。今日の情報化を，企業活動領域におけるシステム形成やパワーシフト問題としてのみ理解するの

は，もはや不十分である。インターネット社会の内実は，われわれの消費生活やコミュニティ領域の変容を含む，社会経済的なマクロの構造変化として理解されなければならない。本章では，近年注目を集める情報空間におけるオンラインの社会関係，すなわちバーチャル・コミュニティ（ネット・コミュニティ）の内実とその評価をめぐる議論に焦点を当てる[2]。これらの研究を切り口にしながら，インターネットが切り拓く新しい共同性やコミュニティの可能性について考えることが，本章のテーマとなる。

2 ネット・コミュニティと流通研究

2.1 ネット・コミュニティの誕生

　コミュニティの形成には「場所」が必要である。インターネットは，情報空間における仮想的な対話の場の提供により，メディア史上はじめて，リアル世界を離れコミュニティ形成を可能にする技術となる。古川一郎は，新たな市場セグメントとしてのネット・コミュニティの誕生にいち早く注目した，わが国における流通研究者の1人である。情報縁というべきネット・コミュニティの誕生は，消費者自らのセルフ・セグメンテーションによるライフスタイルの細分化を促すとともに，企業のマーケティング活動全般に対する抜本的な見直しを迫ることになると古川はいう（古川他［2001b］）。

　重要なのは，インターネットの発展を契機に，企業にとって消費者との継続的な関係構築のための高度な技術的基盤が提供される点である。インターネット時代に突入し，ようやく企業は消費者の一連の情報処理プロセス，具体的にはブランド認知，購買から，財の使用，廃棄，再購入に至る意思決定の各段階に，直接かつ能動的に関与できるようになった。すなわち，対話の場であるネット・コミュニティを活用またはデザインし，消費者の意味世界の構築プロセスにいかに関与してゆくかに，今日のマーケティング戦略の核心部分が求められるというわけである。

　古川は，このようなマーケティングの発展段階においては，知識創造，すなわち消費者との信頼関係形成の基盤となる「リアルな体験知」ないし「暗黙

知」を，ネット・コミュニティでの対話を通じ共有し増幅することが重要になるという。彼の問題提起は，消費者情報源としてのネット・コミュニティの特性を明示化する池尾編［2003］や，そこにおける消費者の意見形成プロセスに焦点を当てる澁谷［2003］の研究などへと受け継がれ，戦略論的視点から研究のさらなる精緻化が試みられてゆく[3]。

　古川の研究に代表される議論の特徴について大まかに言及するなら，ますます把握困難化を極める消費者ニーズへの柔軟な対応という，企業にとっての問題解決のための戦略空間として，ネット・コミュニティが位置づけられているということができよう。そこでは，リアル世界における企業－消費者間の取引関係の維持と拡張，つまり関係性マーケティングの強化・精緻化を可能にする必須の経営技術として，インターネットが理解されることになる。

　これに対し，古川とは若干異なる視点から，具体的には消費過程の民主化の議論との関わりで，ネット・コミュニティのもう1つの側面に照射する研究もある。例えば小川［2013］の研究がそれにあたる。小川は，消費者参加型製品開発の場における企業と消費者のパワー関係の変容に注目する。小川によると，イノベーション研究において，消費者を「コミュニティという単位」で理解する考え方が重要になってきているという[4]。それによって，消費者をメーカーのイノベーションを無条件に受け入れる受動的存在でなく，能動的存在として理解することが可能になるからである。

2.2 2つのベクトル —マーケティングの強化か，消費過程の自律化か

　小川が注目するのは，アイデアの創造や用途開発・改良などに関わって，多くの知識創造系コミュニティで生じている「イノベーションの民主化」である。イノベーションの民主化とは，イノベーションの普及ルートが複線化し，製品の「作り手であるメーカーでなく，使い手であるユーザーのイノベーションを起こす能力と環境が向上している状態」のことを指す[5]。

　インターネットの発展により，メーカーによってこれまで独占されてきたイノベーションがネット上で広く消費者に開放され，不特定多数の消費者（＝群衆〔crowd〕）が製品イノベーションに関与することが可能になってきている

と小川はいう。彼は，問題解決プロセスで多眼的視点や思考手段の多様性を許容する上述の手法が，ステレオタイプの意思決定やリスク回避行動など，高度な専門知識を持つために定常処理に直結しやすい社内専門家集団のパフォーマンスに勝り，良好な成果を生じさせている事実に注目する。まさにネット・コミュニティにおける消費者の多様性が，資源やアイディアの新奇で独創的組み合わせを生み出し，メーカーの開発能力をしのぐようになったというわけである。

この議論に関連して，先の古川は，小川と少し文脈は異なるが，ネット・コミュニティ発展の背景には「企業の論理ばかりでなく生活者側の自律的な欲望の進化との相互作用がある」と書いている。そして後者の問題について，別の著書の中で「消費の軽さと既存のコミュニティの重さのコントラストの程度が大きいところ」にネット・コミュニティ独自の存在基盤があるとしている[6]。

ネット・コミュニティで形成される消費者のつながりは，古川によると，一言も会話せずに買い物する単独の消費行動とも，時には全人格的なつき合いが要求される既存コミュニティの関係の中での消費行動のいずれとも異なる。その利点について，古川は次のようにいう。「たとえ広く薄く分布していようと同好の志を見つけ，自分たちにあった距離感の関係性を構築したいと思ったとき，インターネットは非常に便利なツールとなる……。薄くて浅い関係から狭く濃い関係の構築まで，お互いの好みに合わせて関係を決めていくという世界にインターネットは向いている」[7]。

既存の固定的な社会関係を乗り越える技術的ツールとしてのインターネットの開放的性格について言及した，重要な指摘である。ただ古川の議論の中では，彼のいう「企業の論理」と「生活者の自律的欲望の進化」の両者がどのような相互関係にあるのかについて，明示的な叙述はない。問題とされるべきは，ネット・コミュニティの誕生によって，企業と消費者の既存の構造的関係にいかなる変化が生じているのかである。ネット・コミュニティ研究には，その発展を，企業（市場）の論理のバーチャル空間への拡張と理解するのか，消費の自律化や民主化を希求する生活者の論理の発現プロセスと理解するのかという重要な論点が存在する。両者はまさに，インターネット社会の発展過程に内在する2つのベクトルと表現することが可能である。問題は，リアル−バーチャル

両空間において2つのベクトルが交錯しせめぎ合う姿を，どのように分析の中に収め，消費社会の未来を展望してゆくかにある。

3 コミュニティ・ツールとしてのインターネット

3.1 「インターネット的世界」とコミュニティ

　この点を考えてゆくうえで，石井淳蔵を中心とする一連のプロジェクト研究の成果は，きわめて示唆に富む[8]。石井らの研究の最大の魅力は，コミュニケーションの単なる効率化でなく，信頼や協力，互助関係に支えられ人々に生きがいを提供する「コミュニティ・ツールとしてのインターネットの可能性」を模索する，その志向性にある。

　ここで注目したいのは，今日の消費社会を「偶有性」の支配する「インターネット的世界」として捉える，彼らの卓越した構造認識である。それは具体的には，「他でもありうる可能性に開かれた」未確定の不安定な社会，つまり「必然性の感覚の希薄な世界」を意味する。例えば研究メンバーの1人である栗木［2002］は，インターネットが消費とマーケティングの関係にどのような構造的影響を及ぼすのかについて，おおよそ以下のように整理している。

　インターネットによる新たな情報空間の登場は，情報収集や商品へのアクセスに関する空間的・時間的制約の克服を加速化する。それはシステムの物理的限界から消費者を開放することによって，「企業と消費を結び付けてきた従来の関係性の必然性」，ないし「消費を特定の枠組みのもとで行うことへの必然性の感覚」を希薄化させる。「企業は，従来のように，商品や情報を供給するシステムの物理的な制約によって，消費者を分断された特定の市場へと囲い込むことを，断念しなければならない」[9]。

　企業を主導とした既存のマーケティング・システムの構造的な揺らぎと限界を示唆しつつ，彼らの関心は，ネット・コミュニティにおける新たな秩序や規範形成メカニズムの解明に向かう。注目すべきは，石井らの研究が，地縁・血縁・職縁など「コミュニティの外部に，コミュニティを作り上げる絆」，つまり避けることのできない「必然の絆」を持つ伝統的コミュニティとは明確に異

なる,「純粋コミュニティ」としてのネット・コミュニティ分析を一貫して志向している点である[10]。

一般に,伝統的コミュニティに対するネット・コミュニティの特徴は,緩やかな紐帯としての開放性,流動性,ならびに非人格性（匿名性）にあるといわれている。伝統的コミュニティの場合,特定化された社会的地位や身分・属性などが個人に対する強い拘束力となり,強固な紐帯がまさに個人の全人格を包み込む。他方,ネット・コミュニティは,参加・脱退が自由で,人格の一部のみを参加させることが可能な,特定の相手に限定されない不特定多数の人々の流動的なつながりと対比できよう。

「関係を必然化する（基礎づける）外部の力」が存在せず,「参加者の恣意的な選択に任され,……関係が続いていることだけが次なる関係を基礎づける」コミュニティ[11]。共通の関心に基づく対話それ自体が目的となり,コミュニケーションのためのコミュニケーションが行われる自己言及的な世界。それは石井にとって,社会的マイノリティを含む多様な人々の参加を受容するとともに,排他的で固定化されたリアル世界の市場関係とは明らかに異なる,解放された新たな消費経験の地平を切り開く世界となる。それこそ石井が最も重視し,理論の射程に据えるネット・コミュニティの本質に他ならない[12]。

3.2 ネット完結型コミュニティとリアル社会接続型コミュニティ

ネット・コミュニティに焦点を当てた3つのマーケティング研究についてみてきたが,本章のテーマとのかかわりで特に重要な論点として,以下の点に留意しておく必要がある。すなわち議論の中でリアル世界とバーチャル世界の関係がどう理解され,どちらの世界にリアリティの重心が置かれているかという問題にかかわって,諸研究の間には明白な見解の相違が認められる点である（図表5－1）。例えば古川や小川の研究では,分析視角の違いこそあれ,リアリティの重心はいずれも現実世界に置かれ,それと連動した問題解決のためのリアル社会接続型コミュニティとしてネット・コミュニティが位置づけられる点に議論の特徴が認められた。だが石井の研究において,リアリティの重心は明らかにバーチャル世界にある。

石井は,多くのネット・コミュニティが伝統的コミュニティと純粋コミュニ

図表5－1 ▶わが国流通研究におけるネット・コミュニティ論の特徴と志向性

	古川他編［2001b］, 池尾編［2003］など	小川［2013］	石井・厚美編［2002］ 石井・水越編［2006］
コミュニケーションの内実	問題解決的		自己目的的 自己言及的
リアリティの重心	リアル世界		バーチャル世界
ネット・コミュニティの特徴	リアル社会接続型		インターネット完結型
議論の主要な含意	①企業－消費者間の継続的関係の強化 ②知識増幅装置としてのネット・コミュニティ ③リアル店舗におけるオペレーションとの整合性	①消費過程におけるイノベーションの民主化 ②価値共創装置としてのネット・コミュニティ	①コミュニティ・ツールとしてのインターネット ②「偶有性」の支配する「インターネット的世界」（既存の企業－消費者関係の変容） ③生きがいの場としてのネット・コミュニティ

出所：吉田［2000］，近藤編［2015］の議論を参考に筆者作成。

ティの「中間にある」ことを容認する。だが「現実世界のコミュニティのたんなるネット版」でしかないコミュニティに，石井の主要な関心が向けられることはない[13]。伝統的コミュニティの文脈上にある既存の消費関係とは一線を画す新しい関係形成の場として，その発展の論理を追究するためには，石井にとって「純粋コミュニティ」としての分析が何より重要になるからである。

石井がその可能性の中心に据えるネット・コミュニティは，「リアルな現実を離れて，バーチャルな世界に生きてみる」という，いわばリアル社会との接点を断ったインターネット完結型の究極の世界である[14]。だがこのような抽象化作業とは逆に，バーチャル世界はリアル世界から完全に遊離した空間となりえず，むしろリアル世界の力学に常にさらされているのではなかろうか。新たな社会関係の閉じられた実験場として，バーチャル世界に内在する視点にとどまるのではなく，オフラインとオンライン，リアル世界とバーチャル世界が相互に作用し補完し合う市場システム発展の高度な段階として，今日のインターネット社会を歴史的に位置づけてゆく必要がないか。より明示的に問われるべ

きは，インターネットは人々の既存の社会関係に何をもたらし，さらにリアル世界における人々の新たな生活実践が，インターネットを中心とする既存の社会技術的様式をいかに変えてゆくか，なのである。

4 インターネットはコミュニティに何をもたらすのか

4.1 コミュニティの代替か，コミュニティの補完か

ここでインターネットがコミュニティにどのような影響を及ぼすのかについて言及し，現実世界におけるリアル・コミュニティとネット・コミュニティの相互関係に注目した，いくつかの代表的研究を振り返ってみることにしよう（図表5－2）。

まず取り上げたいのが，ネット・コミュニティに関する世界初の有力な研究といってよいラインゴールド（Rheingold, H.）の『バーチャル・コミュニティ』である。ラインゴールドは，同著の冒頭で，コンピュータ介在型コミュニケーションとしてのバーチャル・コミュニティの誕生について，「この現象は，私たちの実生活からはインフォーマルな開かれた交流スペースがどんどん消えゆく中で，世界中の人びとの胸の中で膨らみ続けるコミュニティを求める渇望が生んだものだという説明ができるかもしれない」と書いた[15]。このような彼の発言の念頭に置かれているのは，モータリゼーションや郊外ショッピングモールでの消費に象徴される都市生活様式の浸透によって，人々の地域的な絆が

図表5－2 ▶ インターネットは既存コミュニティに何をもたらすのか

	既存コミュニティの代替（新しいコミュニティの創出）	既存コミュニティの衰退	既存コミュニティの補完
H.ラインゴールド [1995]	●		
R.D.パットナム [2000]		●	
M.カステル [2001]			●

出所：筆者作成。

分断されているという認識であった。

　社会学者デランティ（Delanty, G.）は，ラインゴールドの議論の特徴を次の2点に集約している。すなわち第1に，バーチャル・コミュニティを「日常生活の中には存在していない」ネット上のコミュニティとして現実世界との対比で捉えること。第2に，インターネットが，「それがなければ存在しないコミュニティを構成している」と考える点である[16]。ラインゴールドは，バーチャル・コミュニティをリアル世界から離れた対極の世界としてパラレルに描写し，インターネットを既存の現実に対し代替的な現実の提供を可能にするテクノロジーととらえる。また彼は，インターネットを，リアル世界における既存の日常的社会関係を補うというよりも，全く異なるレベルの新しい濃密な社会関係を提供するツールと理解した。

　このラインゴールドの見解について，デランティは，「その後の多くの研究の準拠点となっている」と高く評価しながらも，以下のように書いて，今日のネット社会を取り巻く「多様な状況には応用できない考え方」としている。「こうした見方はおそらく，彼の著作が，比較的少数のユーザーが事実上かなり同質的なコミュニティを構成していた，1980年代半ばから末のインターネット文化に対応するものであったという事実を反映している」[17]。

　デランティが示唆するように，今日のネットユーザーの主流は，ネットの商用化とともに，少数の「ネット住民」から，生まれたときからネットが日常生活の一部と化している大量の「デジタルネイティブ」層へと拡がってきている。また，フェイスブックやLINE，ツイッターなど，SNSの今日における利用状況からも明らかなように，現実世界での人格や関係をそのまま持ち込むリアル社会接続型コミュニティが増えている。他方，現実世界と別人格で行動するネット完結型のコミュニティは，相対的に希少な存在になってきているといえよう。

　このようなネット社会の今日的動向をいち早く見据えていたのが，マニュエル・カステル（Castells, M. [2001]）である。カステルは，リアル世界とバーチャル世界を二元論的な対立図式として把握するのではなく，ネット・コミュニティを，社会関係を変化させる力を持った社会的現実の一形態として，現実社会のリアリティの多元性の中に位置づける。

カステルによると，インターネット上の社会的実践は，「様々な側面と様相をもつ現実生活の延長」に他ならない[18]。ほぼ完全なバーチャルの関係に基づく社会関係が存在する一方で，ネット・コミュニティは，その大半がリアル世界における既存の社会関係の補完という形態をとっていると彼はいう。カステルによると，ネット上の協議もロールプレイング（仮想体験）によるアイデンティティ構築も，オンライン・コミュニケーションのごく一部の側面に過ぎない。彼はさらに，現実からの離脱志向が高いロールプレイングやチャットルームにおいてさえ，リアルの生活がオンライン上の相互作用を特徴づけるとしている。

4.2 コミュニティ解放の物理的基盤としてのインターネット

 特に留意しなければならないのが，ネット・コミュニティ研究は，われわれの経済社会におけるコミュニティの歴史的変容という，より総体的な文脈の中に位置づけられなければならないとするカステルの分析視角である。「我々の社会における社会関係の発展に支配的なトレンドは，様々な表現形態を持つ個人主義の台頭である」とカステルはいう。リアル世界とバーチャル世界の「密接不可分な社会的プロセス」として顕在化する社会関係や生活様式の新たな構造化のパターン，すなわち「ネットワーク化された個人主義」の浸透に，カステルは今日のインターネット社会の内実をみいだす[19]。

 もともとコミュニティは，前近代社会の地縁や血縁，近隣関係のような，地理的近接性と直接的共同性によって特徴づけられ，限られた地理的範囲のなかの全人格で関わり合う濃密な関係をもった共同体の概念として，一般に理解されてきた。近代化の過程における学校や企業など中間集団や組織の誕生は，上述の伝統的コミュニティから，特定の関心・利益に基づき人為的につくられた機能集団としてのコミュニティへの社会分化のプロセスであった。

 だが市場システムの発展ないしマーケティングの普遍的展開は，市場の外部から市場を支えつつも固有の経済領域を形成していたコミュニティの内部に商品関係を持ち込むことによって，社会関係の個人主義化を徐々に推し進めてゆく。伝統的核家族の解体，労働過程における関係の個人化，ならびに巨大都市の成長，郊外化やスプロール化といった新たな都市化のパターンは，カステル

が「ネットワーク化された個人主義」と表現した，過去のコミュニティと明確に区別されるべき，「私」を中心とする新しい社会性のパターンを出現させることになる。彼もいうように，まさにこの過程で，個人主義的関係の構造化のための「物質的基盤を提供する」のがインターネットなのである。

　現代のコミュニティは，インターネットの普及によって加速され，コミュニティに内在する地域的制約を打ち破り進展してゆくネットワーク化のなかに，新たな存在の基礎を見出している。今日育まれる新しいコミュニティは，人々の全人格を包み込む「必然の絆」(石井)として個人主義と対立するのではなく，個人による自主的選択と重複参加が可能という意味で両立関係にあると理念的に考えられる点が重要であろう。

　ところでカステルは，次のように書いて，より広範な市民参加を可能にするモバイル端末の普及を背景とした，個々人が新たな政治的現実を生み出す自発的な協力関係形成の場としてネット・コミュニティを位置づけようとしている。「ワイヤレス・インターネットの開発は，個人化されたネットワーキングが多数の社会的な場へと拡張するきっかけを増やし，……個人が社会の下部から社会性の構造を再建する能力を高める」[20]。だがインターネットが，草の根のネットワークからの情報発信を容易化することによって民主主義の実現を支えるという上述の主張には，懐疑的意見も多い。問題は，ネット・コミュニティが開放性というメリットを有する反面，その本性として組織の脆弱性というダークサイドを併せもち，不安定で流動的な，いわば浮遊する個々人の集合体として組織されている点にある。

　例えば，ソーシャルキャピタル論の第一人者であるパットナム(Putnum, R. D. [2000])は次のように述べ，インターネットを通じた民主主義の拡大という理念に根本的疑問を提示している。「バーチャル世界の匿名性と流動性は，『出入り自由』の『立ち寄り』的な関係を促進する。まさにこの偶発性が，コンピュータ・コミュニケーションの魅力であるというサイバースペースの住人もいるが，…参入と退去があまりに容易だと，コミットメント，誠実性そして互酬性は発達しない」[21]。この視角からすると，バーチャル世界は，人々のアイデンティティの断片化や機会主義的でアナーキーな行動を生じさせることによりコミュニティの衰退を促進する，不可視の巨大な情報空間ということになる。

5 コミュニティの複合化とインターネットの可能性

5.1 融合化するリアル世界とバーチャル世界

　もちろんバーチャル空間に内在する不安定性を除去し，その克服をめざす実践的取り組みも数多く存在する．以下紹介する「地域情報化」の議論は，ネット・コミュニティが有するデメリットを，リアル空間における地域コミュニティとの複合化ないし連携によって克服しようとする試みである．

　それは対面的関係を伴う「強い絆」としての地域コミュニティが持つメンバー間の結束力の強さや安定性と，他方，非拘束的で「弱い絆」としてのネット・コミュニティが持つ開放性や多様性の実現という相反的な2つのメリットを，相互補完システムの構築により同時追求する試みといってよい．そこでは，地域コミュニティのメンバーによる地域問題解決のための深くて狭いリアル空間的な極に加え，開かれた交流の場である地域SNSを軸とする浅くて広いバーチャル空間的な極が形成され，両極がさまざまなレベルでつながる多極分散型ネットワークの構築が目指されることになる．

　丸田［2007］によると，同システムのもとでは，バーチャル空間の匿名性や流動性に由来する闇の部分が，「地域のバインド」，つまり近接の地理空間に居住しているという地域コミュニティの実在性，「顔の見える」対面的関係に由来するメンバー相互の「信頼」関係によって克服されることになる．すなわち実名やリアルの対面関係に近い信頼性や監視性がバーチャル空間でも生まれ，荒らしやフレーミングなどの混乱を生じさせない安定したコミュニティ形成が可能となる[22]．そして他方，住民以外の参加メンバーにも開放されたネット・コミュニティ（地域SNS）の存在によって，同質的集団としての地域コミュニティが陥りやすい閉鎖化のデメリットが克服され，排他的地域主義の横行による地域の分断などが回避可能になるという．同システムでは，そこにおける人間関係情報をはじめとする重要情報の管理を，グーグルなどの巨大企業に依存することなく，地域公共財として自主管理する動きもみられている[23]．

これらの議論は，先述のネット・コミュニティの評価をめぐる懐疑的見解に対し1つの実践的解答を提示している。しかし他方，バーチャル空間の闇を克服する「地域のバインド」，すなわちリアル・コミュニティの実在性，対面的関係に由来する「信頼」関係そのものが，リアル－バーチャル空間の融合化とともに構造的に揺らぎ始めているという事実も，また真実である。この点について鋭い問題提起を行っているのが，社会学者の鈴木謙介である。鈴木[2013] は，リアリティそのものがバーチャル世界の中に全面的に取り込まれてしまう，今日のインターネット社会の転倒性を暴き出す。

　人だけでなく，都市に存在するあらゆるモノがネットワーク接続されるようになる今日の「ウェブ社会」。鈴木によると，そこにおいて自らを取り巻く現実のあらゆる要素がウェブ情報として取り込まれる結果，消費者はウェブ上のデータこそが現実であると感じさせられる転倒した事態に直面することになるという。ウェブはあらゆる現実の要素を取り込んで資源化（ビジネス化）し，「もう1つの現実」をつくり出す。リアル世界にウェブの出入りする穴がいくつも開き，そこから他の場所の情報やコミュニケーションがランダムに入り込んでくるとでも表現すべき今日の状況を，鈴木は「現実の多孔化」と呼ぶ[24]。

　重要なのは，リアル空間にバーチャル空間の関係性，つまり複数のオンラインの関係が侵入してくる多孔化した社会では，「対面の人間関係がバーチャル世界の関係に優先するという規範」を前提とし，それを互いに期待し合うことが不可能になると鈴木が述べている点である。そこでは同じ物理的空間に存在することの特権性が喪失し，同じ空間にいる人々が「その場所の意味を共有せずに共在する」，「空間的現実の非特権化」が生じてくるという[25]。それはまさに，先の地域情報化論が重視した，バーチャル空間の不安定性を克服する対抗原理としての顔の見えるリアルな関係性の揺らぎと言い換えてよい。

5.2 リアル・コミュニティとインターネットの可能性

　リアル空間とバーチャル空間の対立ではなく，1つの物理的空間に混在する「目の前の現実」と「ウェブ上の現実」，本章のテーマとの関連でいうと，対面関係とウェブ上の関係との間に生じる対立や葛藤のプロセスに視点を定めなければならないとする鈴木の主張は，ラディカルで刺激的である。IoT（モノの

インターネット）の進展によりリアル－バーチャル両世界の境界がまさに消失化してゆくなかで，われわれは，鈴木の主張するリアル社会を侵食する「現実の多孔化」性を認めざるをえない。しかし鈴木が「現実はウェブよりも重要で優先されるべきものであるという前提に立って議論したりすることが，もはや無意味になっている」と書き，さらに「画面上のコミュニケーションに対して，相手が人間かそうでないかといったことで重要性を判断することもできなくなっている」と述べるとき，われわれは彼の見解に対し，強い違和感と批判的立場を表明せざるをえない[26]。

　バーチャル空間のみの関係では不充分なもの，直接対面しなければ伝わらないものとは何なのか。もちろん継続的な技術革新を通じ，よりリアルに近い形態での関係構築がバーチャル空間においても格段に可能となるだろう。しかし技術的に表現・代替不可能な領域は必ず残るはずである。単なる社会的所属や役割には還元できない，リアルな日常生活の営みの中で形成されるわれわれの個別的な関係性，それこそ再現不可能な領域に他ならない。異なる理想や情念を有する個々人が取り結ぶ特定の相手との個別的関係，そして取り換えのきかない相手と長い時間を費やし積み重ねた対話や共有体験は，CMCやプログラミング技術がいかに発展しようとバーチャル空間で代替・再現できるものではない。この意味で，本章冒頭で紹介した消費者との信頼構築のための暗黙知共有をめざすインターネット・マーケティングの展開には，一定の限界が生じざるをえないといえよう。

　ただ問題は，市場システムの中には，モノを媒介としたコミュニケーションの徹底化を推し進め，代替不可能なわれわれの個別的な社会関係を市場関係に置き換え，取り換え可能な関係へと変換し非人格化してゆく圧倒的な力が構造的に内包されている点にある。社会関係の個人化を促す消費社会化の進展が，その1つの帰着点として，狭量な自己主義に由来する人々の利己的行動を蔓延させた点については，多くの論者が指摘するとおりであり，大筋として異論はない。今日のネット社会に広がっているのは，カステルが期待する民主的で理性的な開かれた討議というより，むしろ私的なおしゃべり，あるいは暴力的で無責任な匿名的発言にすぎない。ネットの普及により自動的に民主社会が実現するかのような，単純な技術決定論は戒められるべきだろう。インターネット

が今日，その技術的可能性とは逆に，むしろ同質的で排他的な関係を強化し固定化する技術となっている点に，われわれは自覚的でなければならない。

　しかし他方で，インターネットが，盲進する可能性を常に内在しつつも，新しい公共性の道を切り開くとともにそれを支え始めている事実を看過してはならない。伝統的公共政策や従来の市民運動とは異なる自発支援型のNPOやボランティアの活動が，インターネットの普及とともにその勢力を拡張し，グローバルな広がりの輪を形成しつつある。インターネットは，これまで公的領域に属するとは考えられてこなかった問題を公共に開くという可能性をわれわれに提示している。それは市場システムの補完という理念に基づく，リアル世界に多数散在する小規模なコミュニティを起点とした新たな動向であり，公と私の対立ではなく，人々の私的関心ないし日常的生活行為の積み重ねが公共性へと連動しつながってゆ0くような，新たな公共に向けた取り組みといってよい。

　ネットへの接続時間を縮小し，リアルな活動とそこにおける対面的つながりを重視する消費者の生活行動も，最近増え始めているという。生活様式としてのインターネットの従来とは異なる新しい利用のあり方が，あらためて模索され始めているのである。インターネットの可能性は，その技術的特性やネット・コミュニティそれ自体の中に存在するのではない。それはまさに，日常的な生活の中で形成され，ネットを活用し創造的で主体的な関係を取り結んでゆくわれわれのリアルな社会関係領域，とりわけ精神の多様性を許容し，事実と体験の幅広い共有と相互理解を可能にする「弱いつながり」の中に存在しているといえよう。

● 注

1　例えば金子［2002］を参照。
2　本章では，バーチャル・コミュニティを，コンピュータ介在型コミュニケーション（CMC：Computer Mediated Communications）を通じ形成された帰属集団と理解する。バーチャルという言葉には，「仮想」という訳語以外に，「実質的な」とか「事実上の」という意味がある。現実に対する「虚構」の意ではなく，物理的実体は持たないが，現実のコミュニティと同様の機能を果たすという意に近い。ネット・コミュニティに限らず，コミュニティは極めて観念的，仮想的なものである。近代社会がメディアを媒介に仮想的に構築されてきた点に注目するなら，近代化の歴史それ自体をバーチャル化のプロセスと理解し位置づけることも可能である。重要な論点であるが，しかし本章ではこの点についてふれない。

3 森田［2005］のレビューを参照。
4 小川［2013］，92頁。
5 小川，同Ⅳ頁。
6 古川［2001b］，61頁，および古川ほか編［2001a］，191頁。
7 古川［2001b］，63頁。
8 石井ほか編［2002］，および石井ほか編［2006］。
9 栗木［2002］，246-251頁
10 石井ほか編［2006］序章を参照。
11 石井ほか編，同上，9-10頁。
12 具体的には，「コミュニケーションを目的としたサイトで，しかも外部の収益モデルに依存することのないサイト」が，純粋コミュニティ型サイトとして，石井らによって理解されることになる。石井・水越編［2006］，29頁。
13 石井ほか編［2006］，23頁。
14 石井ほか編，同上，29頁。
15 Rheingold, H., 会津訳［1995］，21頁。
16 Delanty, G., 山之内ほか訳［2006］，第9章。
17 同上訳，243頁。
18 Castells, M., 矢澤ほか訳［2009］，13頁。
19 同上訳，144-152頁。
20 同上訳，152頁。
21 Putnum, R. D., 柴内訳［2006］，213頁。
22 丸田［2007］，61頁。
23 丸田，同上，142頁以降。
24 鈴木［2013］，11-12頁。
25 鈴木，同上，136-137頁。
26 鈴木，同上，11頁および136頁。

●参考文献

Castells, M.［2001］*The Internet Galaxy：Reflections on the Internet, Business, and Society.*（矢澤修次郎・小山花子訳『インターネットの銀河系』東信堂，2009年）
Delanty, G.［2003］*Community.*（山之内靖・伊藤茂訳『コミュニティーグローバル化と社会理論の変容』NTT出版，2006年）
Putnam, R. D.［2000］*Bowling Alone：The Collapse and Revival of American Community.*（柴内康文訳『孤独なボウリング』柏書房，2006年）
Rheingold, H.［1993］*The Vertual Community.*（会津泉訳『バーチャル・コミュニティ』三田出版会，1995年）
阿部真也［2009］『流通情報革命―リアルとバーチャルの多元市場』ミネルヴァ書房。
池尾恭一編［2003］『ネット・コミュニティのマーケティング戦略』有斐閣。
石井淳蔵・厚美尚武編［2002］『インターネット社会のマーケティング』有斐閣。
石井淳蔵・水越康介編［2006］『仮想経験のデザイン』有斐閣。
小川進［2013］『ユーザー・イノベーション―消費者から始まるものづくりの未来』東洋経済新報社。

金子郁容［2002］『新版コミュニティ・ソリューション』岩波書店。
栗木契［2002］「インターネット的市場とは何か」石井・厚美編［2002］所収。
近藤淳也監修［2015］『ネットコミュニティの設計と力』角川学芸出版。
澁谷覚［2003］「ネット・コミュニティとマーケティング戦略」和田充夫・新倉貴士編『マーケティング・リボリューション』有斐閣。
鈴木謙介［2013］『ウェブ社会の行方―〈多孔化〉した現実のなかで』NHK出版。
古川一郎［2001a］「eコミュニティの誕生とマーケティングの革新」『一橋ビジネスレビュー』49巻2号，東洋経済新報社。
古川一郎・電通デジタルライフスタイル研究会編［2001b］『デジタルライフ革命』東洋経済新報社。
丸田一［2007］『ウェブが創る新しい郷土―地域情報化のすすめ』講談社現代新書。
森田正隆［2005］「ネット・コミュニティ」『季刊マーケティングジャーナル』Vol.25, No.2。
吉田純［2000］『インターネット空間の社会学』世界思想社。

第6章

ネット・コミュニティにおける他者との関わり

1 ITの発展と両義的な他者との関わり

1.1 積極的な他者との関わり

　ITの発展によって，消費者はネット・コミュニティをはじめとするソーシャル・メディアにおけるコミュニケーションを活発化させ，問題解決の主体として積極的に製品開発などのマーケティング活動に参加するようになってきたと言われる。

　プラハラードとラマスワミ（Prahalad & Ramaswamy [2004]）は，このように消費者が問題解決の主体として積極性を示していることは，これまでの事業の土台となっていた発想を根底から覆すことになるという。「その発想とは，①あらゆる企業や産業は一方的に価値を創造できる，②価値はもっぱら製品やサービスの中にある」（訳書45頁）という，生産やマーケティングを中心とした価値創造の発想である。確かに，消費者が積極的にコミュニケーションを行い，製品やサービスの新たな用途を定義するプロセスに加わるようになれば，ガルブレイス（Galbraith [1998]）の「依存効果」モデルに代表されるような，売り手主導の操作観はもはや成り立たなくなるだろう。

　村上剛人 [2007] は，このような消費者の主体性の変化を，マーケティング戦略の発展過程と関連づけて，**図表6－1**のように整理している。マーケティングと呼ばれる諸活動が，歴史的に巨大製造企業の対市場行動として定義されてきたことからもわかるように，マーケティングの発展は，大量生産に対応し

図表6-1 ▶マーケティングの発展過程と消費者の主体性

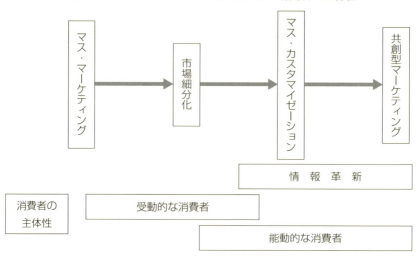

出所：村上［2007］，17頁を一部修正。

た大量販売の可能性を追求することから始まった。しかし，規格化・標準化された製品が大量に市場に出回るようになると，次第に「つくるに易しく，売るにむずかしい」(Riesman［1964］，訳書157頁）状況となっていき，消費の多様化や個性化にどのように対応していくのかが，マーケティングの戦略的な課題となっていく。

これによって，マス・カスタマイゼーションや共創型マーケティングなどの，消費者を起点としたマーケティング戦略への転換が進んで行き，インターネットの出現は，そのような動きをさらに加速化させた。特に，オンライン上に形成されるネット・コミュニティでは，C to C（消費者対消費者）の情報交換をもとにした製品開発なども行われるようになっており，消費者の主体性の位置づけは，これまでの「受動的な消費者」から，問題解決のために積極的に他者とコミュニケーションを行う「能動的な消費者」へと変化していくことになった。

1.2 消極的な他者との関わり

しかし，このようなマーケティング論における消費者の主体性の位置づけに

対しては，懐疑的な見方も存在する。ITの発展は，そのような消費者間のコミュニケーションが活発化するような参加型の社会へと向かうことはなく，むしろ，「コミュニケーションの役割が希薄になり，限られた感覚だけでコミュニケートしあういびつな，無機質な原子としての人間の関係になっていく可能性がある」（山口［2005］，17頁）というのである。

例えば，ラカン派の社会学者である樫村［2007］は，「人々の共同性は，ケータイやインターネットなどのネットワークによるつながりで一見保証されているようだが，実際には他者への攻撃や狭い自己満足に彩られ」ており，形式合理性の中で「反射的」に振る舞うような消費主体の「マクドナルド化」が進行していることを指摘している。

この「マクドナルド化」の概念は，アメリカの社会学者であるリッツア（Ritzer）［1996］によって提示されたもので，「効率性」「計算可能性」「予測可能性」「制御」などのファストフード・レストランの諸原理が，生産や消費において優性を占める過程を表している。つまり，樫村［2007］がいう消費主体の「マクドナルド化」とは，消費者は面倒な他者とのコミュニケーションを回避し，ファストフード・レストランのように，自らの欲求が予想通りに効率よく満たされることを望むようになっているということである。

確かに，貨幣による問題解決の領域が広がったことによって，われわれは，面倒な他者とのコミュニケーションを回避するようになっているし，欲求の先延ばしには耐えられずに，即時的な解決を望むようになっている。「消費社会は，特別な理由もなく満足の先延ばしを求めたりはしない。それは『今』の社会であり，欲する社会であって，待ち望む社会ではない」（Bauman［1998］，訳書63頁）。それゆえ，他者とのコミュニケーションを回避し，即時的な満足に浸ろうとするような消極的な消費者の主体性も，十分に説得力のあるものとなっている。

このようにITの発展と消費者の主体性の位置づけをめぐる議論には，「問題解決のために，積極的に他者とコミュニケーションを行うような社会的な主体性」と「即時的な満足に浸り，他者とのコミュニケーションを回避するような脱社会的な主体性」とが対立している。この対立する主体性は，どちらも社会関係の変化に対応しようとしたものであり，「どちらが適当なのか」といった

二項対立的な議論を行ってもあまり意味がない。むしろ，どちらも真実であり，ITの発展によって消費者はこの矛盾した2つの性格を併せ持つような両義的な存在になっていると理解したほうがよい。

つまり，消費者は「他者との関係を求めながらも，それを回避してもいる」のである。とすれば，この両義的な他者との関わりをどのように統一的に理解するのかが，ネット・コミュニティをはじめとするソーシャル・メディアにおける消費者参加の主体性を解明するうえでの核となる問題になるはずである。

以下では，マーケティング論におけるネット・コミュニティの議論，とりわけマーケティング活動との関連が深い製品開発コミュニティやブランド・コミュニティへの消費者参加の議論を考察しながら，「他者との関係を求めながらも，それを回避する」という両義的な他者との関わりを統一的に理解する枠組みを示していく。

2 他者とのコミュニケーションとリフレクション

2.1 集団形成によるユーザー・イノベーション

「競争から逃れる競争」（石原［2007］，31-32頁）を宿命づけられているマーケティングにとって，死活的に重要な問題は，未来のニーズの取り込みである。競合企業に先駆けて，未だ顕在化していない未来のニーズをいち早く取り込むことができれば，一定期間の間，競争から相対的に隔離されるポジションを獲得することができる。

そこで，注目されてきたのが，「リード・ユーザー（lead user）」と呼ばれる革新的なアイデアをもたらす消費者の存在である。リード・ユーザーは，一般的に，「①重要な市場動向に関して大多数のユーザーに先行し，②自らのニーズを充足させる解決策（ソリューション）から相対的に高い効用を得る存在」（Von Hippel［2005］，訳書18頁）だとされている。つまり，リード・ユーザーとは，未来の多数派のニーズを先取りし，それに対する解決手段を積極的に提案することができる特異な存在である。

しかし，このリード・ユーザーをはじめとした革新的ユーザーの議論は，新

規性の高いアイデアを持つユーザーがどこかに存在していることが漠然と想定されるだけとなっており，多分に「神話的な側面を有している」（水越［2012］，2頁）といわざるをえない。これまで，マーケティング・リサーチなどの領域において繰り返し論じられてきたことは，事前に行われる市場調査や消費者への聞き取りは，多くの場合，回答者にとって馴染みのある製品属性やライフスタイルの提案にとどまりやすく，革新的なアイデアを導くことは極めて困難であるということであった。それにもかかわらず，なぜ，このリード・ユーザーと呼ばれる特定のユーザーに限って，革新的なアイデアを提案することができるのか。残念ながら，それに対する説明は十分に行われていない。

　これに対して，一般的なユーザーであっても，集団形成によってユーザー・イノベーションを引き起こすことができるとするのが「ユーザー起動法（User Driven Method：以下UD法と省略）」と呼ばれる消費者参加型の製品開発法である（小川・西川［2005］）。UD法は，インターネットの利用を必須とし，ネット・コミュニティにおけるC to Cのコミュニケーションによって生じたアイデアを製品開発に取り入れようとするものである。このUD法は，リード・ユーザーの議論とは異なり，「消費者は，ある一定の集団として活動してはじめてイノベーションを実現することができると想定されている」（小川［2006］，113頁）ことが特徴となっている。

　それでは，ユーザーが，インターネットを利用して「集団（コミュニティ）」を形成することの意味はどこにあるのか。これについて，UD法を提示した小川［2006］は，同じ問題を抱えているユーザーの探索が容易であること，ユーザー同士で協力関係を築きやすいこと，製品化においてメーカー側から資源を引き出しやすいことなどを挙げている。だが，ここで論じられていることは，集団形成によってもたらされるさまざまな利点であって，なぜ，集団形成によって革新的なアイデアが生まれるのかということではない。問われるべきは，集団形成の内実であり，なぜ，ネット・コミュニティにおける消費者間のインタラクティブなコミュニケーションが，ユーザー・イノベーションを生み出すことになるのかということである。

2.2 異質な他者との出会いがもたらすリフレクション効果

それでは、なぜ、インターネットを利用した集団形成によって革新的なアイデアが生まれることになるのか。その答えを、異質な他者との出会いがもたらす「リフレクション（効果）」に見出しているのは、石井淳蔵である。石井［2002a］によれば、ネット・コミュニティという場は、「地縁」や「血縁」といった関係を必然化するような外部の力が存在しないため、「他でもありえる可能性（偶有性）」への移行が容易な「偶有的世界」であるという。この「偶有性とは、必然ではなく不可能でない様相、つまり『現にそうであっても、別様でもありえる』様相をいう。……。常に他者が立ち現れ、当事者には思いもしない結果が生まれる、それが偶有的世界」（石井［2002a］、10頁）である。

伝統的なコミュニティのように同質的な集団に囲まれた環境においては、異質な他者の意見は排除されているため、「他でもありえる可能性（偶有性）」が主題化されたり、問題化されたりすることはなく、「そうである他ない」という特定の可能性のみが信頼されることになる。実は、このような信頼によって、コミュニティの安定性は確保されているわけだが、それは裏を返せば、他の選択肢や可能性がありうることの予期が脱落している状態であり、コミュニティのメンバーが思考停止の状態に陥っているということでもある。このような状況では、特定の可能性の周辺で答えが求められるだけで、既存の問題設定そのものが反省の対象となることはない。

しかし、異質な他者に開かれているネット・コミュニティにおいては、「そうである他ない」という確信の必然性は常に揺さぶられ、事前の予想や想像を超えたところに現実は展開していく。石井［2002b］は、そのような異質な他者の視点を通じた反省的な問い直しを「リフレクション（効果）」と呼び、ネット・コミュニティにおけるリフレクションを伴うコミュニケーションは、「そうである他ない」という思考停止状態から「他でもありえる可能性」に目を向けさせ、問題状況を多面的に理解する契機になると指摘する。それが、ユーザー・イノベーションのような創発的な展開へとつながっていくことになる。

2.3 日常的常識とリフレクションの困難

　もちろん，このようなコミュニケーションを経由しなくても，時には，「自分はなぜ，このような行為を行っているのか」ということを反省的に問うこともあるかもしれない。しかし，多くの場合，それはうまくいかずに途中で中断することになる。

　ここで，栗木［2003］の「消費者情報処理」の議論にしたがって，「缶コーヒーを買う」時に，どのような選択意思決定が行われているのかを考えてみよう。通常，われわれは，この「缶コーヒーを買う」という選択がどのようなルールに基づいて行われているのかを問うことはほとんどない。だが，この「缶コーヒーを買う」という必要が確立されるためには，それを根拠づけるための目的が設定されていなければならない。例えば，その目的は，「会議の合間に気分転換をする」ことであったりする。このとき，「缶コーヒーを買う」ことは，「会議の合間に気分転換をする」という目的を達成するための手段となり，その必要性を示すことができる。

　だが，この手段－目的の連鎖はこれで終わることはない。理論的には，さらに上位の目的を問うていくことが可能である。**図表６－２**の「手段－目的の連鎖」が示すように，「缶コーヒーを買う」ことの必要性を根拠づけていた「会議の合間に気分転換をする」という目的は，さらにその上位の目的を問うていくことが可能であり，遡及的に目的を問うていけば，手段－目的の連鎖は無限

図表６－２▶手段－目的の連鎖

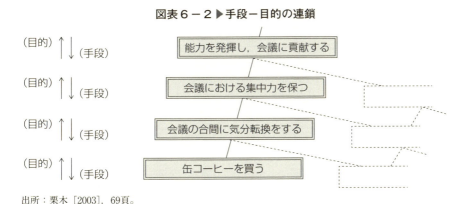

出所：栗木［2003］，69頁。

に続いていくことになる。

　しかし，経験的にもわかるように，手段 - 目的の連鎖は，このように延々と発展していくことはありえず，必ずどこかの段階で中断されている。その1つの要因として，消費者の情報処理能力の問題が考えられるが，能力の限界まで目的を問うていく消費者を想定することは，あまり現実的ではない。むしろ，ラダリング調査のように，誰かに説明でも求められない限り，このように目的を問うていくことはないといったほうが，より現実を捉えている。

　それでは，なぜ，誰もそのような問いかけを行おうとはしないのか。それは，その行為が「日常的常識」を逸脱しておらず，説明を求めるほどのことではないからである（石井［2004］，121-123頁）。「日常的常識」から逸脱するような極端な背反者でも見出されない限り，行為の説明を求めたり求められたりすることは，通常はありえないのである。その意味で，ネット・コミュニティにおける異質な他者との出会いは非常に重要となるのである。

2.4 リフレクションにおける葛藤

　他者とは，原理的にいえば，共通の規則を持たない者であり，「私自身が思い込む確実性を崩壊させてしまう」（柄谷［1992］，6頁）存在である。リフレクションは，このような異質な他者との出会いによって，「その他者が自ら自身と同一でもありえたはずなのに，実際にはそうではない，ことの知覚を機縁」（大澤［1994］，122頁）にして，屈折した反照のようなかたちで行われる。

　とはいえ，リフレクションは，異質な他者との出会いがあれば自動的に開始されるわけではない。異質な他者の視点を通じたメタ・レベルからの反省的な問い直しは，無意識であれ自らがこれまで自明としてきた問題設定や価値観を意識的に対象化し，それを修正・再構築していく過程であるわけだから，ほとんどの場合，慣れ親しんできたものの見方（フレーム）が相対化・無効化されることに耐えられずに，リフレクションは途中で自己防衛的に中断されることになる。ドラッカー（Drucker［1993］）が指摘しているように，「期待していなかったものを知覚させ，あるいは期待しているものを知覚させないようにする試みは，すべて徹底した抵抗を受ける」（訳書218頁）ことになるのである。

　例えば，江上［2013］は，ライフスタイルや価値観などが反映されやすいブ

図表6－3 ▶ 根拠の循環

「ヴィトンが好きです」 「何故ですか？」 「高級感があるから」

出所：江上［2013］，157頁を一部修正。

ランド消費を分析しながら，消費者の情報処理プロセスにおいて，手段−目的の連鎖がラディカルに発展していくことはほとんどなく，**図表6－3**のように，「高級感がある」などといった典型的な購買理由によって消費の根拠が循環している場合が多いことを指摘している。このような循環が一度形成されてしまうと，外部の批判的な意見はなかなか受け入れられなくなる。

実際に，ネット・コミュニティなどのオンライン上で展開されているコミュニケーションをみると，カスタマイズやフィルタリングなどによって他者と対立することはあらかじめ回避されており，そのような葛藤や矛盾が顕在化しない方向に進んでいる。むしろ，他者との対立点の顕在化は，「偶有性」の議論のように，多様な可能性が主題化されるような方向へとは向かわずに，特定の意見を先鋭化させるような「集団成極化（group polarization）」や「炎上（flaming）」と呼ばれる現象を招きやすいことが知られている（Wallace［1999］；荻上［2007］）。サンスティーン（Sunstein［2001］）が早くから問題提起を行っていたように，「インターネットを含む新テクノロジーは，同じ考え方の孤立した人たちの意見を拾いやすくするが，競合する意見には耳を貸さなくてもすむ」（訳書82頁）方向へと進んでいるのである。

しかし，このようにカスタマイズやフィルタリングが行われていることは，完全に他者との関わりが回避されているということを意味しない。それは，選択的に他者が求められているということであり，積極的に他者との関わりが希求されていることの裏返しとして理解することもできる。このような裏返しの他者の希求のなかに，両義的な他者との関わりを理解するための糸口がある。

3 「他者らしくない他者」とのコミュニケーション

3.1 既存の知識に近い未知

　リフレクションを伴うコミュニケーションの過程は，「解釈の批判的自己探求の実施にほかならない」（武井［2005］，184頁）わけであるから，しばしば，耐えがたい葛藤や矛盾を引き起こし，他者との関係は複雑化していく。

　それゆえ，ネット・コミュニティの中には，意図的に，参加者間の直接的で双方向的なコミュニケーションを制限することによって，意見の対立や衝突が起こらないように設計されているものも存在する。森田［2003］は，インタラクティブなコミュニケーションの有無，あるいは多寡によって，ネット・コミュニティの「濃淡」を区別し，そのように参加者間の情報のやりとりが制限され，コミュニケーション密度が低くなっているコミュニティを「淡いコミュニティ」と呼んでいる。

　これまでのネット・コミュニティの議論においては，参加者間の直接的で双方向的なコミュニケーションを活発化させること，つまりは，コミュニケーション密度の高い「濃いコミュニティ」を形成することに主眼が置かれていた。しかし，この「淡いコミュニティ」においては，質問や返信のやりとり，掲示板形式の雑談などといった直接的で双方向的なコミュニケーションにはさまざまな制限が加えられている。

　確かに，消費者間の直接的で双方向的なコミュニケーションを「淡く」限定し，意見の対立や衝突を起こしそうな危険要素をあらかじめ取り除いておけば，不快で予測不能なものに直面することもなくなり，コミュニケーションの行き違いを原因とするコミュニティの崩壊はなくなるだろう。しかし，そうなると，他者とのコミュニケーションの醍醐味である「未知」との出会いや，予期せぬものとの出会いによる「驚き」は失われることになる。そのような，魅力を欠いたコミュニティに，参加者を長くとどめておくことは難しい。

　この「淡いコミュニティ」は，森田［2003］も認めているように，ネット上で発見することは非常に稀であり，ほとんどのコミュニティは，参加者間の直

接的で双方向的コミュニケーションに厳しい制限を加えていない。それは，参加者が，他者とのコミュニケーションによる「未知」との出会いを拒んではいないからである。

　だが，この「未知」との出会いは，自身の価値観を無効化するかもしれない危険な出会いであったはずである。このような危険な出会いを回避するために，カスタマイズやフィルタリングなどが行われていることはすでに確認したとおりである。とすれば，ここで求められている「未知」との出会いとは何なのか。それは，自身の価値観や問題設定が無効化されない限りの「未知」，パリサー (Pariser) [2011] の巧みな表現を借りれば「既存の知識に近い未知」（訳書 112-113 頁）と考えるほかないだろう。

　つまり，ネット・コミュニティの参加者は，リフレクションを誘発するようなラディカルな他者とのコミュニケーションを望んでいるのではなく，既存の価値観や問題設定を大きく逸脱しない範囲でのコミュケーションを望んでいるのである。原理的には誰とでもつながることができるインターネット上で，あえて関係を特定してからつながろうとするSNSが成功しているのは，そのためである。

3.2 他者らしくない他者

　かつてボードリヤール (Baudrillard [1990]) は，このような繊細な他者との関係が支配的になるのを予見していたかのように，「ラディカルな他者は耐えがたい存在であり，皆殺しにするわけにもいかないが，かといって受け容れることはできない。したがって，取り引き可能な他者，……を成長させる必要がある」（訳書178頁）と述べていた。これまでの議論からすれば，ネット・コミュニティにおける「取り引き可能な他者」とは，「安易に外部（メタの視点）の存在に言及せずに，心地良くコミュニケーションを接続することができる者」であると，ひとまずはいうことができるだろう。このような他者がいなければ，「既存の知識に近い未知」の情報だけでコミュニケーションを接続することはできない。

　それでは，このような繊細な他者とのコミュニケーションは，どのようにして可能になるのか。そのヒントになるのが，インターネットの普及に伴って注

目を集めるようになった「ブランド・コミュニティ（Brand Community）」の議論である。ブランド・コミュニティとは「当該ブランドを愛好する人たちの社会関係によって築かれた，地理的な拘束を受けない特殊なコミュニティ」（Muniz & O'Guinn [2001]，p.412）のことを指す。「ブランド・コミュニティ研究は，製品やブランドが普遍的かつ固定的なものではなく，……，人々の相互作用を通じて製品やブランドの意味が社会的に構築されていくものとして捉えて」（大竹 [2011]，210頁）おり，ユーザー・イノベーションの関連分野として研究が進められてきた。

　ブランド・コミュニティでは，たとえ面識がなくても，同じブランドを愛好しているという事実さえあれば，互いに感情的に強く結びつくことができ，「同類意識（consciousness of kind）」の強さが特徴となっている。この「同類意識」は，自らのコミュニティは「特別」である，あるいは，他のコミュニティとは「異なる」という差別的な優位感覚を形成し，コミュニティの統合感や結束力を強める。

　もちろん，この差別的な優位感覚は，根拠のないものであり，外部の意見や批判を経由して形成されたものではない。しかし，ここがユニークな点なのであるが，ブランド・コミュニティのメンバーは，そのことに十分に自覚的である。宮澤 [2011] によれば，ブランド・コミュニティにおいては，「そのブランドやコミュニティの価値については，自分とメンバーだけが理解していれば十分であると考えており，批判的な意見を持つ部外者に対してあえて自分たちを理解してもらおうとは思っていない」（宮澤 [2011]，218頁）のだという。つまり，「たとえ外部に批判的な意見が存在していても，あえてそれに触れないようにする」という暗黙のルールのようなものがブランド・コミュニティには成立しているのである。

　このような暗黙のルールを媒介にした連帯の仕方がわかれば，「他者との関係を求めつつも，それを回避する」という矛盾した消費者の主体性を統一的に理解する枠組みを示すことは，それほど難しいことではない。このような連帯が意味していることは，ネット・コミュニティの参加者は，自身の価値観を肯定してくれる限りにおいて他者に近づこうとし，自身の価値観を否定しようとするような他者からは遠ざかろうとしているということである。つまり，ネッ

ト・コミュニティにおいては,「他者は,脅威とならない限りで,予想外の攻撃性や暴力性を発揮しない限りで,……他者らしくふるまわない限りで,その存在を許されている」(大澤［2005］,105頁)のである。

ITの発展によって関係選択の自由度が増したことで,消費者はこのような他者性を抜き取られた「他者らしくない他者」とのコミュニケーションを求めるようになった。そのように考えれば,「他者との関係を求めながらも,それを回避する」という消費者の両義的な主体性は,矛盾なく説明することができる。

4 固着した関係性

ネット・コミュニティは,その開放的な性格ゆえに,異質な他者とのコミュニケーションを活発化させると言われてきた。しかし,実際に,インターネット上に成立していのは,特定の興味や関心に従って限定的な情報のやりとりを行う無数の同質的な集団である。そこでは,外部との接触は忌避されており,自己と他者が合わせ鏡になったようなコミュニケーションが行われている。消費者はネット・コミュニティへの参加で,葛藤や矛盾を引き起こすことがない「他者らしくない他者」とのコミュニケーションを求めているのである。

こうしたネット・コミュニティにおける消費者間の関係性は,ギデンズ(Giddens［1992］)がいうところの「《固着した》関係性」(訳書135頁)に近いものであるといえる。ネット・コミュニティにおいては,伝統的な規範やローカルなルールに拘束されない代わりに,参加者が絶えず関係のあり方をモニタリングし,状況に応じてそれを維持・解消していくための努力を行わなければならない。そうした,不安定性を回避するために,特定の関係性に固着した共依存的な集団が形成されることになる。

しかし,こうした固着した関係性においては,外部とのつながりが断たれたまま,特定の興味や関心に従ってコミュニケーションが接続されていくため,根本的な価値観の変更は起こりにくい。ネット・コミュニティにおけるユーザー・イノベーションの多くが,イメージや製品用途などの微細な変更にとどまっているのはそのためである。

そもそも，ネット・コミュニティにおいて根本的な価値観の変更が起こってしまえば，「購買を行わない」という選択肢を含め，消費者の必要が過度に相対化してしまう可能性があり，製品を提供するメーカーにとってもあまり望ましいことではない。そのように考えると，「《固着した》関係性」の内部で，特定の興味や関心に従って肥大化していく欲求は，「メーカーに対して安定的な市場を提供し，メーカーにうまく利用されているだけではないか」（阿部［2009］，132頁）というシニカルな見方さえできるようになる。

　いずれにしても，コミュニティ内部の安定性を確保するために，このような内閉的な関係性を希求しているのは，他ならぬ消費者自身である。ネット・コミュニティの開放的な可能性を十分に開花させるためには，まずは，意見や価値観を異にする他者を受け入れるという経験を積み重ねていくことが重要となる。

●参考文献

Baudrillard, J. [1990] *La Transparence du Mal*, Paris: Galilée.（塚原史訳『透きとおった悪』紀伊國屋書店，1991年）

Bauman, Z. [1998] *Work, Consumerism and the New Poor*, Open University Press.（伊藤茂訳『新しい貧困』青土社，2008年）

Drucker, P. F. [1993] *The Ecological Vision*, Transaction Publishers.（上田惇生ほか訳『すでに起こった未来』ダイヤモンド社，1994年）

Galbraith, J. K. [1998] *The Affluent Society* (*New Edition*), Houghton Mifflin Company.（鈴木哲太郎訳『ゆたかな社会（決定版）』岩波現代文庫，2006年）

Giddens, A. [1992] *The Transformation of Intimacy*, Polity Press.（松尾精文・松川昭子訳『親密性の変容』而立書房，1995年）

Muniz, A. M. & T. C. O'Guinn [2001] "Brand Community," *Journal of Consumer Research*, Vol.27 No.4.

Pariser, E. [2011] *The Filter Bubble*, Penguin Press.（井口耕二訳『閉じこもるインターネット』早川書房，2012年）

Prahalad, C. K. & V. Ramaswamy [2004] *The Future of Competition*, Harvard Business School Press.（有賀裕子訳『コ・イノベーション経営』東洋経済新報社，2013年）

Riesman, D. [1964] *Abundance for What ?*, Doubleday & Company.（加藤秀俊訳『何のための豊かさ』みすず書房，1968年）

Ritzer, G. [1996] *The McDonaldization of Society* (*Revised Edition*), Pine Forge Press.（正岡寛司監訳『マクドナルド化する社会』早稲田大学出版部，1999年）

Sunstein, C. [2001] *Republic.Com*, Princeton University Press.（石川幸憲訳『インターネ

トは民主主義の敵か』朝日新聞社，2003年）
Von Hippel, E.［2005］*Democratizing Innovation*, MIT Press.（サイコム・インターナショナル監訳『民主化するイノベーションの時代』ファーストプレス，2005年）
Wallace, P.［1999］*The Psychology of the Internet*, Cambridge University Press.（川浦康至・貝塚泉訳『インターネットの心理学』NTT出版，2001年）
阿部真也［2009］『流通情報革命』ミネルヴァ書房。
石原武政［2007］「『市場』はいかに定義できるか？」『商學論究』第55巻2号，25-51頁。
石井淳蔵［2002a］「誰かと一緒に何かをやりたい」石井淳蔵・厚美尚武編『インターネット社会のマーケティング』有斐閣，1-16頁。
石井淳蔵［2002b］「コミュニティとコミュニティ・サイトの理論的基礎」石井淳蔵・厚美尚武編『インターネット社会のマーケティング』有斐閣，76-108頁。
石井淳蔵［2004］『マーケティングの神話』岩波現代文庫。
江上哲［2013］『ブランド戦略から学ぶマーケティング』ミネルヴァ書房。
大澤真幸［1994］『意味と他者性』勁草書房。
大澤真幸［2005］「不可能性の時代」『世界』第735号，101-111頁。
大竹光寿［2011］「ユーザー・イノベーションとブランド・コミュニティ」『一橋ビジネスレビュー』第59巻1号，208-218頁。
小川進・西川英彦［2005］「ユビキタスネット社会における製品開発」『流通研究』第8巻3号，49-64頁。
小川進［2006］『競争的共創論』白桃書房。
荻上チキ［2007］『ウェブ炎上』ちくま新書。
樫村愛子［2007］『ネオリベラリズムの精神分析』光文社新書。
柄谷行人［1992］『探求Ⅰ』講談社学術文庫。
栗木契［2003］『リフレクティブ・フロー』白桃書房。
武井寿［2005］「マーケティングにおけるリフレクション研究の意義」『早稲田商学』第405号，171-199頁。
宮澤薫［2011］「ブランド・コミュニティの活用」青木幸弘編『価値共創時代のブランド戦略』ミネルヴァ書房，215-232頁。
水越康介［2012］「リードユーザー研究とネット・コミュニティ」『Open Journal of Marketing』2012.2，1-8頁。
村上剛人［2007］「質的需給斉合の内的矛盾とその解決方法」『福岡大学研究部論集B　社会科学編』vol.2，55-74頁。
森田正隆［2003］「コミュニティ拡大戦略」池尾恭一編『ネット・コミュニティのマーケティング戦略』有斐閣，195-218頁。
山口重克［2005］「ITの進展による経済と社会の変容」山口重克ほか編『ITによる流通変容の理論と現状』御茶の水書房，3-21頁。

第7章

ソーシャル・メディアとSNSの発展過程

1 ソーシャル・メディアの躍進

1.1 進化するソーシャル・メディア

　総務省の『2015年版　情報通信白書』は「ICTの過去・現在・未来」と題して特集テーマが設定されている。これは1985年の通信自由化から数えて2015年は30周年の節目を迎えることによる取り組みである。その中ではICT産業の発展とそれに伴う産業構造の変化，企業活動の変化，さらには個々人の生活環境面においても大きな変化とそれらの活用の浸透がさまざまな影響を及ぼしている現状を踏まえての取り組みである。いかに，企業活動やわれわれ個人の生活の中に浸透し，何らかの影響を与えていることを示唆している。

　2000年代に入り，わが国においてのインターネット利用者数は年々増加をしており，2013年には1億人を超え，人口に対する普及率も82.8％に達している（図表7－1）。

　『インターネット白書』において，わが国においてもソーシャル・メディアの利用者は年々増加しているという調査結果がある（図表7－2）。その中でソーシャル・メディア利用人口とともに，何らかの情報発信を行っているユーザー数も増加しており，2012年時点でソーシャル・メディア利用者の約6割強の数値となっている。

　また，総務省『平成24年度　情報通信白書』においても，ソーシャル・メディア利用者数推移（Facebook, Twitterの例）においても，世界およびわが国

図表7－1 ▶インターネット利用者数および人口普及率（個人）の推移

注：①調査対象年齢は6歳以上。
　　②インターネット利用者数（推計）は，6歳以上で，調査対象年の1年間に，インターネットを利用したことがある者を対象として行った本調査の結果からの推計値。インターネット接続機器については，パソコン，携帯電話・PHS，スマートフォン，タブレット端末，ゲーム機などあらゆるものを含み（当該機器を所有しているか否かは問わない），利用目的等についても，個人的な利用，仕事上の利用，学校での利用等あらゆるものを含む。
　　③インターネット利用者数は，6歳以上の推計人口（国勢調査結果及び生命表等を用いて推計）に本調査で得られた6歳以上のインターネット利用率を乗じて算出。
　　④無回答については除いて算出している。
出所：総務省「平成25年通信利用動向調査」より筆者作成。

における利用者数も年々増加しているという報告がある。

　このようなソーシャル・メディアやSNSの出現とその急速な発展は，高度情報化社会の到来によるものであることが明白な事実である。コンピュータと通信技術の発展と普及によるインターネット社会は，これまでの企業活動のあり方や一般消費者のコミュニケーションのあり方に大きな変化・影響を及ぼすようになっている。

　では，これらソーシャル・メディアやSNSがどのような形で生成発展してきたのか。インターネットの発展過程とともに，その歴史的な展開を整理していく。そして，これらソーシャル・メディアやSNSが今度どのような形でビジネスに影響を及ぼし，問題や課題を持っているのか考えていくことにする。

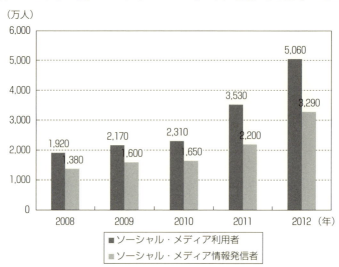

図表7－2 ▶わが国のソーシャル・メディア人口推移（2008年－2012年）

注：「ソーシャル・メディア」とは，友人や知人らとのコミュニケーションや交流を促進する場あるいは仕組みとし，友達やフォロワーといったつながりを有するインターネット上のサービスとし，SNSやマイクロブログと定義されている。そのため，ブログや掲示板，YouTube,Q＆Aコミュニティ，USTREAMなどのサービスは広義にはソーシャル・メディアであるが，ここでは含められていない。
出所：「実態調査で見る個人のインターネット利用動向」『インターネット白書2012』インプレスR＆D。

1.2 コンピュータ通信からインターネットへ

　1960年代，汎用コンピュータを活用した情報交換としてネットワーク化の研究開発が始まり，その後1980年代初めに，大型コンピュータから個人用パソコンへシフトしていった。80年代中頃，このパソコンをワープロやゲーム機としての使用から，パソコン通信への活用が広まり，アスキーネット，PC-VAN（現＠マークニフティ）がサービスを開始した。これらは各社のサーバーに接続して電子メールや，掲示板，チャットなどで情報交換を行うものであったが，各々のパソコン通信サービスは閉鎖型のシステムであったため，コミュニケーションは同じサービスの会員の間のみで成立していた。

　その後，90年代になるとパソコン通信からインターネットへ進化し発展していった。インターネット上で提供されるハイパーテキストシステム，つまりウ

図表7−3 ▶ Web2.0の諸特徴

供給業者が中心となる	Web 1.0		Web 2.0	消費者が共同で参加
	Britannica Online	⇒	Wikipedia(ウィキペディア)	
	専門化の知	⇒	集合知	
	バナー広告	⇒	クリック連動型広告	
	ホームページ	⇒	ブログ	
	費用が高い	⇒	比較的安価にはじめられる	
	クローズド・イノベーション・パラダイム	⇒	オープン・イノベーション・パラダイム	
	サプライヤー・ジェネレイテッド・メディア	⇒	CGM (コンシューマー・ジェネレイテッド・メディア)	
	サプライヤー・ジェネレイテッド・コンテンツ	⇒	UGC (ユーザー・ジェネレイテッド・コンテンツ)	

出所：宮崎［2006］；阿部［2009］，125頁。

ェブの進化であった。パソコン通信という会員間のみの狭い世界でのネットワークが，インターネットによる世界中の誰とでもつながる，国境を越えた世界規模のネットワークへの進化となった。インターネットはパソコンをノード（結び目）にする巨大なコンピュータ・ネットワークであり，このコンピュータ・ネットワークを骨組みにしたネットワーク社会は，フラットで地球的な規模のネットワークへと進化したのである（石川［2012］）。また，これはFace to Faceの人間ではないコンピュータのネットワーク化であった。

コンピュータ・ネットワークは，さまざまな情報へのアクセスを可能にすると，同時にその処理も実行していく。コンピュータとその利用者である人間の関係はインタラクティヴなものになり，さらにコンピュータ同士が接続されればコンピュータを経由して人間同士がインタラクティヴなものになるという新しいコミュニケーションをつくるのである。そのような意味において，コンピュータ・ネットワークはソーシャルなネットワークへと変化していくのである。

このような1990年代から急激に発展したコンピュータのネットワーク化によって，企業は顧客のコミュニケーションの手段としてメールを活用したり企業ホームページを開設することにより，情報の受発信を大きく変化させていく。インターネットが誕生し，ネットワークの商業利用が広がり，ネット上でさま

ざまな情報やデータがやりとりされるウェブサイトの進化とその利用形態が新しい段階を迎えたとして，ティム・オライリー（Tim O'Reilly）がWeb2.0と呼んだ。それを受けて2000年代には，Web2.0のコンセプトを使ったさまざまな技術やサービスが発展し，顧客とのコミュニケーションとして注目を集め，さらに顧客同士もつながり，企業と顧客がOne to Oneでつながるようになった（根来・村上［2012］）。その特徴を示したのが図表7-3である。

1.3 スモール・ワールド現象

　このソーシャル・ネットワークの発想のもととなったものが，「スモール・ワールド現象」と呼ばれるものである。「スモール・ワールド現象」とは，6次の隔たり（Six Degrees of Separation）現象である。1950年代に社会科学の分野でスモール・ワールド現象を客観的に捉えようとする試みが始まった。イシエル・ドゥ・ソラ・プール（Ithiel de Sola Pool）らによる小さな世界の問題（人の輪・人間のつながり）に関する実証的な研究から導かれたモデルから，社会心理学者のスタンリー・ミルグラム（Stanley Milgram）によって検証されたものである（野沢編・監訳［2006］，97-121頁）。

　彼の検証は，もともとは社会構造の問題を提起するものであった。それは，「貧しい人々は誰でも知人がいるだろうが，おそらくその知人も貧しい人々ではないだろうか。一方，お金持ちの人々が話をする相手は，たいていの場合やはりお金持ちだろう。社会構造のありようがこの種のモデルに及ぼす影響の程度を査定するのは困難。社会というものは，個人間のランダムな統合（random connection）によってつくられているのではなく，複数の社会階級（social distance）によって制約を受けることがある」（野沢編・監訳［2006］，106頁）という。

　このソーシャル・ネットワークの発想が，ますます発展・進化するインターネット社会の中で，新たなコミュニケーション手段としての多くのソーシャル・メディアを生み出すことになるのである。

2 ソーシャル・メディアとSNSの誕生

2.1 ソーシャル・メディアとは

　ソーシャルなネットワークで多くの人々が利用しているアプリケーションにソーシャル・メディアがある。このソーシャル・メディアとは何か，この問いについては，多くがユーザー主導型の双方向コミュニケーションを前提としたものであるという認識はされているものの1つの定義として統一されたものがあるわけではないようである（根来・村上 [2012]）。

　マーケティング研究者であるアンドレアス・カプラン（Andreas M. Kaplan）とマイケル・ヘンレン（Michael Haenlein）によるソーシャル・メディア研究について紹介していこう（Kaplan & Haenlein [2010]）。彼らによると，1979年にデューク大学のトム・トラスコット（Tom Truscott）とジム・エリス（Jim Ellis）が，インターネットユーザーらによってパブリックなメッセージを掲示板に張り，世界中の人々と議論をするUsenetが作られたものがあるが，われわれが認識しているような現在のソーシャル・メディアよりもかなり早い時期であったため，その後ブルースとスーザン（Bruce & Susan Abelson）によるオンライン上で日記を書く人々を呼び集めた1つのコミュニティであるOpen Diaryが最初のものであると紹介している。

　このように，コンピュータのオンライン上において，コンピュータを媒介とした人々のコミュニケーション（CMC：Computer-Mediation Communication）の1つの形を成しており，FacebookやMySpaceのようなソーシャル・ネットワーキングのウェブサイトがソーシャル・メディアの一般的なものとなっている（McIntyre [2014], p.6）。そのような意味において，ソーシャル・メディアとは「Web2.0の思想的で技術的な基盤のもとに築き上げられたインターネットを基礎におくアプリケーションの一群であり，そしてUGC（User Generated Contents：ユーザー生成コンテンツ）を作り出したり交換できるようにしたもの」と定義されている（Kaplan & Haenlein [2010], p.61）。

　他方，総務省の『平成24年度情報通信白書』によれば，ソーシャル・メディ

アとは「大量の情報を一方的で発信する「マスメディア」に対し，主にインターネットを用いて利用者が情報を発信し，発信された情報に対して人と人，人とモノとの相互のコミュニケーションを促進する仕組みを有するWebサービスを指す。SNS，ブログ，Twitter，動画投稿サイトなど」であると定義している。では，このソーシャル・メディアの具体的ツールであるソーシャル・ネットワーキングのウェブサイトにはどういうものかを以下でみていくことにする。

2.2 SNSとは

SNSは，Social Network Sites（ソーシャル・ネットワーク・サイト）やSocial Networking Sites（ソーシャル・ネットワーキング・サイト）あるいはSocial Network Service（ソーシャル・ネットワーク・サービス）などさまざまな呼び方をされている。

そもそも，このSNSという用語が多く登場してくるのは，2000年代に入ってからであると考えられる。その中でも，ボイド（danah m. boyd）とエリソン（Nicole B. Ellison）がジャーナルの中で論文を発表している。彼女らによると，SNS（Social Network Sites）とは，「ウェブを基盤とするサービスで，個人に対して(1)限定されたシステムの範囲内でプロフィールをすべてあるいは一部を公開する，(2)他のユーザーにつながりを共有するリストを結びつける，(3)システム内で他のユーザーによってつくられたつながりのリストを閲覧したりすることができるものである」(boyd & Ellison [2008], p.211) と定義している。このような個人のプロフィールを基礎としたソーシャル・ネットワーキングのウェブサイトは，その人を中心とした個人的なコミュニティとして個人的（あるいは自己中心的）ネットワークという意味でソーシャル・メディアのより現代的な形であるとされるが，オンライン・コミュニケーションの初期の形態として記述されているため，その時話題になったものが記述されていたりするが，個々人のプロフィールは必ずしも要求されないものであったためと緩やかな解釈となっていると指摘されている（Karen [2014], p.6）。

その後，現在のように急速に発展するソーシャル・メディアの状況を考慮して，カールティース（Curtis, A.）が「ソーシャル・メディアとは，インター

図表7－4 ▶ 主なソーシャル・メディア・ツール

ソーシャルニュースサイト	Digg, Technorati, Tech Crunch, Gizmodo, Huffington Post, Techmeme, Mayomo
マイクロブログ	Twitter, Tumblr, Posterous
Vlog・動画共有	GeekBeatTV, YouTube
ネット放送局	UST, Stickam, JustinTV
SNS	Facebook, Ning, MySpace
イベント管理	Eventbee, Plancast, simplyFvent
地理情報ツール	Foursquare, Gowalla
レビュー・クーポン	Yelp, Groupon, Foodspot
影響力の測定指標	Klout, BlogChart, Twitaholic, Twitter Grader
ソーシャル・ラーニング	LiveMocha, Lang-8
ソーシャル翻訳	コニャック, Mygengo, Globalweb
URL短縮サービス	bit.ly
その他	Tungle.me, Mashable, paper.li

出所：立入［2011］，111-112頁をもとに作成。

ネット・サイト（あるいはプラットホーム）であり，そこでは人々が自由にお互いについてあるいは生活等について情報を共有したり議論したりでき，それらを文字や写真，画像そして音声などのマルチメディア・ミックスを使用したりすることで相互に影響し合えるサイトである」（Karen［2014］, p.7；Curtis［2013］）と定義している。

このような意味からすると，ソーシャル・メディアのツールはたくさんあると考えられる。主なものを整理されたものがあるので，その一部をここでは紹介しておく（図表7－4）。

2.3 SNSの誕生の歴史

ソーシャル・メディアのツール（プラットフォーム）の誕生の歴史を，カレン，ボイドらそしてカールティースの研究をもとに紹介していこう。

2.3.1 SNSの夜明け前

1969年に誕生した最初のソーシャル・メディアのプラットホームとしてコン

ピュサーブ（CompuServe）があり，それは現在もまだ存続している。アメリカにおいてダイヤルアップの技術を使用し，最初の商業的インターネットサービスのプロバイダーとして1980年代にはこの領域において大きな支配力を持って1990年代の中頃までその力は続いていた。

その後，1970年代になるとe-mailが開発され，小規模なバーチャルなコミュニティで同じ興味関心を持つ人々が集まり，会話やチャットを楽しむフォーラムの草分けとして草の根の電子掲示板BBS（bulletin board system）（1978年）やオンライン・コミュニティでディスカッションのフォーラムの場としてユースネット（Usenet）（1979年），そして第2のオンライン・サービスのプロバイダーとしてプロデジー（Prodigy）（1984年）が登場し，翌年にAOLがインターネットのゲートウェイとしてオンライン・サービスを展開するプロバイダーが登場してきた。1980年代半ばから1990年代にインターネットの急速な発展とともに，ソーシャル・メディアの初期的形態が登場している。

2.3.2 SNSの始動

1990年代の半ばごろから，WWW技術が世界に発信されてから，オンライン上でのウェブサービスが本格始動していった。この時期には，インターネット検索エンジンのGoogle（1998年）の登場やAppleによってiPodが発売（2001年）されたりするが，SNS自体も本格的な展開を迎えることになる。その主要なものを取り上げてみていくことにする（**図表7－5**）。

1997年になると，アンドリュー・ワインライク（A.Weinlike）によって「Six Degrees.com」が立ち上げられた。インターネットでつながった無数のパソコン・ネットワークを1つの世界として，Six degrees of Separationの法則に従えば「友達の友達の友達」という数人を介するだけでネット上の誰とでも知り合いになれるというソーシャル・ネットワーキングを作り出したのである。見ず知らずの他人とのめぐり合いを目的にした出会い系のサイトというよりは，あくまでリアルな世界を出発点にしてバーチャル（仮想）なコミュニティをインターネット上で実現しようとしたものである。

氏名などの基本的な個人情報を含んだプロフィールの書き込み，家族や親しい友人ら6人を「friends」として登録しサイト上で身近なサークルを形成す

図表7－5 ▶ 主なSNSの開始年表

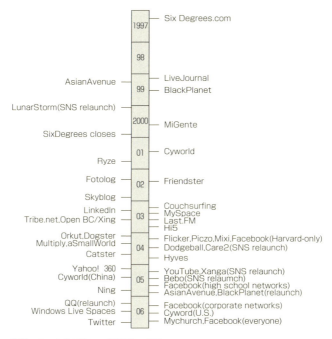

出所：Boyd & Ellison［2008］, p.212.

るものである。このサークルメンバー（「friends」）にメールを送り，会員になることに同意を得られれば，登録と「friends」のリストをつくらせていくという同じ手順を踏み，友達の友達，その友達とネットワークをつくっていくのである。当初は，この自分のネットワーク内でのメール交換のみであったのが，チャット機能，友達のフレンドリストを閲覧できる機能，日常のニュースなども追加されていった。しかし，2001年に閉鎖された。

その後，2002年になると「Friendster.com」が登場してくる。1995年にスタートとしたmatch.com出会い系サイトに対抗することを目標に発足されたものである。match.comは，18歳以上の成人でメールアカウントの保持者という条件でスタートした。実名登録が前提であり，自己宣伝のプロフィールを書き込み，相手からの連絡を待つパターンである。プロフィールのマッチングがベースとなっていた。これに対してFriendster.comは，プロフィールだけで出会う

という機械的な検索モデルから，「友達の輪」をベースに，本人による検索を導入していく。友達の友達ならば，興味や価値観を共有している可能性が高いのではという，ネットワークに属する人たちのプロフィールの公開を行ったのであった。

　これらの流れは，第1の波と考えられており，リアルな世界での人間関係をベースにして仮想世界を生み出せば，「友達の友達の友達」といった輪が広がるだけではなく，その濃度が高まるのではないか，コンピュータは人間から独立したものではなく，あくまでツールとして人間の生活を豊かなものにするものとの位置づけを与えられた（石川［2012］）。

　その後，ソーシャル・ネットワークの急速な拡大が，利用者自身による自分のネットワークをコントロールしにくくなるという事態を招くことになる。ネットワーク内での人間関係に濃淡が出てくればネットワークそのものが質的に変わってしまうという問題の発生であった。

　では，このどのようなネットワークを構築するのがよいのであろうかといったものが第2の波として登場してくるのである。つまり，社会的に組織されたもの，志を共有する（passion centric）人たちのネットワークの登場である。以下に概観してみよう。

　職業に絞った人間関係を築くサイトしてライズRyze.com（2001年），リンクトインLinkedin.com（2003年）が登場してくる。愛犬家らの仲介ネットワークサイトとして「Dogster.com」，アクティビストの団結を促すネットワークサイトとして「Care2.com」，そして学生らに配布されていた学生名簿というリアルなネットワークをインターネット上で再現した「Facebook（Harvard-only）」らが2004年に登場した。「Facebook（Harvard-only）」は，メンバーは情報の受け手であると同時に送り手にもなるもので双方向的なネットワークの構築であった。その後，このHarvardの学生のみに限定されていたものから2005年には「Facebook（high school network）」へ，2006年には企業やすべての人々にオープン化され現在の「Facebook」となっていった。

3 ソーシャル・メディアの普及がもたらす影響

3.1 複雑化するコミュニティとネットコミュニティ

インターネットが登場した初期段階でも,「そこに双方向性の性格は存在したといえ,ネットを通じて情報を入手し利用する側は,それを供給する側(商業利用という点からみれば企業側)の情報を受動的に受け取るという傾向が強かったが,最近の動向としては受け手の側の積極的な利用と参加,しかも消費者が共同で情報交換を行いながら発言していく傾向が強まっている」(阿部[2009],125頁)と指摘されていた頃からしても,ソーシャル・メディア利用者とそこでの情報発信者の急増は目を見張るものがある。

「ネットを通じて一般の市民や消費者が,お互いの間でもまた供給者に対しても自由に広く意見を交換できるというインターネットの本質に根ざしたものであり,それ以前の企業と消費者の間での情報の偏りや非対称性を考えると,まさに「革命的」な変化」」(阿部[2009],126頁)が起こっている現状がある。すなわち,企業と消費者あるいは顧客との間での情報のやりとり,コミュニケーションのあり方が複雑化しているのである。

そもそも古典的なコミュニティとは何かについては,社会学的に「一定地域における共同生活領域および生活空間のことを指し,互いの間に共通の関心や社会意識がみられること」と定義されている(金子他編著[2009],33頁)。そこには地域性や共同性の考え方が主となっているが,現在のインターネット社会の到来によって,われわれは地理的で時間的な制約から解放されている。このような意味からは,ネットコミュニティが成立する3つの要件として①人間関係の形成,②自由で開放的な場,③誰もが情報の受発信者になれ,双方向コミュニケーションが可能であることをあげている(村本・菊川[2003],42-45頁)。

現代のようなインターネット社会におけるコミュニケーションのあり方も大きく変わってきている。そこでコミュニティが成立するためには,コミュニティ構成員間で目的や関心,リアルでもバーチャルでも参加者が集合する特定の

空間という場，相互で同じ経験や体験，そしてその場への明確な帰属意識・仲間意識，さらにその場での暗黙的に存在するルールやマナーなどのコンテキストといった相互共有性があり，コミュニティ構成員間でのつながり意識やその強度・密度といった相互関連性が必要であるという（根来・村上［2013］，16－17頁）。

このような流れを受け，コミュニティとは，個々の関係性を形づくる要素を「自発的に共有するプロセス」であり，これには規範や帰属意識などの共同性を生み出す再帰的な要素の自発的共有も含まれ，コミュニティの概念を「一定のルールを自発的に共有するコミュニケーションのプロセス」と再定義している（金子他編著［2009］，14頁；根来・村上［2013］，15頁）。

前述してきたソーシャル・メディアのツールとしての，SNSの大きな発展はこのようなコミュニティの中でのコミュニケーションのあり方の変化に大きく影響していることを理解することができる。

3.2 マス・メディアからソーシャル・メディアの活用へ

では，最後に企業と消費者あるいは顧客との間での情報のやりとりはどのように変化していくのであろうか。消費者あるいは顧客といった情報の受け手による情報収集の観点から考えてみたい。ソーシャル・メディアの普及によりウェブからの情報収集の方法を，能動的なものと受動的なものに分類して以下のように説明されている（風間［2013］，28頁）。

WWWの登場とともに多種多様な情報にスムーズにアクセス可能にしたのはGoogleの検索エンジンであった。これにはユーザーが自ら情報に関する条件を適時変更しながら目的の情報を探し出すことができるものであり，これを能動的な情報収集としている。一方，ソーシャル・メディアの中でも，ブログによるRSS（更新情報の配信）の登録，Facebookの友達リクエスト，Twitterのフォローなどの手段を使ってウェブ上にソーシャル・ネットワークを構築すればネットワーク構造を介して情報が伝播されて受け取ることができる受動的な情報収集としている。ウェブの検索エンジンによる情報収集と比べると，情報源となるユーザーを適切に選択することで，自らが興味を持つ情報への絞り込みやインターネット上の関連アクティビティの発見を効率化できるとしている。

ここで使用されているソーシャル・ネットワークとは，社会学でいわれる「社会ネットワーク」で現実世界の人間関係であり，すでに面識があり相手を信頼している場合に限り，人間関係が構築されるものである。そしてその構築コストは比較的大きく，居住地，就業・勤務地などの地域的な制約を受けるものと区別されており，SNSやブログといったウェブサービスを用いて仮想的に構築した人間関係であり，つながっているユーザー間に面識があるとか，近い場所に存在しているとは限らない，現実の社会ネットワークとはかなりかけ離れた人間関係としている（風間［2013］，29頁）。ゆえに，SNSとはインターネット上にソーシャル・ネットワークを構築するサービスと捉え，電子メールはユーザーが交流する手段を，電子掲示板は交流する場を提供しているのに対して，SNSは人と人のつながりを提供している。

しかし，これらのサービスで構築されるソーシャル・ネットワークは，人間同士の関係を表すという点では同じでも，ネットワーク構造としての性質が異なることがあり，Facebookのソーシャル・ネットワークをソーシャル・グラフ（social graph），Twitterのそれをインタレスト・グラフ（interest graph）と区別したものを紹介して，関係構築，関係性，公開の有無等を整理している（風間［2013］，30頁）。

いずれにしてもソーシャル・メディアは，ユーザー間のUGCとインタラクティブ（双方向かつ流動的）な交流を支援する次世代ウェブであり，インターネットをインフラとして人間同士が相互に作用し合うことによって広がっていくメディアであり，その情報発信の主体はこれまでのような企業ではなく個人であるという（立入［2011］，27-28頁）。どのように変化するのか，以下で検討していくことにする。

従来のマス・メディア（商用メディア）と比較するとソーシャル・メディアは，ソーシャル・メディア・ツールへのアクセスが，従来に比べてはるかに安いコストあるいは無料で可能となっているアクセス性，ソーシャル・メディアへの参画には特別な技術や訓練を要求されないという利便性，情報の更新はソーシャル・メディアのほうが少なくとも現時点では圧倒的に速いという即時性，そして従来のメディアコンテンツは一度発信されるとその改編は不可能だったがソーシャル・メディアではコメントや編集によりそれを随時可能であるとい

う改変性があるとされている(立入[2011], 28-30頁)。

そのような利便性を考慮して企業の利用や活用は進むと考えられる。しかし，複雑化して登場してくるSNSは，ネットワークの構造がおのおの異なっている現状があるため，消費者あるいは顧客がどのような情報を求めているのかによって使い分けをする必要があるし，どのように構築するかを検討する必要がある。例えば，単に商品関連情報を収集し，困ったときの解決方法を共有できる「手段的コミュニティ」タイプ(情報共有型の構造)，参加して交流すること自体を楽しむ「即時的コミュニティ」タイプ(交流型の構造)，そして参加者のコラボレーションにより新しい価値を創造する「創造的コミュニティ」タイプ(討論型の構造)をどのように提供していくのか，さらにはコミュニティ内でのルールや規範といったものをどのように形成していくのか問われている(金森[2009], 16-17頁)。

だが，最も重要なのは，上記のソーシャル・メディアが持つ低コスト性，利便性，即時性，改編性のメリットが，そのメリットの対極にあるユーザーの個人情報の集積，その情報を利用した広告を通じての収益性の増大と結びついていることを忘れてはならない。それは同時に企業のもとに集積された個人情報の持つプライバシーをどのように保護するかという問題を提起することになる。

● 参考文献

Andreas M. Kaplan, Michael Haenlein [2010] "Users of the world, unite!, The challenges and opportunities of Social Media" *Business Horizons* 53, pp.59-68.
danah m.boyd, Nicole B. Ellison [2008] "Social Network Sites : Definition, History, and Scholarship," *Journal of Computer-Mediated Communication*13. pp.210-230.
Karen McIntyre [2014] "The Evolution of Social Media from 1969 to 2013 : A Change in Competition and a Trend Toward Comdementary Niche Sites," *The Journal of Social Media in Society*, 3(2), pp.5-25.
阿部真也 [2009] 『流通情報革命——リアルとバーチャルの多元市場』ミネルヴァ書房。
石川幸憲 [2012] 『「フェイスブック革命」の真実——ソーシャル・ネットワークは世界を変えたか?』アスキー新書。
インプレスR&D [2012] 「実態調査で見る個人のインターネット利用動向」『インターネット白書2012』, 28-35頁。
風間一洋 [2013] 「ソーシャルネットワークによるWebからの情報収集」『情報の科学と技術』63巻1号, 28-33頁。
金子郁容・玉村雅敏・宮垣元編著 [2009] 『コミュニティ科学——技術と社会のイノベーショ

ン』勁草書房。

立入勝義［2011］『ソーシャルメディア革命「ソーシャル」の波が「マス」を呑み込む日』ディスカヴァー携書。

根来龍之・村上建治郎［2012］「ソーシャルメディアにおける，相互共有性と相互関係性についての研究―ツイッターのメディア特性の分析―」『早稲田大学IT戦略研究所ワーキングペーパーシリーズ』No.46, 3-32頁。

Shinji Nozawa(Ed). READINGS IN SOCIAL NETWORKS―FAMILY, COMMUNITY, AND SOCIAL CAPITAL（野沢慎司編・監訳［2006］『リーディングスネットワーク論―家族・コミュニティ・社会関係資本』勁草書房。)

宮崎哲也［2006］『ウェブ2.0マーケティング』日本実業出版社。

村本理恵子・菊川暁［2003］『オンライン・コミュニティがビジネスを変える－コラボレーティブ・マーケティングへの転換』NTT出版。

総務省［2013］「平成25年通信利用動向調査」。

総務省［2015］「情報通信白書」。

Curtis, A［2013］*The brief history of Social Media*, Retrieved from: http://www.unp.edu/home/acurtis/NewMedia/SocialMediaHistory.html/ ［2014/11/01］

第8章 ソーシャル・メディア時代の消費生活と企業社会

1 消費者発のメディア

　現在に至るまで，流通過程においては多様な情報が用いられてきた。中心的な役割を果たす情報も時代とともに変化しており，価格情報，「記号」情報，相互交通情報の時代として，中心的な情報の移行を概観することができる。価格情報とは，自由競争的な市場において最も重視される情報であり，「記号」情報とは，マーケティング活動において用いるために消費者需要の中から汲み上げられた情報である。そして相互交通情報とは，主としてインフォーマルな領域において取り交わされる人間的な情報である（吉村［2004］，155頁）。

　社会的イノベーション論では，経済のフォーマルな領域とインフォーマルな領域が交わるところで社会的技術は生じるとされるが（Gershuny, J. I.ほか［1987］，訳書90頁），ソーシャル・メディアもそのような技術に他ならない。**図表8-1**は，このような考え方を参考にしながら作成したものであるが，企業社会とわれわれの生活世界が交わるところで，インターネット関連のさまざまな技術が生み出され，この技術を用いて各種の情報が生成されていることを示している。また，1990年代以降のインターネットの普及によって，消費者が製品のイノベーションに関わるようになり，「群衆」を製品開発に組み込む手法はクラウドソーシングと呼ばれるようになった（小川［2013］，120頁）。2000年代に入って生み出されたソーシャル・メディア，なかでもSNSに着目してみると，これらは単に企業社会の産物であるとはいい難い性質を有しており，消費者発の技術（Consumer Generated Media）であるとされることも多い。

第8章 ソーシャル・メディア時代の消費生活と企業社会　127

図表8−1 ▶ 流通情報の高度化とビッグデータ

```
                    社会的技術としての
                    インターネット
┌─────────┬─────────────────┬─────────┐
│「記号」情報  │   購買履歴              │ 相互交通情報 │
│         │       Social Media      │         │
│         │    SNS                  │         │
│マーケティング│         位置情報        │  自律的   │
│システム    │   口コミ               │ネットワーク │
│         │         写真共有        │         │
│         │   検索履歴              │         │
│市場経済    │    blog   プロフィール  │互酬(ネットワーク)│
└─────────┴─────────────────┴─────────┘
                     ビッグデータ
```

注：ビッグデータにはPOS情報なども含まれるが，ここではインターネット関連の情報だけをまとめた。
出所：筆者作成。

　本章では，このようなイノベーションの成果としてのインターネット，とりわけソーシャル・メディアやそこに含まれるSNSに着目しながら，流通やマーケティングの変化について論じる。前半では，ソーシャル・メディア時代における消費生活のあり方やそれに対応する企業側のインターネット利用の段階的変化について概観する。後半では，消費生活と企業社会両者が相互浸透しているという視点に立って，消費生活の領域から生み出される人々の暮らしや意識に関する膨大な情報の解読が，流通やマーケティングのいっそうの発展にとってどのような意義を有するのか論じることにしたい。

2　ソーシャル・メディアと消費生活

2.1　拡大し続ける接触時間と多様化するサービス

　まず，ソーシャル・メディアへの消費者の関わり方を量的にみてみたい。そ

128　第Ⅱ部　ソーシャル・メディアの社会構造へのインパクト

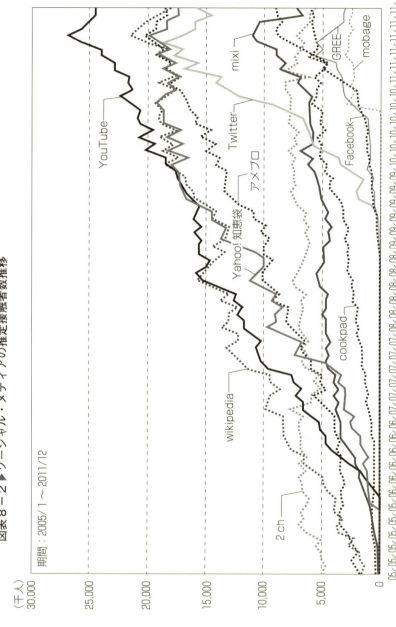

図表8-2 ▶ ソーシャル・メディアの推定接触者数推移

期間：2005/1～2011/12

出所：トライバルメディアハウス［2012］, 2頁。

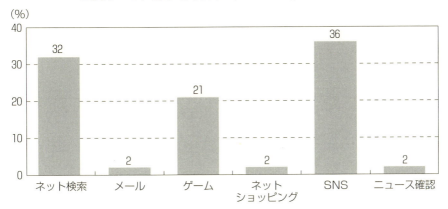

図表8－3 ▶最も時間を費やすインターネットサービス

注：6項目の中から1つを選択。
出所：熊本学園大学商学部マーケティング論Ⅱの受講生130名に対する調査（2014年12月16日に実施）。

れぞれのサービスごとに推定接触者数の推移を示した**図表8－2**をみると，それぞれのサービスがほぼ一様に接触者数を延ばし，全体として拡張していることが明確である。

　より細部に着目すると，2000年代半ばまでは独走的な地位にあったともいえる2ちゃんねる（2ch）の接触者数は，その後横ばいで推移し，結果的には全体の成長の中で存在が埋没してしまったことがわかる。これに対して，SNSの一角と目されるTwitterは，2010年代に入り急拡大していることがわかる。また2011年までという資料の制約でLINEの存在は確認できない。それぞれのサービスの位置が刻々と変更されながら全体として拡大を続けている。

　次に，大学生に対して行った調査から，インターネット接続時にどのような領域で時間を過ごしているのかみてみたい。**図表8－3**は，最も多くの時間を費やすインターネットサービスは何かを聞いた結果である。

　6項目中最も多くの者が選択したのが，SNSであり，ネット検索をしのいだ。そして驚くべきことに，すでにメールはインターネットサービスにおける主たる活動の領域ではなくなっており，利用頻度の落ち込みが推察される。

　この点とも関連して，使用経験があるソーシャル・メディアについて聞いた（複数回答可）結果が次の**図表8－4**に示されている。LINEがYouTubeを押

図表8－4 ▶使用経験があるソーシャル・メディア・サービス（人数）

サービス	人数
Tumblr	7
mixi	34
Gree	63
モバゲー	65
Facebook	83
Twitter	106
Google+	36
Flickr	1
Ustream	14
YouTube	115
LINE	117
Instagram	42
Pinterest	2

注：13項目の中から複数回答可。
出所：図表8－3と同じ。

さえてトップになっている。メールサービスは，この年齢層においてはすでにLINEに置き換えられているとみてよいだろう。

また，LINEの伸張とは対照的にmixiの落ち込みが目立ち，SNSのなかでも伸びるところと落ち込むところがあることがわかる。若年層に限ってみると，1年で様相は大きく変わる。例えば，大学生の場合，そのSNSサービスが大学入学以降に流行ったのか，それ以前に流行ったのかで回答者の使用経験は大きく異なるように思える。また写真公開機能に特化したInstagramも急速にユーザーを増やしている。

2.2 コミュニティ，ソサエティ，コネクション

消費者は多種のソーシャル・メディアを用いているが，際立った人気を得ているのがLINE，Twitter，FacebookなどからなるSNSであることは，すでに紹介した各種白書や大学生への実態調査の結果から明らかであった。ここではもう少し立ち入って，このようなサービスを用いてどのような消費者間の関係が

形成されているのか考えてみることにしたい。

　木村忠正は，SNSは，コミュニティ，ソサエティ，コネクションという３つのつながり原理がせめぎ合う現代社会の構造を反映するとしている（木村［2012］，199頁）。そのうえで，主要なSNSであるLINE, Twitter, Facebookは，それぞれのつながり原理に対応しているとする興味深い見解を示している。

　コミュニティ型SNSは，社会の多様化によって失われつつある対人関係・社会関係が，情報ネットワークによって活性化されうるのではないかという期待にもとづいてつくられている。基本的にはオフラインでの既知の関係を基盤としてオンラインでも交流するかたちをとる（木村［2012］，201頁）。趣味性の強いコミュニティを形成することにも向いていることなどから，インターネットの普及と同時に現れた企業ホームページや掲示板サイトなどで形成されたコミュニティとの連続性もうかがわせる。具体的なサービスとしては，典型的にはmixi，そして近年のLINEがこれにあたるといってよい。

　ソサエティ型SNSは，出自，血縁，組織縁などの制約にとらわれずに互いにつながるという個人の主体性が発揮されるサービスである。つながることで形成される構造，人，コンテンツは，一般的に公開されており，他者をも含めた社会秩序が形成される（木村［2012］，202頁）。具体的なサービスとしては，本名で登録しみずからの情報を公表することでコミュニケーションを開始するFacebookが該当するとされる。もっとも，よく知られているようにFacebookの初期にみられるように，個別の大学内コミュニティを基盤としながら利用者が拡散していった経緯などからして，各種の縁，コミュニティと無関係といえるわけではない。

　そして，コネクション型SNSは，いわゆるポストモダン的な主体とその関係性構築のツールとして捉えることができる。消費社会の進展とともに，社会的主体間の関係性は，多様性，差異，変化，流動性などによって特徴づけられるようになった。このようなポストモダン的な主体が他者や資源と取り結ぶつながりのあり方は，「コネクション」と呼ばれる。Twitterはこのようなサービスの典型的な存在であるといってよい（木村［2012］，203-204頁）。Twitterの利用者は，それぞれの用途に応じて複数のアカウントを使い分けるといわれるが，それはまさにジャグリングと評されるポストモダン消費そのもののあり方な

である。

　以上のようにさまざまな類型をとりながら，SNSは現代的な消費生活に不可欠のツールとなっている。CGM（Consumer Generated Media）といわれるSNSにおいては，消費者自身によってコンテンツが創り出され，そこで流通している情報は，消費者たちの集合知を形成しつつあるといってよい（陳[2012]，251-253頁）。ポストモダンの消費は，断片化を１つの特徴とし，消費者は，自分と似ている他者の情報を拠り所とする傾向がある。消費者間で影響伝播が生起し，特定ブランドや製品・サービスに対する意見や態度が形成され，ひいてはファングループが形成されるに至る。現代では情報と知識の流通スピードはとても早く，専門的知識の陳腐化も早くならざるをえない。そのため，個人においても，企業においてさえも集合知の利用が活発化することになるのである（Badillo, Patrick-Yves. ほか [2010], p.64）。消費者主導で形成される細分化された消費者情報は，ポストモダンの消費者にとって最適のツールとなっているといえよう。

　消費生活領域と企業社会領域が交錯する場で生み出されたSNSという社会的技術は，消費者間のコミュニケーションを量的にも質的にもこれまでにないところにまで高めてきた。これは，消費者に製品やブランドについての情報交換の場を与えたり，それらのファングループを形成するのを促進する役割を果たしたりしている。そしてその一方で，企業社会ではこのような消費者間の交流をマーケティング・プロセスの中で生かしていくための方策を練ることになるのである。次にこの点についてみてみよう。

3　ソーシャル・メディアとマーケティング

3.1　ソーシャル・メディアを用いたマーケティング

　かつてコンピュータ化を図ることを情報化といっていた時代には，それを企業が推進する動機は財務管理や在庫管理などにあった。現在インターネットを用いた業務を企業が推進する際の動機は何であろうか。多くの場合，それはマーケティング活動の推進に深く関わっているといえよう。

図表8−5 ▶ 企業のソーシャル・メディア活用度ランキング（総合）

順位	企業名	活用度数	Twitter	Facebook	Google+	mixi	GREE	Mobage	ブログ	YouTube	ニコニコ動画	Ustream	Pinterest	LINE
1	日本コカ・コーラ	674	61	62	51	47	67	64	48	72	42	55	31	74
2	ローソン	671	62	64	52	61	63	60	43	61	51	41	37	76
3	サントリーホールディングス	587	61	62	33	55	65	65	73	61		34		78
4	ソフトバンク	570	64	69	48	37		56		62	62	66	31	75
5	ベネッセホールディングス	559	56	57	16	52	52	58		71	41	51	34	71
6	KDDI	515	61	69		41	51		28	71	46	52	27	69
7	アディダス ジャパン	501	58	62		52	56		63	61	41	34	22	
8	カプコン	500	62	52		52	53	54	53	75	46	53		
9	スクウェア・エニックス	493	63	55			51	54	91	75	53	51		
10	エイチ・アイ・エス	466	56	62	51	49	52		44	57			22	73

注1：100位まで公表されている順位の中から10位までを掲載。
注2：「活用度数」はフォロワー数，動画再生数，友だち数などから算出されている。
注3：アイコンは，左からTwitter，Facebook，Google+，mixi，GREE，Mobage，ブログ，YouTube，ニコニコ動画/生放送，Ustream，Pinterest，LINE。
出所：アジャイルメディア・ネットワーク「Brand Chart」（2015年9月18日現在）。

　図表8−5は，ソーシャル・メディアを用いたマーケティングが巧みだと目されている企業ランキングである。それぞれの企業が各ソーシャル・メディアを活用している状況を点数化しそれを総合してランキング化している。

　ほぼすべてのメディアで高い点数を獲得して1位になっているのは，日本コカ・コーラ社である。先にみたように，特に若年層に対するソーシャル・メディアの影響力の増大によって，広告や販売促進のためのメディアミックスの変更は急務となっている。ここで注目される必要があるのは，これらソーシャ

ル・メディアを用いたマーケティングにおいては，企業が創り出した仕掛けに消費者に参加してもらうのではなく，消費者がすでに日常的に用いているメディアに企業が参加しているということである。インターネットを用いたマーケティングの中心は，個別企業が提供するコミュニティ型のものからソーシャル・メディアを用いたものへと移行しているといってよいのではないだろうか。

ソーシャル・メディアの種類は多くなりそのビジネスモデルも単一ではなく，それぞれのサービスの収益の源泉も多様であるといってよい。また商品流通との関わりでいえば，マーケティング活動での活用の仕方も一様ではない。わが国において，インターネット創成期よりインターネットマーケティングの中心の1つと目されてきたのは，個別企業が提供するコミュニティ型のマーケティングであった。しかし，このところの傾向としてみるならば，近年のインターネットを用いたマーケティングは，親密性や継続性，ひいては土着性を特徴としたかつての閉鎖的な個別企業コミュニティ型から，多様性，差異性，流動性といった社会的要請との親和性が高い開放的なソーシャル・メディア型へと進化しているといってよいだろう。

このような変化は何に起因しているのであろうか。ソーシャル・メディアは，そのものが直接的に商品売買の場となることはない。また，企業の直接的な販売促進の場として魅力的であるとはいえ，それは商品流通とソーシャル・メディアの関係においてはその全体像の一部を構成するにしか過ぎない。より関心が向けられるべき領域は，いうまでもなくそこが情報交流の場だということである。しかもそこは商品についての専門的知識を有するエリート達の情報交流の場ではなく，ごく普通の人々によるごく普通の日常についての情報が交わされる場に他ならないということである。

近年，FacebookやTwitterのように人々のライフスタイルや交友関係をすべてオープンにするような形のSNSではなく，いわば機能限定的に情報を共有するかたちのキュレーション型といわれるメディアが普及しつつある。クックパッドは，月間延利用者数5,000万人とされる料理レシピコミュニティサイトである。現在200万件を超える料理レシピがユーザーたちによって公開されている。限定的なテーマについての情報が大量に集まることで，マーケティングに利用する際に使い勝手がよい情報となっており，クックパッドは集められた情

報の商品化を積極的に進めてきた。また企業の販促などのツールとしても有効で広告掲載の他にも，クックパッドを使ってレシピを募集するなどイベントの開催なども行われている。

　また，インターネット上でブランド製品を販売する通販サイトであるZOZOTOWNが運営するWEARは，いわばマーケティング主体が運営する消費者参加型の機能限定SNSサイトといえよう。ユーザーは，ライフスタイル全般ではなく好みのファッションに限定して情報公開する。コーディネート写真を公開することができ，また公開されたコーディネートで用いられたアイテムは，ZOZOTOWNで購入することができる。WEARの場合，メーカーではなく商業資本（ZOZOTOWN）がSNSを主宰するかたちをとることで，特定メーカーあるいはブランドが直接関与しない開放的なポジションを得ている点で興味深い。従来型のメーカー主導のネット・コミュニティが閉鎖的な特質を有していたのとは対照的である。

3.2　閉鎖志向型から開放志向型への転換

　先に述べておいたように，わが国におけるインターネット創成期から長い間インターネットを用いたマーケティングの可能性は，それが有するコミュニティ的な性格との関連で語られることが多かった（石井［2002］；池尾［2003］）。ただ初期のそれが企業によって仕掛けられた一定の枠組みのなかでの情報交換を特徴としたのに対して，SNSを中心とするソーシャル・メディアは，情報交換や情報共有が目的とはなっているものの特定の方向性が予定されていないというところに特徴がある。消費者がコミュニティに入っていくために覚悟を求められるといったこともない。

　池尾恭一は，ネット・コミュニティにおけるコミュニケーション濃度の高低と，コミュニティの開放性・閉鎖性からネット・コミュニティにおけるコミュニケーションを4種類に類型化している。したがって**図表8－6**は，「どのような場合に，どのような特性の情報を必要とするか」という消費者による選択肢を示すものとして捉えられていた。そこでは，事実に関する情報の信頼性と包括性は，一方が高まれば一方が低くなるというトレードオフの関係にあることが示されている（池尾［2003］，254頁）。もっとも，ソーシャル・メディア

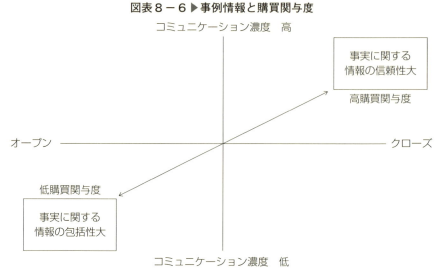

図表8-6 ▶ 事例情報と購買関与度

出所：池尾［2003］, 254頁。

とりわけSNSが全盛となった現時点でこの図を概観するならば，図は選択肢の問題ではなく，インターネット時代における消費者による情報獲得手段が移動してゆく方向性を示しているといえるかもしれない。消費者の情報獲得と情報発信の場の中心は，コミュニケーション濃度が高くクローズな性格を有していた企業主催コミュニティから，コミュニケーション濃度が低くオープンな性格を有しているソーシャル・メディア型のコミュニティへと移動していったのである。

ここで論じておきたい点は，個々のネット・コミュニティやSNSのポジショニング，その消費者や企業にとっての使い勝手だけではない。これらが流通経済の秩序形成とどう関わっているのかという点に注目される必要がある。

この点で，栗木契が「インターネットが消費にもたらすのは，偶有的な世界，すなわちローカルに分断されてはいるが，他でもありうる可能性に開かれている，未確定の不安定な関係の世界である」（石井［2002］, 248頁）としているのは興味深い。インターネットが有している開放可能性は，インターネット創成期においては十分に発揮されず関係性が閉鎖的で限定されるいわば土着的な

コミュニティの特質を色濃く残さざるをえなかった。これがWeb2.0あるいはWeb3.0といわれる段階を迎えると急速にオープンで制約が少ないネットワークが形成されてゆくのである。ここにいたって，未確定の不安定な関係の世界へとわれわれは導かれ，この時代においていかに流通の秩序は形成されるのかが問われることになった。

3.3 量を質に変えるテキストマイニング

　消費者が生み出す情報の集合知的な側面に着目する議論がある。消費者自身が創り出す情報が集合知的な存在となって現代的な企業の戦略的活動の源泉になっていることは，ソーシャル・メディアの重要性を考える際に欠かすことができない状況認識である。

　電子化されたテキストをコンピュータで処理・分析するテキストマイニングへの関心が，マーケティング担当者のあいだで高まっている。SNSを中心とするソーシャル・メディアで生み出される消費者情報は，ビッグデータの中に組み入れられ，解析の対象になっている。従来は量的な処理が不可能とみなされていた質的ないわば込み入った情報までもがデータに組み入れられて処理の対象とされるようになっている。

　例えば，2006年に東芝が開発した口コミ分析ツールにおいては，ブログ記事から，「ポジティブ／ネガティブ判定」を行い，記事上で紹介された関連商品などの「連想トピックを収集」し，評価の重要度を判別したり，営業目的・広告目的の記事を除外したりする「ソート＆フィルター機能」がついていた。（長野他［2008］，36頁）また，プラスアルファ・コンサルティングが提供する「見える化エンジン」（プラスアルファ・コンサルティング［2015］）では，2013年11月よりTwitterの過去データを含む全データの分析が可能になったとしており，ソーシャル・メディアへの対応が急速に進んできている。電子化されたテキストをコンピュータで処理・分析するテキストマイニングへの関心が，企業の企画部門やマーケティング部門で高まる一方で，そのような需要に対応するサービスも日々進化している（野村総合研究所［2012］，132頁；藤村滋ほか［2004］，141頁）。

　かつては，計測も蓄積も分析も共有も不可能であった物事が次々にデータ化

されていく。ここには，膨大なデータを丸ごと活用し，少々精度が劣っていても大量のデータを利用することで，世の中を解き明かすことが可能だとする考え方がある。やがて社会は，「因果関係を重視する昔ながらの姿勢を捨て，多くの場合，相関関係の恩恵にあずかるようになる」(Shonberger V [2013]，訳書33頁）のだと。近年では，このような分析をなす職業＝データサイエンティストに注目が集まり，「21世紀でもっともセクシー」(Davenport & Patil [2012]）な職業といわれるようにさえなっている。

東浩紀は，「集合知の手法の擁護者によれば，特定の要件さえ満たすならば，専門的な判断が要求される問題にかんしても，少数の専門家よりも多数のアマチュアの方が原理的に正しい判断を下すことができる」と論じている（東[2011]，30頁）。ビッグデータ時代においては，データの量が，表現の巧拙や，発信者の想いや意識を越えて，「無意識の欲望のパターンの抽出」(東[2011]，83頁）を可能にするといえるのかもしれない。

流通およびマーケティングのプロセスで取り交わされる情報は多岐にわたる。冒頭でも述べたように，およそそれは，価格情報，記号情報そして相互交通情報に大別され，各時代において中心を担う情報を変化させてきた。より現代では複雑で捉えるのが難しいとされてきた相互交通情報に比重が移りつつある。このような文脈においてSNSを中心とするソーシャル・メディアを用いたマーケティングの展開を位置づけると，資本主義経済の1つの転換が示されるのと同時に，流通経済の新しい段階との関連性が明らかになる。

4 ソーシャル・メディア時代の相互浸透

中田善啓は，Facebookは伝統的な企業中心の組織デザインとは大きく異なる，マルチサイド・プラットフォーム型企業であるとしている（**図表8−7**：中田［2013］，53頁）。企業側，消費者側が入り乱れて参加し，そこで生み出される「最終商品」が何であるのかさえ未定義とされる。マルチサイド・プラットフォームではコアとなるモジュールから出発し，最終製品・サービスの最終結果や最終利用が先験的に確定していない。したがって，補完的製品・サービス，技術レベルのモジュールのイノベーションが先行し，製品レベルのイノベ

図表8－7▶プラットフォームのタイプ

プラットフォームのタイプ／分類	内部	サプライチェーン	マルチサイド・プラットフォーム
コンテクスト	企業内	サプライチェーン内	マルチ・サイド
参加者	単一	複数	多数の売手，買手
目的	効率化，フレキシビリティ	効率化，フレキシビリティ，マスカスタマイゼーション	間接的ネットワーク効果，イノベーションの促進
デザイン・ルール	モジュールの再利用，安定性	モジュールの再利用，安定性	インターフェイス，イノベーション
最終製品	製造企業による定義	中核企業による定義	多様性，未定義

注：Gawer［2009］, pp.47-48を修正。
出所：中田［2013］, 67頁。

ーションが起きるのである（中田［2013］, 73-74頁）。

　われわれの課題にとって重要なのは，このようなソーシャル・メディアが有している可能性が，マーケティング・プロセスの変化やひいては市場交換の将来的な展望にとって，どのような意味を有しているかという点にある。経済過程とその主体である人間の意識的行為とのあいだの，歴史的に変化してゆく関係が正しく理解されることによって，変貌を遂げつつある現代の市場交換の本質を把握することができる（阿部［1984］, 261頁）。

　第1節で述べておいたように，ソーシャル・メディア，SNSなどといったインターネット技術は，企業社会と生活世界が交わるところで発生する。ここでは，この企業社会と生活世界の相互浸透という視点から，ソーシャル・メディア，とりわけSNSの普及と流通やマーケティング関係の変貌について3点からまとめておくことにしたい。

　第1に，SNSに代表されるソーシャル・メディアの多くは，生活世界の側から生じたということが銘記されるべきである。消費者の欲望が複雑化し分断化してゆくことで，例えばメーカーが消費に関わる情報をひとまとめにして提示することは困難になってゆく。さらにインターネット技術の発展は，製品や価格あるいはブランドについての情報の不均衡がしだいに弱まるという印象を消費者に与えるとともに，みずからが情報交換と蓄積の場を形成することに積極的になる契機を与えることになった。

第2に，インターネット上におけるコミュニケーションとマーケティングの関係をみるときに，濃度が高く閉鎖的なネット・コミュニティからソーシャル・メディアへと中心が移動していることが明らかである。もはやインターネット上での情報交換の主流は，意識が高く情報蓄積を有する絆を重んずる人々によって担われるのではなく，より多数のごく普通の人々によって担われるようになってきている。企業と消費者双方によって求められる情報は消費生活の偶有性にかかわる情報なのであり，エリートによる議論の成果ではないのである。

　そして第3に，ソーシャル・メディアの普及による消費者情報の量的獲得可能性の広がりは，消費者情報処理の質的保証を担保するとの観測をもたらしている。このような展望に根拠を与えているのはテキストマイニングといわれるビッグデータの処理技術の発展である。もっとも，ビッグデータの収集の主体は誰か，その手法はいかなるものかということになると巨大情報企業による覇権の進行を予測することもできる。したがって，インターネット社会の影の部分についての考察が必要とされることになるが，この点については第9章で展開されるのであわせてご覧いただきたい。

　企業社会と消費生活世界が相互浸透する領域で，社会的技術として誕生し発展してきたインターネット技術，なかでも消費者・市民の積極的な関与によって特徴づけられるSNSをはじめとするソーシャル・メディアは，集合知を形成するのに適したメディアであるといえよう。従来であればノイズとして取り扱われたような極めて特殊な需要に関する質的な情報であっても，量的に収集することができれば機械的に処理することが可能になってきているのである。

5　ビジネス利用から流通制度の変革へ

　朝散歩のために玄関を出ながら，まずはFacebookで友人たちの暮らしぶりをチェックして，Twitterでは昨日行われた国会前のデモについてのみんなの反応を観察し，そして夜のうちに入ってきたLINEのメッセージ到着数を確認しながらとりあえず既読にする。晴れ渡る空を見ながらiPhoneで聴く音楽を選び音が聞こえてきたらNow PlayingとTwitterを連動させる。ゆったりと歩

きながら矢継ぎ早に，Facebook，Twitter，LINEにいいねを押したり，コメントしたり，返事を出したりする。そして通りがかった公園で撮った噴水の写真をInstagramにアップする。いつもの散歩を終えるころには私の朝のソーシャル・メディア活動も終了である。

　社会的技術としてのインターネット関連技術は，企業社会と消費生活の交わるところで生じた。ソーシャル・メディアは，ポストモダンの断片化した消費生活との相性の良さを示すと同時に，企業マーケティングに高度化の機会を与えている。J. スロウィッキー（Surowiecki, J.）は，市場は価格を通したローカルな知識の絶え間ない流入を必要としているが，その情報は専門家の住む世界にはない情報なので，専門家からは得られないとしている。またそのあり方は，健全な民主主義においても同様であるという（Surowiecki [2004]，訳書325頁）。

　ビッグデータを用いたマーケティングとして期待されている分野は多岐にわたる。個別企業によって利用されるケースとして，もはや一般的になった感があるPOS情報を用いた品揃え形成や，ターゲットレコメンデーションなどがある。また電力の需給調整最適化システムとして知られるスマートグリッドなども先駆的に成果を上げている地域においては実用の段階に入っている（鈴木[2012]，662頁）。いまのところ，マーケティングや流通分野において，ソーシャル・メディアの情報は，もっぱら個別企業のマーケティング活動で利用されている。今後は，社会的なマーケティングや流通の制度（システム）設計や展望というマクロの動向について，いかにこれらの情報が関係づけられていくかという点にも注目する必要があるのではないだろうか。

● 参考文献

Badillo, Patrick-Yves. & Lesourd, Jean-Baptiste (eds.) [2010] *The Media Industries and Their Markets Quantitative Analyses*, Palgrave Macmillan.
Davenport, Thomas H. & Patil, D.J. [2012] Data Scientist: The Sexiest Job of the 21st Century, Meet the people who can coax treasure out of messy, unstructured data, *Harvard Business Review*, October.
Gershuny, J. I. & Miles, I. D. [1983] *The New Service Economy*, Frances Pinter, London. （阿部真也監訳『現代のサービス経済』ミネルヴァ書房，1987年）
Shonberger V, M. & Cukier K. [2013] *Big Data*, Houghton Mifflin Harcourt.（斎藤栄一郎

訳『ビッグデータの正体——情報の産業革命が世界のすべてを変える』講談社, 2013年)
Surowiecki, J. [2004] *The Wisdom of Crowds*, Anchor. (小髙尚子訳『「みんなの意見」は案外正しい』角川書店, 2009年)
東浩紀［2011］『一般意志2.0』講談社。
阿部真也［1984］『現代流通経済論』有斐閣。
池尾恭一編［2003］『ネット・コミュニティのマーケティング戦略』有斐閣。
石井淳蔵・厚美尚武編［2002］『インターネット社会のマーケティング』有斐閣。
小川進［2013］『ユーザーイノベーション——消費者から始まるものづくりの未来』東洋経済新報社。
木村忠正［2012］『デジタルネイティブの時代』平凡社。
鈴木良介［2012］「ビッグデータビジネスの概要」『オペレーション・リサーチ』12月号。
陳玉霞［2012］「ソーシャルメディアの集合知効果及び企業利用についての一考察」『大阪産業大学経営論集』第13巻第2・3合併号。
トライバルメディアハウス［2012］『ソーシャルメディア白書2012』翔泳社。
中田善啓［2013］『プラットフォーム時代のイノベーション』同文舘出版。
長野伸一，溝口祐美子，稲葉真純［2008］「インターネットから評判情報を抽出する口コミ分析技術——ユビdeコミミハサンダーTM」『東芝レビュー』第63巻第10号。
野村総合研究所［2012］『ビッグデータ革命』アスキーメディアワークス。
藤村滋・豊田正史・喜連川優［2004］「Webからの評判および評価表現抽出に関する一考察」『信学技報』7月。
吉村純一［2004］『マーケティングと生活世界』ミネルヴァ書房。

プラスアルファ・コンサルティング「見える化エンジン」http://www.pa-consul.co.jp/service/engine/
アジャイルメディア・ネットワーク「Brand Chart：企業のソーシャルメディア活用度ランキング（総合ランキング）」http://brandchart.jp/
(Web上の参考文献についてはいずれも2015年9月18日現在のもの)

第9章
商用化が進むソーシャル・メディアの問題点

1 ソーシャル・メディアの浸透と問題点

1.1 ソーシャル・メディアの商用化とライフログ・ビジネス

　インターネットが広く社会に浸透した今日，ウェブ上のコミュニケーション手段はソーシャル・メディアが主流になってきている。ソーシャル・メディアとは，ブログやソーシャル・ネットワーキング・サービス，動画共有サイトなど，利用者が情報を発信し形成していくメディアのことで，利用者同士のつながりを促進するさまざまな仕掛けが用意されており，互いの関係を視覚的に把握できるのが特徴である。代表的なソーシャル・メディアであるFacebookやTwitter，LINEのユーザー数は増加を続け，いまやインターネット・ユーザーの半数以上がソーシャル・メディアを利用している。

　ソーシャル・メディアは，人々の社会関係や社交が強調される「ソーシャル」という名前の一方で，広告媒体やマーケティング・ツールとしてなど，商用利用が進んでいる。ソーシャル・メディア運営企業はユーザーに関するデータを広告主に提供し，その広告料でサービスを成り立たせており，BtoC企業はソーシャル・メディアに公式アカウントを設け，ユーザーと直接交流している。商用化の原資は個人のデータやライフログというインターネットでのユーザーの行動履歴で，ユーザーの嗜好や行動パターンの分析に利用されている。

　ライフログは広く「蓄積された個人の生活の履歴」を意味するが，一般にはデジタル化されたそれを指す。安岡編［2012］の整理に従えば，ライフログは

ログインIDなどのIDコード，氏名や生年月日などの基本属性，ウェブの閲覧履歴・購買履歴などの行動情報，そしてウェブ上での交友関係といった付加情報である。これらの他に，携帯端末やカーナビなどからの位置情報，IC乗車券の乗降履歴なども含まれる。

矢野経済研究所の調査［2011］では，ライフログの市場規模は2015年度には52億円まで拡大すると予測されている（**図表９−１**）。ライフログ取得企業は，主にユーザーの関心や嗜好にマッチした情報を提供するサービス，あるいは統計情報を提供するサービスを行っている。前者は過去の閲覧履歴や購買履歴などに応じた広告を配信する行動ターゲティング広告，また同様の履歴から好みの商品や関連商品を薦めるレコメンドがその代表である。後者はライフログやその他取得情報から統計情報を作成・提供するもので，主にマーケティング・データとして活用されている。

ライフログのうち，ソーシャル・メディアでは特にソーシャル・グラフと呼ばれるウェブ上の交友関係が注目を集めている。今日では情報検索や最新ニュースの取得をソーシャル・メディア経由で行う人々が増えている。身近な人の購買行動や口コミは参考にされやすく，友人間で共有されやすい上に，ソーシャル・メディアには友人・知人が購入した商品や推奨する商品，また閲覧した

図表９−１▶ライフログ市場規模推移と予測

注１：事業者売上高ベース。
注２：2011年度は見込値，2012〜2015年度は予測値。
出所：矢野経済研究所［2011］「ライフログ市場に関する調査結果 2011」
http://www.yano.co.jp/press/pdf/879.pdf（2016年1月8日現在）

ニュースやコンテンツ，それらへの感想などを知らせる（情報を共有できる）機能が備わっているため，ソーシャル・グラフを利用して口コミを誘発するマーケティングに大いに役立てられている。

1.2 ライフログ・ビジネスの源泉—パーソナルデータ

　ライフログやソーシャル・グラフは，いわば個人に関する情報で，本章ではこれをパーソナルデータと呼ぶが，パーソナルデータは21世紀の新しい石油ともいわれ，その徹底的な分析による新たなニーズの発掘や精度の高いマーケティングに期待が寄せられている。

　しかし，ビジネスの源泉たるパーソナルデータは，いつどこで誰にどのように取得され，またどのようにして第三者に提供されているか，ユーザーには知りえない。仮にそれが個人を特定できないデータであったとしても，そのデータの加工方法も利用方法もわからなければ，つまりは自分の情報がどのようなかたちでどの程度まで，誰に知られているのか，全く見えないのである。

　インターネットのあちら側の，さらにアンダーグラウンドでは，パーソナルデータを取引し，精緻なプロファイリング（データ分析による人物像の推理・特定）や人物査定まで行う企業もあるという。城田［2015］では，名簿業者の実態やデータブローカーと呼ばれるアメリカのマーケティング企業が紹介されており，米国の代表的な企業では，米国の消費者ほぼすべてをカバーし，全世界で7億人ものデータを保有しているという。それらの中には個人の収入や財務状況から家族の生年月日，さらには個人の健康状態まで把握しているものもあり，そこでは個人の与信評価や支出力評価などが行われている。

　また，個人情報を入手するためにソーシャル・メディアやスマートフォン上のアプリから個人情報を抜き取る不正アプリが後を絶たない。2014年には，わが国でLINEのアカウント乗っ取りによる被害が相次いだが，ソーシャル・メディア内の友人からの依頼を装ったこの事件は，ソーシャル・グラフ悪用の一例といえるだろう。

　このように，インターネットのあちら側には個人のパーソナルデータが大量に蓄積されており，それらのほとんどはユーザーが見ることも確かめることもできない。そしてそれらは無料で便利なインターネット・サービスと引き換え

に，望むと望まざるにかかわらずユーザーが提供しているものでもある。にもかかわらず，ライフログや行動ターゲティング広告の認知度は低く，総務省情報通信政策研究所の調査［2010］によれば，行動ターゲティング広告について「詳しく知っている」が4.4％，「ある程度知っている」が31.7％，「名前を聞いたことがある程度」が19.3％，そして「知らない」が最も多く44.7％であった。

このように，ソーシャル・メディアは人々のコミュニケーション・ツールであると同時に，消費者情報の宝庫であるため，企業にとってはライフログやソーシャル・グラフの恰好の収集場となる。それがソーシャル・メディアの商用化を加速させている。このことは，消費者を含む市場全体にどのような影響をもたらすのか。とりわけパーソナルデータのビジネス利用には懸念も多い。そこで本章では，消費者情報をめぐる公正な競争の観点から，商用化が進むソーシャル・メディアの問題点を整理することにする。主な問題は次の3点である。(1)個人情報やプライバシーにかかわるパーソナルデータの取り扱いをめぐる法的な問題，(2)その情報の取得をめぐる競争上の問題，そして(3)ユーザー（消費者）の情報環境への規定力の問題である。それぞれについて各節でみていく。

2 パーソナルデータの取り扱いをめぐる法的な問題

2.1 個人情報とライフログ，個人情報保護法

ユーザーの意図しない取得や利用がされるライフログの最たる問題は，プライバシー侵害への懸念である。ライフログは個人情報にあたらないのか，保護の対象にならないのかという問題である。

まず，個人情報とプライバシーの概念について整理しておくと，個人情報とは，個人情報保護法2条1項によると，「生存する個人に関する情報であって，当該情報に含まれる氏名，生年月日その他の記述等により特定の個人を識別することができるもの（他の情報と容易に照合することができ，それにより特定の個人を識別することができることとなるものを含む。）」である。いわゆる個人識別性のある情報である。これらがデータベースになると「個人データ」，

図表9－2 ▶ 個人情報とプライバシーの権利

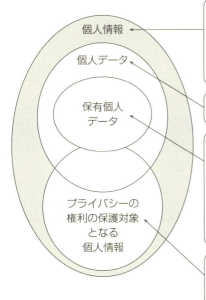

個人情報 ← 「生存する個人に関する情報であって，当該情報に含まれる氏名，生年月日その他の記述等により特定の個人を識別することができるもの（他の情報と容易に照合することができ，それにより個人を識別することができることとなるものを含む。）」（2条1項）

個人データ ← 「個人情報データベース等を構成する個人情報」（2条4項）

保有個人データ ← 「個人情報取扱事業者が，開示，内容の訂正，追加又は削除，利用の停止，消去及び第三者への提供の停止を行うことのできる権限を有する個人データであって，その存否が明らかになることにより公益その他の利益が害されるものとして政令で定めるもの又は一年以内の政令で定める期間以内に消去することとなるもの以外のもの」（2条5項）

プライバシーの権利の保護対象となる個人情報 ← 「他人にみだりに知られたくない情報（として保護されるべき期待を有するもの）」（早稲田大学江沢民主席講演会事件の最高裁平成15年9月12日判決）

出所：岡村［2010］，70頁の図表Ⅲ－3をもとに筆者作成。

6カ月を超えてそれを継続利用する場合は「保有個人データ」と呼ばれる（**図表9－2**）。

プライバシーの概念については，わが国では規定する法律はないが，最近の最高裁判決では，「他人にみだりに知られたくない情報（として保護されるべき期待を有するもの）」かどうかが基準となっている。近年では，人々のプライバシーに対する意識の高まりから，個人情報の中でもプライバシー性を感じるものが増えているのが特徴である。

また，個人情報データベース等を事業の用に供している民間事業者（以下，個人情報取扱事業者）は，個人情報保護法に定められた義務を負う（**図表9－3**）。代表的なものでは，個人情報取扱事業者は個人情報の利用目的をできる限り特定する義務を負い（15条），その目的以外の利用を禁止されている（16条）。そして利用目的は取得前に公表しておくか，取得後すみやかに本人に通

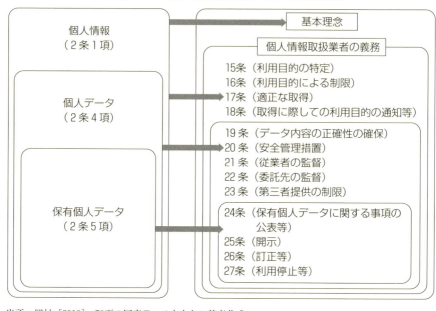

図表9－3 ▶個人情報保護法における保護対象

出所：岡村［2010］，70頁の図表Ⅲ－4をもとに筆者作成。

知または公表する必要がある（18条）。また原則として本人の同意を得ずに個人データを第三者に提供することは禁止されており（23条），捜査機関が令状に基づき開示を求める場合や，第三者提供についての事項を事前に本人が知りうる状態に置き，かつ本人から求められれば第三者への情報提供を停止する場合（これを「オプトアウト」という）には，同意なしに第三者提供ができる（23条1項1号～4号）。

ライフログの代表的なものは，ウェブの閲覧履歴や行動履歴，また位置情報などで，個人情報そのものではないことが大半である。総務省［2010］の「利用者視点を踏まえたICTサービスに係る諸問題に関する研究会　第二次提言」でも，ウェブ上の行動履歴や位置情報，クッキー技術を用いて生成された識別情報や携帯端末の識別に必要な契約者固有IDなどは，「特段の事情がない限り，これらの情報自体は個人識別性を具備しない」（40頁）としている。

しかし，こうした情報を保有する企業が個人識別性のある情報を取得してい

る場合や，他の情報との照合可能性やデータの蓄積による推知の可能性があれば，個人情報にあたる。象徴的な事例として，2013年にJR東日本がSuicaの乗降データを販売した際には，個人を特定する情報が含まれていなかったにもかかわらず，第三者利用への不安や事前説明の不備などから，Suica利用者から多くの苦情や批判が相次ぎ，データ販売を取りやめる事態となった。

このように，ライフログそのものは個人情報ではないことが大半であるが，個人情報に極めて近いグレーな存在であるため，取り扱い次第ではプライバシーに敏感なユーザーや社会からの批判を受けやすい。2015年の個人情報保護法の改正は，このグレーゾーンを明確にすることを目的の1つに実施された。

2.2 個人情報保護法の改正とパーソナルデータのゆくえ

ライフログをはじめとして，ウェブ上のすべてのデータや機器類のセンサーデータなど，ICTの進展により生成・収集・蓄積等が容易になった多種多量のデータは，ビッグデータと呼ばれ，今後の活用に関心が高まっている。ビッグデータの利用によって新たな知見や価値が発見され，社会生活への貢献や経済の活性化につながると期待されているからである。

しかし，個人情報保護やプライバシーへの懸念から，データの利用がためらわれる面もある。そのような状況を鑑み，政府はビッグデータの利用推進のため，個人情報の規定を見直すべく2015年9月に個人情報保護法を改正した。改正のポイントは種々あるが，本章の関心に絞りみていくことにする（**図表9－4**）。

焦点となっていた個人情報のグレーゾーンの明確化については，個人識別性のある「個人識別符号」と，人種や信条，病歴等のいわゆる機微情報である「要配慮個人情報」（2条3項）を新たに加えた。個人識別符号とは，例えば顔認識データや指紋データなど特定の個人の身体的特徴を変換したもの（2条1項）と，免許証番号や保険証番号，会員カード番号やユーザーIDのように，サービスや商品の受益者・購入者ごとに割り当てられる符号（2条2項）である。そして特定の個人を識別することができないように個人情報を加工した「匿名加工情報」を新設し（2条9項），この取り扱いに関する義務を果たしていれば本人の同意を得ずに第三者提供ができることとした（36条～39条）。

また，ビッグデータ利用推進のため，利用目的の制限の緩和を行った。従来

図表9-4 ▶個人情報保護法の改正のポイント

個人情報の定義の明確化	・個人情報の定義の明確化（身体的特徴等が該当） ・要配慮個人情報（いわゆる機微情報）に関する規定の整備
適切な規律の下で個人情報等の有用性を確保	・匿名加工情報に関する加工方法や取扱い等の規定の整備 ・個人情報保護指針の作成や届出，公表等の規定の整備
個人情報の保護を強化	・トレーサビリティの確保（第三者提供に係る確認及び記録の作成義務） ・不正な利益を図る目的による個人情報データベース等提供罪の新設
個人情報保護委員会の新設及びその権限	・個人情報保護委員会を新設し，現行の主務大臣の権限を一元化
個人情報の取扱いのグローバル化	・国境を越えた適用と外国執行当局への情報提供に関する規定の整備 ・外国にある第三者への個人データの提供に関する規定の整備
その他改正事項	・本人同意を得ない第三者提供(オプトアウト規定)の届出，公表等厳格化 ・利用目的の変更を可能とする規定の整備 ・取り扱う個人情報が5,000人以下の小規模取扱事業者への対応

出所：内閣官房情報通信技術（IT）総合戦略室［2015］「個人情報の保護に関する法律及び行政手続における特定の個人を識別するための番号の利用等に関する法律の一部を改正する法律案（概要）」。

は個人情報の取り扱いにあたり利用目的を特定する義務を負い（15条），その目的の達成に必要な範囲を超えて個人情報を取り扱ってはならなかった（16条）が，この制限を緩和した。これはビッグデータ分析が当初想定していなかったデータの利用によって新たな知見や法則を導出することから，利用目的に制限を持たせずにその自由度を高めるためである。

他方で，改正個人情報保護法には規制強化の面もみられる。個人情報保護委員会という第三者機関の新設（50条〜65条）や，個人情報流出時のトレーサビリティの確保（25条，26条），そしてデータ等を不正に提供・盗用した場合の罰則の新設（83条）などである。

改正個人情報保護法に向けての検討会では，今回の改正で個人情報に含まれなかったパーソナルデータも引き続きプライバシーの観点から取り扱いに注意を要することや，オプトアウトのあり方の是非，また特に利用目的の制限の緩和がユーザーの意向やOECDガイドラインの「利用制限の原則」（個人データは本人の同意がある場合または法律で認められる場合を除き，明確化された目的外で使用されてはならないという原則）に反することなどが指摘された[1]。

他にも，技術的な懸念としてビッグデータの性質がある。ビッグデータの価値については多くの著書で紹介されているが，代表的な論者ショーンベルガーとクキエ（Mayer-Schönberger, V. & Cukier）［2013］によれば，ビッグデータ分析では，その情報量ゆえに個人が特定できてしまうという。個人情報保護法改正の検討会委員であった弁護士の森［2014a］も，改正個人情報保護法の匿名加工情報は，個人を特定できないものの，同一人物であることを突き止めることは可能だという。

パーソナルデータに関する法規制はEUを中心に強化が進み，また産業界でも例えば一般社団法人インターネット広告協議会（JIAA）が2009年に制定した「行動ターゲティング広告ガイドライン」など自主規制の動きがあるが，現実問題として闇の名簿業者やデータブローカー，不正アプリなどが存在する限り，どれほど法整備がなされ，企業が適正にデータを取り扱おうとも，情報漏えいや不適切な利用に対するユーザーの不安が消えることはないであろう。

3 消費者情報の取得をめぐる競争上の問題

3.1 台頭するライフログ保有企業

ライフログやソーシャル・グラフが消費者行動分析やマーケティングに利用されるのに伴い，ソーシャル・メディアや検索サービス，広告配信などでそれらを取得できる企業の存在感が増してきた。こうした企業の業績は年々上がっており，特にライフログとソーシャル・グラフの両方を取得できるソーシャル・メディア運営企業の成長は著しい。

今日では多くのBtoC企業がライフログ，なかでも特にソーシャル・グラフ

取得企業のプラットフォームでマーケティングを展開するようになってきた。ソーシャル・メディアでの企業アカウントの作成や広告・クーポン配信の他に，自社サイトにソーシャル・メディアを連動させるソーシャル・ログイン機能の利用がある。この機能は，企業サイトの会員登録やログインにソーシャル・メディアのアカウントが利用できるもので，ユーザーは改めて会員情報を入力せずに済む。これによって企業はユーザーのソーシャル・メディアでのデータを入手することができ，自社単独では入手困難なソーシャル・グラフや詳細なパーソナルデータを活用することができる。

　そして近年では，ライフログの取得を目的とした企業間の連携が進んでいる。例えば，直接的にはソーシャル・メディア関連の事例ではないが，カルチュア・コンビニエンス・クラブ（以下，CCC）とサイバーエージェントが消費者ニーズの分析事業で提携した[2]。CCCは約5,500万人の会員（2015年8月末時点）と約29万6,000店舗の提携店（2014年11月末時点）を持つ「Tポイントカード」を有し，他方サイバーエージェントはAmeba（アメーバブログ）関連事業とインターネット広告代理店事業を主とする企業である。両社の子会社，CCCマーケティングとインターネット広告のマイクロアドを通じ提携した。マイクロアドは約6,500万人分の閲覧履歴データを保有しており，これとCCCの購買履歴を掛け合わせ，消費者の潜在的な需要や買い物の志向をより高い精度で推測する。マイクロアドは，将来は食品メーカーやコンビニエンスストア向けの情報分析受託事業も視野に入れるという。

　この事例は直接的にはソーシャル・メディア関連のものではないが，サイバーエージェントがユーザー数4,000万人超のアメーバブログを有するソーシャル・メディア運営企業であることは注目に値する。他にも，同様の企業連携はとりわけインターネット広告をめぐる広告業界で激化しており，従来の総合広告会社，広告営業会社（2次代理店），マーケティング会社との間で，インターネット広告のための業務提携や，子会社・新会社の設立が相次いでいる[3]。

　既存の大手小売業も，例えばセブン＆アイ・ホールディングスのオムニチャネル戦略のように，実店舗とインターネット販売との連携や強化策を打ち出したり，大手家電小売業などがスマートフォン・アプリを導入し，消費者が店舗に近づくとクーポンを配信するサービスを始めたりしている。大手メーカーも，

例えばキリンビールがアスクルの通販サイトで商品を販売するなど，インターネット上でチャネルを増やす動きが加速している。いずれも売上増とともに，パーソナルデータやウェブ上の行動履歴，また位置情報などのライフログを取得する狙いがあるとみられる。

このように，業種を超えてライフログやソーシャル・グラフといった新たな消費者情報の取得競争が始まっている。その実績において優位な立場にあるインターネット・サービス関連企業（検索サービスやソーシャル・メディアの運営企業，ウェブ・ショッピング企業や広告配信企業など）の影響力については，今後，注視していかなければならない。情報という資源を武器に，こうした企業群が業種や国境までをも越えて，競争上優位に立つようになってきたからである。これら新興勢力に対しては，「経済概念としての市場競争論や，独占論，あるいは寡占論での諸概念で分析・検討を加える必要があり，グローバルな競争的寡占論という枠組みで，その効率や公正を論じるべき」［阿部・宮崎［2012］，184頁）である。

3.2 専門人材の不足

新たな情報の取得をめぐっては，内部的な問題として人材不足があげられる。これまで取り扱ってきたことがないような質量のデータ，すなわちビッグデータを有効に活用できる専門家や技術者の不足である。例えば『平成26年版　情報通信白書』において，比較的大量の消費者のデータを持っているとされる流通業においても，ビッグデータ利用についての課題を「どのように利用してよいかわからない」（課題と感じる29.2％，最も課題と感じる19.4％），「分析・利用する体制が社内にない」（同上30.6％，同上16.8％）と答えている（**図表9－5**）。日本経済新聞［2014.12.11］の同様の経営者調査でも，93％の企業がビッグデータの活用にあたり課題を人材不足と答え，社内にいるデータ分析の専門家の人数は「10人以下」が42％，「11～30人」が30％であった。

ここで求められる人材はデータサイエンティストと呼ばれる新しい職種で，企業内外を取り巻く大量のデータを分析し，そこからビジネス的価値を生み出す役割を担う専門職種である。経営や事業開発等に関するビジネスノウハウ，数理統計等分析技術に関する深い見識，基盤やプログラミング等のICTスキル

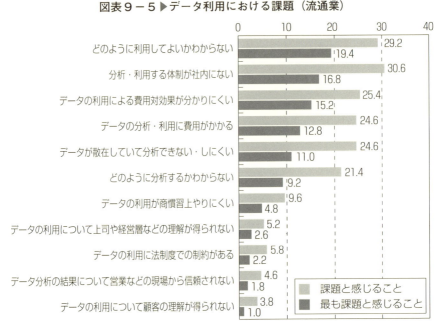

図表9−5 ▶データ利用における課題（流通業）

出所：『平成26年版　情報通信白書』127頁，図表 3−1−3−24。

といった幅広い知識が必要とされる。野村総合研究所の調査［2013］によると，日本企業で社内にデータサイエンティストがいる企業は8％程度にとどまっており，こうした人材は一朝一夕で育成できるものではないため，その確保が喫緊の課題となっている。上述の3.1項とあわせ，ヒトや情報という経営資源の確保の成否が，競争上の優位性を左右する可能性がますます高まってきている。

3.3 データ至上主義と狭まる選択の余地

そしてやや広い視点からではあるが，企業がライフログをはじめとするビッグデータを活用する社会の未来像について，懸念される現象を記しておく。

まず，ビッグデータ時代には，データの分析によってこれまでわからなかったことが解明されたり，新たな法則が発見されたりするため，既存の理論や予測が無意味なものになってしまうおそれがある。それはすなわち人間の思考を

必要としないということでもある。ビッグデータが活用される社会では，「データの量が量ゆえに，意思決定が人間ではなく機械に任されても不思議ではない」（ショーンベルガーとクキエ［2013］，邦訳31頁）。また，そうした社会では，数字崇拝やデータ至上主義をもたらす。例えば問題解決にあたり，データや数字だけに頼り分析結果を鵜呑みにしたり，その利用方法を誤ったりと，人間の側の思考を停止させるおそれもある。こうした技術的な変化を前に，企業は経営やその思考のあり方そのものを問い直されることになる。

またユーザーの側に目を移すと，ライフログによって嗜好を割り出され行動を予測されるということは，消費者としての選択の自由が揺らぎかねないことを意味する。行動ターゲティング広告やレコメンドは便利で気の利いたサービスではあるが，捉えようによってはビッグデータ分析によってあるべき未来が予測され，それに従った選択肢を与えられているに過ぎないともいえる。この点は次節とも関わるが，自分にとって都合のいい情報やサービスで埋め尽くされたウェブ空間が果たして本当に有益かという問題が残る。

4 ユーザーの情報環境への規定力の問題

4.1 フィルタリングとカスタマイズの功罪

ライフログによってユーザーの嗜好を分析し，その嗜好に合った情報をふるい落とす仕掛けを一般にフィルタリングという。そしてフィルタリングを通じてユーザーの嗜好にあったコンテンツを提供することをカスタマイズあるいはパーソナライズと呼ぶ。フィルタリングとカスタマイズは，ユーザーにとっては非常に便利な機能で，企業側にとってもクリックや購買などの反応を得やすい，互いに望ましい仕組みである。

しかし，サンスティーン（Cass R. Sunstein）［2003］やパリサー（E. Pariser）［2012］は，これらの弊害について警鐘を鳴らしている。サンスティーンは，フィルタリングやカスタマイズが，同じような考えや嗜好の人々とだけ交流し，自分たちの殻に閉じこもって他の立場や意見と対立したり攻撃したりする「集団分極化」を生み，これが進むといずれは民主主義的な討議が成り立た

なくなるおそれがあると述べている[4]。

またパリサーは，フィルタリングされパーソナライズが極められた情報空間を「フィルターバブル」と呼び，その問題を指摘する[5]。1つ目に，人々を自分だけの世界に孤立させること，2つ目に，フィルターバブルが見えないこと（ユーザーに自覚できず，その仕掛けやプロセスが分からないこと），そして3つ目に，ユーザーが選んでそこに入っているわけではないこと（インターネットを利用する限り不可避であること）である。さらにパリサーは，パーソナライゼーションがユーザーにもたらす弊害として，新たな洞察や学びに遭遇する機会（見たくないものを目にする機会や市民として知るべきことを知る機会）を失うことと，自分の意思や選択がフィルタリングやパーソナライズを仕掛ける企業に渡ることをあげている[6]。

今日では，情報や選択肢が増えすぎ，意思決定がかえって困難になってしまったために，フィルタリングやカスタマイズが「自分が見たいもの」という眼鏡として役立ち，また身近な人々の言動を頼りに行動するという準拠性がソーシャル・メディアによってウェブ上で実現されている。しかし，もし日々の意思決定がウェブ上の情報にかなりの比重をおいてなされ，そのことに人々が無自覚でい続けるならば，パリサーが指摘するように，それは自分の意思ではなくインターネットのあちら側から用意されたものを選択しているにすぎないのかもしれない。人々がインターネットのあちら側に思考をゆだね，もたらされる帰結は，必ずしも望ましいものとはいえないだろう。

4.2 ユーザーの意識と情報のコントロール

インターネットは，一方で民主主義的な利用とその社会の実現，他方で監視社会や支配の強化という両極の性質をあわせ持っている。インターネットが広く浸透し，ソーシャル・メディアでのコミュニケーションが拡大した今日にみるその姿と懸念は，世界的なライフログ取得企業が作り出すパーソナライゼーションの情報空間と，その源泉であるパーソナルデータの貪欲なまでの収集と利用である。これまでの整理のとおり，そのことについての問題は多々あるが，根源的な問題は，その本来の所有者であるユーザーが制度的にも意識的にも自らのデータに関われていないことである。

しかしながら，ユーザー自身にそのコントロール権を取り戻そうとする取り組みは，少しずつではあるが始まっている[7]。企業の側からは，行動ターゲティング広告やレコメンドをユーザーがオプトアウトまたはコントロールできるようにしたり，ユーザーのパーソナルデータのダウンロードを可能にしたりする動きが出てきている。わが国でも，個人情報保護法の改正に伴い業界内の自主規制やガイドラインづくりが進むと期待されており，個人情報やプライバシーの保護に積極的な姿勢を示すことで企業の社会的責任に資するという考えも出てきている。また国家レベルでは，イギリスやアメリカにおいて消費者の権限を強化する政策の中で，消費者が自身の情報にアクセスでき，コントロールできる仕組みづくりが始まっている。

　そして最後に，ユーザー（消費者）が現在見ているウェブ上の空間が自身の行動によってつくり出された世界であるとしたら，その世界をつくり変える可能性もまたユーザーに残されているといえないだろうか。企業側のデータの取り扱いを注視しながらインターネットと向き合うこと，ソーシャル・メディアが持つ負の側面を理解しながら利用すること，そして何より自身の情報についてのコントロールを望んでいること，そうした意識と行動をインターネットのあちら側に反映させることは不可能ではないはずである。ユーザー自身による情報のコントロール権の掌握は，国家や企業による制度的な取り組みに期待しながらも，ユーザー自身も積極的に関わっていかなければ成しえない。インターネットに期待される民主主義的な理想は，あるいはインターネットを介した消費者にとっても望ましい市場の実現は，そうした不断の意識的な関与と，集合体としてのその発言力によって実現されるからである[8]。

●注

1　首相官邸政策会議「第13回　パーソナルデータに関する検討会　議事次第」にて各委員の意見書が閲覧できる。
　　https://www.kantei.go.jp/jp/singi/it2/pd/dai13/gijisidai.html（2016年1月8日現在）
2　日本経済新聞社［2014.12.3］の記事より。
3　藤竹［2012］第1部Ⅵ広告226-229頁に簡潔にまとめられている。
4　サンスティーン［2003］，80頁。
5　パリサー［2012］，19-20頁。
6　パリサー［2012］，24-28頁。

7 城田[2015]第5章に詳しい。
8 ソーシャル・メディア時代の消費者の情報化の意義について,伊藤[2016]をあわせて参照いただきたい。

◉参考文献

Eli Pariser [2011] *The Filter Bubble: What the Internet Is Hiding from You*, Penguin Press.(井口耕二訳『閉じこもるインターネット』早川書房,2012年)

Mayer-Schönberger, V. & Cukier, K. [2013] *Big Data : A Revolution That Will Transform How We Live, Work and Think*, John Murray.(斎藤栄一郎訳『ビッグデータの正体』講談社,2013年)

Sunstein, Cass R. [2002] *Republic.com*. Princeton Univ Pr.(石川幸憲訳『インターネットは民主主義の敵か』毎日新聞社,2003年)

阿部真也・宮﨑哲也[2012]『クラウド&ソーシャルネット時代の流通情報革命』秀和システム。

伊藤祥子[2016]「ソーシャル・メディアと消費者の情報化の意義」『福岡大学商学論叢』第60巻第3号,381-405頁。

岡村久道[2010]『個人情報保護法の知識(第2版)』日本経済新聞出版社。

城田真琴[2015]『パーソナルデータの衝撃』ダイヤモンド社。

第二東京弁護士会編[2012]『ソーシャルメディア時代の個人情報保護Q&A』日本評論社。

日経コンピュータ・大豆生田崇志(著)・浅川直輝(著)[2015]『プライバシー大論争 あなたのデータ,「お金」に換えてもいいですか?』日経BP社。

日本弁護士連合会編著[2012]『デジタル社会のプライバシー』航思社。

藤竹暁[2012]『図説 日本のメディア』NHK出版。

森亮二[2014a]「パーソナルデータの匿名化をめぐる議論(技術検討ワーキンググループ報告書)」『ジュリスト』#1464。

森亮二[2014b]「日本の個人情報保護法改正の状況」『情報処理』Vol.55, No.12。

安岡寛道(編)・曽根原登・宍戸常寿(著)[2012]『ビッグデータ時代のライフログ』東洋経済新報社。

山田順[2012]『本当は怖いソーシャルメディア』小学館。

総務省[2010]「利用者視点を踏まえたICTサービスに係る諸問題に関する研究会第二次提言」http://www.soumu.go.jp/main_content/000067551.pdf

総務省情報通信政策研究所[2010]「行動ターゲティング広告の経済効果と利用者保護に関する調査研究 報告書」http://www.soumu.go.jp/iicp/chousakenkyu/data/research/survey/telecom/2009/2009-I-16.pdf

野村総合研究所[2013]「『データ分析のビジネス活用』をテーマとする2018年度までのITロードマップ ～日本型データサイエンティストの登場を契機に活用が進展～」http://www.nri.com/ja-JP/jp/news/2013/131122.aspx

(Web上の参考文献についてはいずれも2016年1月8日現在のもの)

第 III 部
インターネットとマーケティング・ネットワーク

第10章 インターネット時代におけるマーケティングと消費の変化

1 マーケティング3.0

　インターネットはマーケティングと消費の関係をどう変えたのか。この問題を考察するにあたって手がかりになると思われるのは，近代マーケティングの父，コトラー（Kotler, P.）らが論じる「マーケティング3.0」である（Kotler et al.［2010］）。それによれば，マーケティングは，過去60年の間に，製品中心のマーケティング1.0から，消費者志向のマーケティング2.0に移行してきた。製品の販売を目的としたマーケティングから，消費者を満足させ，つなぎとめることを目的としたマーケティングへの進化である。そして，現在，環境の新たな変化に対応して，マーケティングは価値主導のマーケティング3.0へと再び変化しているという。それは，「選択する製品やサービスに，機能的・感情的充足だけでなく精神の充足をも求めている……消費者を満足させることをめざす」マーケティングである（Kotler et al.［2010］, p.4（邦訳18頁））。

　このマーケティング3.0を誕生させる環境の変化としてコトラーらが特に注目しているのが，安価なコンピュータや携帯電話，低コストのインターネット，オープンソースという3つの大きな要素で構成されているニューウェーブの技術の登場である。より具体的には，ブログやツイッター，フェイスブックなどのソーシャルメディアの台頭がそれに当たる。そして，個人が自己を表現することや他の人々と協働することを可能にする「ニューウェーブの技術は人びとがコンシューマー（消費者）からプロシューマー（生産消費者）に変わることを可能にする」という（Kotler et al.［2010］, p.7（邦訳20-21頁））。つまり，

インターネット時代に至って誕生するマーケティング3.0において,「消費者は自分の意見や経験によって他の消費者に影響を与えることがますます簡単にできるようにな」(Kotler et al. [2010], p.8 (邦訳24頁)) り, さらには,「消費者が製品やサービスの共創を通じて価値創造に中心的な役割を果たす」(Kotler et al. [2010], p.10 (邦訳26頁)) ようになるから, マーケティングと消費の関係は,「企業の製品開発やコミュニケーションに消費者を参加させる方向に移行している」(Kotler et al. [2010], p.11 (邦訳28頁)) と論じられる。

こうした議論は, マーケティング論の分野に限られた議論ではない。例えば, 企業戦略論の第一人者, プラハラード (Prahalad, C. K.) らも, インターネットによって消費者は, もう孤立した個々人ではなく互いにつながっており, 決定を下すにあたってもう無知ではなく情報を持っていて, 企業に対してもう受け身の存在ではなく積極的に有益なフィードバックを提供していると論じている (Prahalad & Ramaswamy [2004])。

だが, このような関係の移行は可能であろうか。つまり, インターネットが導くマーケティングと消費の関係の未来は, まさにプラハラードらの著作のタイトルのとおり,「価値共創」の未来であるということになるのだろうか。本章の目的は, この価値共創の概念について検討しながら, インターネット時代におけるマーケティングと消費の関係の変化を明らかにすることである。

2 関係性パラダイム

2.1 マーケティング・パラダイムの進展

マーケティング3.0と同様, インターネットが導く価値共創を鍵概念にマーケティングと消費の関係の変化を論じた議論がある。関係性パラダイムと総称される一連の議論である。日本におけるその代表的な論者である嶋口充輝は, 1990年代中頃においてすでに,「現代マーケティングの動きを観察してみると, まさに関係性マーケティングが今日の中心的パラダイムである」(嶋口 [1997], 105-106頁) と述べ, そのような消費者との「関係性強化の要請を可能ならしめた最大の要因は, コンピュータを中心とする情報処理技術の発達である」

（嶋口［1997］，112頁）と論じている。

　それによれば，これまでのマーケティング・パラダイムは主として3つの大きな流れとして把握することができる。その第1は，エナクトメント・パラダイムである。この取引様式は，企業が自らの信ずる価値提供物を消費者に一方的に推奨・説得していく方法であり，消費者が企業に比べて不十分な情報しか持たない場合に有効なパラダイムである。しかし，消費者が情報を持つようになり，企業の信ずる価値物が消費者にとっても十分価値のあるものであるかどうかが厳しく見極められるようになってくると，継続的な取引のための認識枠組みとしてリアリティを失い，これに取って代わる新しいパラダイムが登場することになる。

　それが，第2のフィットネス・パラダイムである。この取引様式は，企業が消費者の価値を調査や分析によって探索・発見し，明らかにされた価値をマーケット・インという形で事業コンセプトに置き換え，それをマーケティング・ミックスとして価値の政策セットに仕立ててプロダクト・アウトしていくというプロセスをとる。このパラダイムの下では，消費者の価値確認から出発して消費者の価値実現で終わるという消費者中心の適合プロセスが踏まれるから，企業にとって取引の継続性が期待されることになる。しかし，消費者自身ですら自らのニーズがわからなくなっている豊かな時代になってくると，消費者が求める価値を企業が捉えることは難しくなり，このパラダイムもまた新しいパラダイムに取って代わられることになる。

　こうして誕生したのが，第3のインタラクション・パラダイムである。このパラダイムの下では，価値を提供しようとする企業とニーズの読めなくなった消費者とが，「一過性の取引者としてより，長期的な取り組み者同士として一体化し，強い信頼関係で結ばれながらパートナーとして新しい価値を継続的に共創していこうとする」（嶋口［1997］，158頁）。嶋口によれば，「インタラクションを低コストで円滑に行い得る近年の情報インフラストラクチャの発達によって，公正な信頼関係のもとでの共創価値づくりは，現代の取引の基本認識としてもっとも妥当性の高いパラダイムになりつつある」（嶋口［1997］，158-159頁）。

　このようなインタラクション・パラダイムとマーケティング3.0の議論の間

に親和性があることは明らかである。いずれにおいても，情報処理技術の発達を基軸に，企業中心の段階から消費者中心の段階を経て，企業と消費者との価値共創の段階に至ることが論じられている。

2.2 インタラクティブ・マーケティング

　では，そこにおいてマーケティングと消費は，より具体的に，いかなる関係にあるのだろうか。マーケティング3.0あるいはインタラクション・パラダイムの下でのマーケティングを，嶋口はインタラクティブ・マーケティングと呼び，その性格について考察している。そして，そのパラダイムの下では，企業と消費者が平等なパートナーとみなされ，それゆえ企業サイドからのマーケティングのみならず消費者サイドからのマーケティングも行われていて，「まさに2つの主体からのマーケティングのぶつかり合いが新しい偶発的価値という問題解決をつくり出していく」と論じている（嶋口［1997］，159頁）。

　企業サイドからのマーケティングとは，先のフィットネス・パラダイムに基づくマーケティングである。そこではまず，企業が市場調査を通じて消費者の潜在的なニーズを探索・検討し，そのニーズをマーケット・インとして自らの側に引き込み，それをベースに自社の経営資源などと調整しながら仮説的なコンセプトを設定して，その仮説的なコンセプトを中心にマーケティング・ミックス政策を策定する。そして，その政策をプロダクト・アウトの形で消費者に向けて投げかけ，実行していく。

　一方，消費者サイドからのマーケティングとは，コトラーとレヴィ（Levy, S. J.）が主張した「購買もまたマーケティングである」という考え方に基づいている（Kotler & Levy［1973］）。そこでは，消費者が複数の企業の技術や政策や思想を調査・探索・検討しながら購買する商品を絞り込み，その候補案を自らの思いや目的などと調整して最終的なニーズの内容と水準を明示化し，それを企業に向けてマーケット・アウトという形で投げかける。そして，このマーケット・アウトに対する企業側の反応を見極めながら最適な商品をプロダクト・インという形で購入する。

　これら2つのマーケティングが「交錯・交流し，その相互作用によって新しい双方満足の問題解決をつくっていく」のがインタラクティブ・マーケティン

グであるということになる（嶋口［1997］，167頁）。ただし，その展開と形態は，消費者サイドからのマーケティングの重要性が今まで以上に考慮されながらも，「なお価値物の最終的なつくり手ないし供給者である売り手企業が相変わらず主体とな」ることが指摘されている（嶋口［1997］，167頁）。その理由の第1は，「すべてのメーカーを含むほとんどの企業は，基本的に，売り手としていかに市場に関わる問題解決をしていくかに関心があること。第2は，買い手マーケティングの思想は，売り手マーケティングのなかにかなり包括して構想し得ること」に求められている（嶋口［1997］，167頁）。

以上の議論から，インタラクティブ・マーケティングとは，将来市場の確実な予測が困難になるなかで，「顧客を新しい価値創造や問題解決のパートナーとして捉え，顧客との相互交流作用によって双方の発展をはかっていく」ことであるということができる（嶋口［1997］，168頁）。したがって，そこでは「誘発される偶然」という概念が重視されることになる。環境不透明な今日では，あるシナリオや仮説の下に企業が明確な思いや意図を持って市場にマーケティング政策を投げかけても，実行前には予測もつかなかった新しい偶発的な反応が生まれてくる。このとき，企業はその意図せざるニーズを無視せず，誘発される偶然として引き込み，次のステップへと結びつけていかなければならない。企業と消費者との相互作用による価値共創を鍵概念とするインタラクティブ・マーケティングにはその可能性が内包されているのであり，「このインタラクティブ・マーケティング・スタイルが市場における成功の鍵であること」が指摘されている（嶋口［1997］，170頁）。

3　インターネット時代の情報格差

3.1　関係性パラダイム批判

以上が，関係性パラダイムとそこでのマーケティングと消費の関係についての議論の骨子である。インタラクティブ・マーケティングの他にも，ワン・トゥ・ワン・マーケティングやマキシマーケティング，コミュニ・マーケティングや協働型マーケティングなど，名称と強調の置き方に違いはあるものの，発

達する情報処理技術を基軸に企業と消費者が相互作用を行い，価値を共創することが，今日のような市場環境が不透明ななかでは極めて重要であるという議論が多数展開されている（Peppers & Rogers [1993]，Rapp & Collins [1996]，和田 [1998]，上原 [1999]）。また，単純なマーケット・インが行き詰まりを示し始めるなか，実務的には一応納得的であるということもあり，関係性パラダイムは今日のマーケティング研究において支配的なパラダイムの地位を占めているということができる。

　しかしながら，あるいはそれゆえに，関係性パラダイムには多くの批判も寄せられている。例えば，佐久間英俊は，インターネットの利用によって企業と消費者との間に存在してきた情報格差が縮小したといっても，製品の素材や製法，コストといった企業が極秘として秘匿している情報にまで消費者がアクセスできるようになったわけではなく，企業と消費者との「協働」，「協創」といった「活動は，両者が協力して何かを生み出したり，創り出したりしているというよりも，企業の裁量の範囲内で消費者が企業の行うビジネス活動に協力させられている，つまり企業側が消費者の能力を活用しているとみた方がリアルではなかろうか」と論じている（佐久間 [2005]，73頁）。また，江上哲は，競争的使用価値概念をベースに関係性マーケティングの実現困難性を指摘している（江上 [2012]）。

　競争的使用価値概念を提唱した石原武政が論じるように，競争関係にある諸企業にとって必要なのは自らの商品に対する特殊的・排他的欲望であり，それを創出して安定した価値実現を可能とするために，製品差別化を基軸としたマーケティング諸活動を展開する。その結果，消費者には多数の商品が提供されることになるが，消費者はすべての商品を購入することはなく，特定の商品が選択される。つまり，「製品差別化によって与えられた製品の物的属性は，それが対応すべき人間の欲望が創出されることによってはじめて使用価値となる」（石原 [1982]，59頁）。こうした使用価値，すなわち，価値実現競争のなかから生まれ，自らそれを体現するところの使用価値が，石原の提唱する競争的使用価値概念である。

　この概念は，使用価値が価値実現競争に規定されていることを論じており，価値実現競争によって使用価値の内容が豊富化し，人間の欲望が解放されてい

くことを含意している。だがしかし，そのことは，「人間の欲望の発展がいまや寡占企業間の価値実現競争によって決定的に方向づけられることをも意味している」（石原［1982］，61頁）。

　江上が注目するのは，競争的使用価値概念のこの側面である。それが意味するのは，市場調査を通じて消費者のニーズがたとえ明確になったとしても，あるいは優れた技術力をたとえ持っていたとしても，企業によって「それが商品化されるのは，『資本の論理』（金儲けの論理）による競争を媒介にして初めて実現されるということである」（江上［2012］，214頁）。マーケット・インとして自らの側に引き込んでいる現在のニーズで，あるいは現在の技術力で十分に競争に対応できる間は，新たなニーズや技術に裏打ちされた商品を市場に投入する必要はない。他社の動向をみて，どのタイミングで投入すればより多くの利潤を獲得できるのかを勘案して商品化が行われるのである。「その意味でも『競争的使用価値』は，さまざまな屈折を経ながらその内容が決まってゆく。その観点からいっても，協働型マーケティングの実現には大きなハードルがあろう」（江上［2012］，214頁）。

　先に確認したように，関係性マーケティングといっても，その主体は相変わらず企業である。したがって，そこでの価値創造もまた資本の論理によって必然的に濾過される。消費者との価値共創は，それが企業に利潤機会を提供する限りで，そしてそのような方法でのみ遂行される。したがって，企業と消費者とが平等なパートナーとして価値を共創していくことは難しい。以上が関係性パラダイム批判の骨子である。

3.2　協働型マーケティングと情報格差

　同じく関係性マーケティングの限界を指摘しながらも，それを突破しようとする議論もみられる。上原征彦の議論がそれである（上原［1999］）。上原も，「いかに関係性が強化されたとしても，それを基盤として展開されるマーケティングにおいて，例えば自社が生産する製品を消費者に提案してそれを彼らに選択してもらう，という従来のパターンが本質的に変わらないとしたら，それは操作型マーケティングの延長でしかなく，コミットメントと信頼の強化には大きな限界が課せられるであろう」として，関係性マーケティングの限界を指

摘する（上原［1999］，247-248頁）。製品づくりに関して消費者からその意向をフィードバックしてもらったとしても，製品づくりのプロセスのほとんどを企業だけが担っているのであれば，そのプロセスにおいて企業の思い込みが入り，それでは企業の意図どおりに消費者を反応させようとする従来のマーケティング，すなわち操作型マーケティングの延長でしかないという批判である。

そこで上原は，そのような「関係性の限界を少しでも突破するために，製品コンセプトを創出するプロセスに直接かつ深く消費者にコミットしてもらう方式を想定してみてはどうだろうか」と述べ，企業の製品づくりに消費者を直接に介在させ，協働生産を展開するという方式を提案する（上原［1999］，248頁）。それによれば，「この"協働"においては，売り手が買い手に一方的に製品を提案する必要もないし，また，その提案を受け入れてもらうために買い手を操作する必要もない」（上原［1999］，248-249頁）。これが上原の提唱する協働型マーケティングであり，それは，「消費者が財の生産過程に直接介在するシステムのもとで，消費者と企業との協働関係が構築され，その関係の中で両者による価値創造活動が展開される，といった相互制御行為（協働行為）の展開を指す」（上原［1999］，279頁）。

関係性マーケティングといっても，その主体が企業である限り従来のマーケティングの延長でしかないという批判において，江上と上原の見解は一致する。したがって，協働型マーケティングが関係性マーケティングの限界を突破しているのであれば，江上の批判は協働型マーケティングには当たらない。だが，先の江上からの引用文に端的に明らかなように，その批判は，関係性マーケティングだけでなく協働型マーケティングにも向けられている。つまり，江上にとって協働型マーケティングは関係性マーケティングの限界を突破していないのである。

その理由は，インターネット時代における企業と消費者の間の情報格差をどう認識するかということに求められるのではないかと考えられる。上原によれば，消費者の生活意識は，産業化社会が終焉に向かうにつれ，勤労主義から生活主義に変わっていく。ここでいう勤労主義とは，生活を楽しむことよりも意義深い労働に努力を費やすことを美徳とする思想を指す。この思想は，働く場を提供する産業の発達そのものが高度な生活資源を安く提供し，そのことが楽

しい生活を支えるということを含意している。それゆえ，消費者が自らの生活そのもののなかから豊かさをつくり出すというよりも企業がオファーする商品のなかから生活の豊かさを発見していくという傾向が強くなる。そのような状況の下で消費の個性化や多様化が進んだとしても，それは企業に依存しており，企業にとって予測可能な動きである。「この意味で，産業化社会は，まさに，情報が，生活者のほうよりも，企業のほうに大きく片寄って偏在した社会であり，企業は，このような偏在に基づく情報格差を背景にして，生活者に向けて操作型マーケティングを有効に展開することができる，と意識し得たのである」(上原［1999］，12頁)。

一方，「生活主義とは，消費者が，企業のオファーからヒントを得て生活を展開するだけではなく，自己の生活に主体的に問いかけ，それを独自に編成し直す，といった意味で，生活の自己組織性を強めていく，ということを意味している。ここで生じる消費の個性化・多様化は，多かれ少なかれ，企業の影響力を超えて展開されることになる」(上原［1999］，257頁)。

上述の事態は，上原によれば，「企業では捉えにくい情報が生活者の側に存在し得るようになり，企業の側に片寄った従来の情報偏在パターンが変容する傾向にある」ことを意味している(上原［1999］，13頁)。「消費者は，本来的に情報創造者であり，来たるべき時代にはそれが顕在化する」という(上原［1999］，257頁)。つまり，上原によれば，インターネット時代に向かうにつれ，操作型マーケティングで前提とされていた企業と消費者との間の情報格差が縮小し，協働型マーケティングが実現されるということになる。

これに対して江上は，製品に関する情報は消費者より企業が多く持つという情報の非対称性の問題を指摘しながら，協働型マーケティングは，「可能性というより規範的『方向』というべきもの……『規範的』方向はあくまでも期待であり現実を把握し分析しているものでもない」と厳しく批判する(江上［2012］，215頁)。つまり，江上によれば，インターネット時代に向かっても，企業と消費者の間の情報の非対称性は解消されず，その限り協働型マーケティングは関係性マーケティングの限界を突破する議論ではないのであって，規範論次元の提案に過ぎないということになる。

しかし，例えばニューウェーブの技術の登場など，インターネット時代は着

実に進展しており，そこでは従来の情報偏在パターンが変容する傾向にあるという上原の議論が妥当であるようにもみえる。それでも，江上が情報の非対称性は解消されないとするのはなぜだろうか。江上にとって価値共創論は，いかなる現実の把握と分析を欠いているのだろうか。

4 インターネット時代の消費欲望

4.1 インターネット時代の認識背景

　江上によれば，価値共創論には2つの問題がある。その1つは，「日本の消費者特有の問題」である（江上［2003］，256頁）。先進各国の消費者団体が発行する公共的な商品テスト誌の発行部数などを比較すると，日本の消費者だけが客観的で中立的な商品情報をそれほど利用していないことがわかる。したがって，インターネット時代に向かうにつれ，そうした商品情報にアクセスすることが今まで以上に容易になったとしても，消費者が実際にアクセスすることは少ないままにとどまるのではないかと考えられる。そうであれば，情報の非対称性は解消されない。

　もう1つの問題は，消費者が勤労主義から生活主義へ移行するのに立ちはだかる「社会的かつ制度的な日本特有の難題」である（江上［2003］，258頁）。具体的には，木本喜美子がいう日本人の三大生涯的生活課題，すなわち，持ち家，子供の教育，老後への備えがあげられる（木本［1995］）。これらの課題を解決しようとすれば，安定した収入はもちろん，住宅資金積立制度や貸付制度といった企業内の福利厚生制度に支えられなければならず，そのためには，会社に忠実な勤労者であらねばならない。したがって，今なお勤労主義が日本の多くの消費者の生活の隅々にまで深く浸透していると考えられる。そうであれば，勤労主義から生活主義への移行はいうほど容易には実現されない。江上にとって，少なくともこれら2つの現実についての把握と分析を欠いている限り，価値共創論は規範論次元にとどまらざるをえないのである。

　しかし，価値共創論には，さらにもう1つ見逃すことのできない問題があるように思われる。それは，「消費者は，本来的に情報創造者であり，来たるべ

き時代にはそれが顕在化する」といったときの「来たるべき時代」，すなわちインターネット時代の認識にかかわる。

　勤労主義の下で消費の個性化や多様化が進んだとしても，それは企業に依存しており，企業にとって予測可能な動きであるという先の見方について，上原は，「このような見方は，ポスト・モダン学派が，モダン社会を批判的にみる見方と相通じている」（上原［1999］，18頁）とし，今田高俊の議論（今田［1993］）によりながら，「ハーバーマス（Habermas, J.）は，社会は，客観的な成果を志向する『システム』と主観的な意味を志向する『生活世界』とで構成されているが，モダン社会は『システム』と『生活世界』を分離させ，前者が後者をコントロールしてきた，ということを強調している」（上原［1999］，18頁）として，「ここで，われわれのいう企業が『システム』に，生活者が『生活世界』にアナロジー化されるであろう」（上原［1999］，19頁）とする。そして，ポスト・モダン学派によれば，「モダン社会では工学的に説明される諸機能の高度化が追求され，このことが生活の豊かさを築く，という考え方が支配的であった……一方……ポスト・モダン社会では，諸機能の工学的高度化よりも，意味の創造が重要視される」（上原［1999］，18頁）としたうえで，産業化社会が終焉に向かうにつれ，勤労主義から生活主義に変わっていくという同じく先の見方は，この「ポスト・モダン学派の思想とほとんど軌を一にしている」（上原［1999］，19頁）としている。また，協働型マーケティングが展開される社会は，個人が産業資源を収集・配分・変換できる社会であり，こうした個人はビジネス主体であっても基本的には生活者であって，協働生産にあたっては消費者とともに自らの生活感覚をいかんなく発揮する一方，消費者も協働生産に参加することによって企業の生産過程に深くコミットすることができるようになるとしたうえで，「以上のことは，ポスト・モダンを標榜する一派が主張するように，『生活世界』が台頭し，それが企業や産業のごとき『システム』を支配するようになる，ということを見事に示している」とする（上原［1999］，291頁）。そして，その箇所で先の今田の議論とハーバーマスの議論を参考にするよう求めている。みられるように，上原が想定するインターネット時代は，ハーバーマスの議論に依拠している。

　ハーバーマスによれば，「生活世界とは，話し手と聞き手とがそこで出会う，

いわば超越論的な場である。この超越論的な場において，かれらは自分たちの発言が世界（客観的世界，社会的世界，ないし主観的世界）に適合するという要求を，相互につきつけることができる。またそうした場において，かれらはこうした妥当要求を批判したり，是認したりすることができ，自分たちの意見の食違いを調停して，同意に達することができる」（Habermas [1981]，邦訳27頁）。そして，「コミュニケーションの参加者は，相互主観的に同一の意味を認めうるという条件のもとでのみコミュニケーション的行為を行なうことができる」（Habermas [1985]，邦訳345頁）。したがって，ハーバーマスの議論に依拠すれば，来たるべきインターネット時代は，消費者間で分厚い討議が交わされ，そうした言語によるコミュニケーションを通じて個々の消費者の持つ経験的で私的な消費欲望が理性的で公的な意思へと転換されることになり，また，そこでの消費者は，お互いに同じ意見に到達できると思っていて，それゆえにコミュニケーションが行われる，そうした時代であるということになる。

4.2 消費欲望の総データ化

しかしながら，今日のインターネット時代は，そのような時代であろうか。例えば，新商品について，あるいは好きな音楽について，全く異なる意見を語りっぱなしにしているブログやTwitter，YouTubeなどのソーシャルメディアの台頭をどう理解すればよいのだろうか。そこでの消費者は分厚い討議を交わすこともなければ，理性的で公的な意思を導こうとするのでもなく，そもそも同じ意見に到達できるとは最初から思ってさえいないようにみえる。つまり，今日のインターネット時代は，ハーバーマスに依拠して導かれる時代とは異なった時代であるように思われるのである。

ハーバーマスの想定と現実とが異なっている理由について，東浩紀は，「21世紀の社会は複雑すぎるうえに，その複雑さが新しい情報技術のおかげであまりにもそのまま可視化されてしまっている」からであると論じている（東[2011]，96頁）。例えば，グーグルは，われわれがそれを利用する度に，検索語や閲覧履歴などのデータを蓄積し解析して，グーグル・サジェストや検索順位など，「わたしたちの無意識が行っている体系化を可視化している」（東[2011]，82頁）。あるいは，Twitterは，全世界に散らばる数億人のユーザー

が自らの状況や感情を公開することを可能にし，フォースクエア（Foursquare）は，自分がどの町のどの店にいるのかというチェックイン情報を投稿することを可能にしている。「ツイートにしろチェックインにしろ，むろん個々の行為は意識的なものではある。しかし，数千万，数億，数十億というデータの量は，もはや個々人の思いを超えた無意識の欲望のパターンの抽出を可能にする」（東［2011］，83頁）。すなわち，「そこでは処理すべき情報があまりに多く，もはや個人の『限定された合理性』を超えてしまっているのである。そのため，人々のコミュニケーションは日常的に麻痺し，アーレントやハーバーマスの前提は現実には成立が難しくなっている」（東［2011］，96-97頁）。

　ここで強調されるべきは，「現代社会は，人々の意志や欲望を意識的なコミュニケーションなしに収集し体系化する，そのような機構を現実に整備し始めている」という議論である（東［2011］，81頁）。グーグルやTwitter，フォースクエアだけでなく，ブログを眺めているだけでもYouTubeを再生しているだけでも，その消費行動がすべてデータとして収集されるのが現代である。そうした「総記録社会は，社会の成員の欲望の履歴を，本人の意識的で能動的な意志表明とは無関係に，そして組織的に，蓄積し利用可能な状態に変える社会である。そこでは人々の意志はモノ（データ）に変えられている」（東［2011］，87-88頁）。そして，「『総記録社会』化は，たしかに企業による消費者のコントロールを強化するかもしれない」のである（東［2011］，135-136頁）。

　インターネット時代に向かうにつれ，消費者はグーグルなどの機構に対して自発的に，雪崩を打って個人情報やプライバシーを委ねるようになっている。そこで記録される発言や行動の1つ1つが消費者によって意識的になされたものであっても，そのようなデータが大量に蓄積され解析されれば，消費者個人では認識することの難しい思いもかけぬ傾向やパターンが抽出されることになる。つまり，現実に整備され始めた情報機構は，消費欲望の「固有性を奪い，断片化しデータ化し計量可能なものへと変える」（東［2011］，202頁）。そして，それ「へのアクセスは，いまのところいくつかの民間企業に占有されている」（東［2011］，91頁）。そうであれば，インターネット時代の消費者の欲望はかえって捉えやすくなっており，企業の側に片寄った従来の情報偏在パターンは解消されるどころかむしろ強化されていて，価値共創が実現困難であることは

もちろん，操作型マーケティングがより有効に展開されるようになっているのではないかと考えられるのである。

ハーバーマスの生活世界概念に依拠したマーケティング論や流通論のいくつかの議論を検討しながら，吉村純一は，「規範としての生活世界観にとどまるかぎりでは，あたらしいマーケティングが直面している需給整合の困難や，生活世界そのものが抱える病理には接近できない」と論じている（吉村［2004］，223頁）。この批判は上述してきたような価値共創論にも当てはまると思われる。価値共創論によって，例えば意識的に自らを露出し，無意識的に固有性を奪われるといった消費者の病理に接近することはできない。

今，こうした消費者の「意識性」にこだわるのは，それが，インターネット時代におけるマーケティングと消費の関係を解明するカギになると考えられるからである。本書の序章で阿部真也が論じているように，「技術の論理と資本の論理，さらに社会の論理とが矛盾交錯するところに，インターネットの発展過程を解明するカギがあり，課題がある」。つまり，インターネット技術とその資本的利用に対する消費者の意識が，例えば，消費者が自らの病理に意識的であるか否かが，インターネット時代におけるマーケティングと消費の関係を決定的に規定すると考えられるのである。

価値共創論の規範的性格に対し，江上は，消費者は「なぜ『自立化』『主体化』ができないかをまず考えなければならない」と指摘している（江上［2013］，219頁）。それは，消費者の病理性を考えなければならないということを意味していると思われる。つまり，インターネット時代は，消費者意識をどう理解するかという大きな課題を，われわれ流通研究者に突きつけていると思われるのである。

● 参考文献

Habermas, J. [1981] *Theorie des Kommunikativen Handelns*, Suhrkamp.（丸山高司・丸山徳次・厚東洋輔・森田数実・馬場孚瑳江・脇圭平訳『コミュニケイション的行為の理論（下）』未来社，1987年）

Habermas, J. [1985] *Der Philosophische Diskurs der Moderne*, Suhrkamp.（三島憲一・轡田収・木前利秋・大貫敦子訳『近代の哲学的ディスクルスⅠ』岩波書店，1990年）

Kotler, P., Kartajaya, H. & Setiawan, I. [2010] *Marketing 3.0: From Products to Customers to the Human Spirit*, John Wiley & Sons.（恩蔵直人監訳『コトラーのマーケティング

3.0—ソーシャル・メディア時代の新法則』朝日新聞出版，2010年）

Kotler, P. & Levy, S. J. [1973] "Buying is Marketing Too!" *Journal of Marketing*, Vol.37, No.1, pp.54-59.

Peppers, D. & Rogers, M. [1993] *The One to One Future: Building Relationships One Customer at a Time*, Doubleday.（井関利明監訳『One to One マーケティング—顧客リレーションシップ戦略』ダイヤモンド社，1995年）

Prahalad, C. K. & Ramaswamy, V. [2004] *The Future of Competition: Co-Creating Unique Value with Consumers*, Harvard Business School Press.（有賀裕子訳『価値共創の未来へ—顧客と企業のCo-Creation』ランダムハウス講談社，2004年）

Rapp, S & Collins, T. L. [1996] *The New Maximarketing*, McGraw-Hill.（江口馨監訳『マキシマーケティングの革新—「語れ，売るな」の顧客リレーションシップ』ダイヤモンド社，1996年）

東浩紀［2011］『一般意志2.0—ルソー，フロイト，グーグル』講談社．

石原武政［1982］『マーケティング競争の構造』千倉書房．

今田高俊［1993］「第1章 自己組織性の社会理論—ポストモダニズムの社会学をめざして」厚東洋輔・今田高俊・友枝敏雄編『社会理論の新領域』東京大学出版会，3-36頁．

上原征彦［1999］『マーケティング戦略論—実践パラダイムの再構築』有斐閣．

江上哲［2003］「第12章 マーケティング・チャネルの変容と消費者情報の公共化」阿部真也・藤澤史郎・江上哲・宮崎昭・宇野史郎編著『流通経済から見る現代—消費生活者本位の流通機構』ミネルヴァ書房，244-274頁．

江上哲［2012］『「もしドラ」現象を読む』海鳥社．

江上哲［2013］『ブランド戦略から学ぶマーケティング—消費者の視点から企業戦略を知る』ミネルヴァ書房．

木本喜美子［1995］『家族・ジェンダー・企業社会—ジェンダー・アプローチの模索』ミネルヴァ書房．

佐久間英俊［2005］「第2章 インターネット・マーケティングと消費者」山口重克・福田豊・佐久間英俊編『ITによる流通変容の理論と現状』御茶の水書房，55-83頁．

嶋口充輝［1997］『柔らかいマーケティングの論理—日本型成長方式からの出発』ダイヤモンド社．

吉村純一［2004］『マーケティングと生活世界』ミネルヴァ書房．

和田充夫［1998］『関係性マーケティングの構図—マーケティング・アズ・コミュニケーション』有斐閣．

第11章

情報化と国際マーケティング戦略
ウェブサイトの文化的側面

1 ウェブサイトへの文化的要素の適用

　情報化の進展にあたり，国際マーケティング戦略もウェブ上の価値観をもとに策定され，そのうえで重要な要素となってくるウェブサイトの文化的側面の研究が進められることが必要とされている。

　国際マーケティング戦略の策定にあたって，その国の歴史や法律，そして文化的側面が重要視されることは，国際マーケティングの基本的な考え方であるが，オンライン上での消費者の出現によって，オンライン上へのその考え方の適用が求められている。

　その研究の潮流を垣間みるものとして，シン，サオとフ（Nitish Singh, Hongxin Zhao & Xiaourui Hu，以下シンのみ記述）[2003] が，インド・日本・中国・アメリカ合衆国を事例として，かつてホフステードが提起したマーケティングを国際的に行ううえでのいくつかの要因を，各国のウェブサイトの価値観に照らし合わせて検証する仮説実験を行っている。本章ではその研究をとりあげ，ウェブサイトの記述に対して国際マーケティングの基本的な考え方が，環境的側面特に文化面に関して適用可能かどうかを検討する。

　なお，議論にあたって，文化的要素研究のフレームワークの先行研究を見直すことになるが，それはシンの研究とサムリ（A. Coskun. Samli）[1995] の研究によるところが大きい。文化的要素に関しては多くの見解が存在するが，ここでは国際的な消費者行動論に依拠した2人の先行研究に依存することにする。

2 ウェブサイトの文化的側面の分析

2.1 情報化と国際マーケティングの変遷

インターネットは急速に世界規模で拡大しており,世界的なオンライン人口はここ20年で急激に増加した。インターネットは国という概念とは全く独立に国境を越えて発達してきたといわれてきたが[1],しかしながらオンライン上のビジネスであるeビジネスに関連して,主要な障害となってくるのがウェブ上での文化障壁と言語の違いであった。

そのような国をまたいだウェブコミュニケーションに関する研究業績は少ない。これまではオンライン上での取引に関する研究は,ウェブの相互作用,サイトの質,検索,国際的な消費者のそれらの知覚といったものを扱ったものばかりであった。

2.2 ウェブサイトの文化的側面の分析の必要性

インターネットの出現によって,多国籍企業による文化の相違の理解の必要性と情報技術を通じての世界ビジネスでの文化の影響は情報システムの研究業績の中で徐々に認識されていく。これらの研究は,文化的に影響を受けやすいウェブサイトは有用性,理解のしやすさ,さらにウェブサイトの相互作用を高めるということを明らかにした。

ルナ(Luna *et al.*)によれば,文化的に適合するウェブ上の記述は,サイト上の情報プロセスを認識する努力を減らし,需要が明白で,理解が容易で,さらにウェブサイトに対する国民の好ましい態度を導く環境を象徴するとする[2]。

しかし,その国が持つ文化の概要に国民が慣れ親しんでおり,そのために消費性向もその文化の概要に影響を受けることは明らかである。これと同様に異なった国のウェブユーザーたちも,その国のウェブサイトの特性を好む傾向があるのである。具体的には情報の導き方,安全性,製品情報などの項目において,国ごとに特徴があるのである。

それにもかかわらず,ウェブコミュニケーションにおける文化の重要性を研

究した業績は少ない。ただいくつかの研究はウェブ上の文化的な記述を研究し，その中で文化的要素をアピールする研究が広がっていった。

3 文化的要素の研究

3.1 文化的要素のフレームワーク

文化とは同一社会に住む人々の間に存在する絆である（ザルトマン（Zaltman）［1965］）。したがって社会の行動やコミュニケーションのプロセスを理解することは，すべて人の将来を研究することに結びつくのである。この意味において，文化は博物館に展示されるような最終製品ではなく，むしろ常に変化し，機能し，順応していくシステムなのである（チャン（Chung）［1991］）。

過去40年程度の間になされた文化に関する主要4大研究によって，国際的な消費者の研究に対し極めて大きな進歩がもたらされた。これらの研究は文化と人間行動との関係を説明する概念を生み出した。その概念とはリースマン（Riesman），ホール（Hall），ブリスリン（Brislin），そしてホフステード（Hofstede）によるものである。

リースマン［1953］は3つのグループと，それに照応する行動の3類型を指摘している。3つのグループとは，個人志向，他人志向，および伝統志向のことである。第1のグループは自力本願を旨として，自主的な情報探索に基づく消費者として振る舞うような，自己動機的で「個」が確立した人々を指す。第2のグループは，集団行動の中のある型を指す，他人から影響を受ける型である。購買行動をとる際，彼らは他の何よりも他人から影響を受けるのである。最後に第3のグループは，過去や伝統に対して特別に強いつながりを有するグループである。これらの伝統に対するルーツや理由が何であれ，それらは消費者の購買行動を支配するのである。そのような場合においては，習慣，惰性，および伝統が対人関係や他のマスメディアの影響力よりも重要なのである。

ホール［1976］の文化をコンテキストで分ける分類法は広く認識され，用いられてきた。高コンテキストとは人間関係において密度の濃いコミュニケーション方法がとられていることを意味する。そこでは人々の行う握手のほうが，

法律上の書類よりも重要なのである。低コンテキストの場合は，全くその逆であり，弁護士，文書，印刷媒体といったものがすべて，人が行う握手よりも重要なのである。消費者の購買行動もこれと同じ様式に従うものである。高コンテキスト文化の下では，店主や友人が影響力を及ぼすのに対して，低コンテキスト文化では，マスメディアのほうがより重要になるのである。

　ブリスリン［1993］の集団主義対個人主義の2分法によって，消費者の行動に関する重要な情報が明らかになる。すなわち集団主義社会で生活している人々は，自分自身とかマスメディアからではなく，他人から影響を受ける度合いがより大きいということである。

　最後にホフステード［1983］が文化の分析にあたって非常に洗練された手法を編み出している。彼の集団主義対個人主義の2分法はブリスリンのそれと重複するが，彼の提唱による不確実性からの回避，権力格差，男性型・女性型の概念は，さまざまな文化における消費者の行動について多くの情報を提供してくれるのである。

　このホフステードの4つの文化的要素の特性を4つの国（インド，中国，日本，アメリカ）のウェブサイト上のコンテンツに適用し，検証したのがシンである。この場合のコンテンツは，「情報の内容」[3]のうちでも国際的な企業のつくるウェブサイトの中の記述のことである。シンは4つの国の企業のウェブサイトの記述をホフステードのフレームワークにホールの高コンテキストと低コンテキストの要素を加えて照らし合わせて，仮説実験している。

3.2 ホフステード，ホールの文化的要素

　ホフステードの文化のフレームワークは，前項でみたように個人主義対集団主義，不確実性の回避，権力格差，男性型・女性型の4要素であり，それにホールの高コンテキスト対低コンテキストを加えて，シンの仮説実験は5つの文化的要素を各国のウェブサイトに適用する。その前にそれぞれの要素についてどのような社会的特徴があるのかをみてみたい。個人主義対集団主義，高コンテキスト対低コンテキストについては，前項でみたので，ここではそれ以外の3つの要素について説明する。

(1) 不確実性の回避

　この要素は社会がリスクを回避または環境の不確かさを忍耐することの範囲を決定する。不確実性の回避が高い社会は，よりリスクを回避し，不確かな状況を避け，冒険またはリスクよりも安全性を価値とする「タイトな社会」である。そのような文化における諸個人は，明白な指示，命令，規範を好む傾向にある。

(2) 権力格差

　権力格差の要素は，いかに異なった社会が社会構造において不平等性というものを扱うかを説明するものである。権力格差が大きい社会は，社会的地位，権力関係，権威，合法性を強調し，その一方で権力格差の要素が小さい社会は，平等主義，平等の権利，低い階層意識を強調する。

(3) 男性型・女性型

　この要素は，どのように性別の役割が異なった文化において割り当てられているかを説明するものである。男性型の文化は，自己主張の強さ，野心，成功，業績を価値とする。そのような文化にとって規模が大きいことと速さがあることがよいとされ，性別の役割が規範的である。

　それに対して女性型の文化は，美，自然，人を世話すること，そして性別の役割の不確かさを価値としている。

　これらホフステードの文化的要素と，ホールのコンテキスト社会の要素を採り入れた5つの要素において，シンはそれぞれの要素からウェブ上での価値観を検証するうえで仮説を立て，議論を行っている。

4 企業のウェブサイトは文化的要素を持つのか

4.1 仮　説

　シンは前節で述べた文化的要素に関して，4つの国（インド，中国，日本，アメリカ）のウェブサイトの価値観に照らし合わせて仮説を立てている。シン

の研究の主要な目的はある国の企業のウェブサイトがその国の文化的要素を記述しているかどうかを説明するというものである。そして1つの試みとして，ウェブ上のコミュニケーションの材料がその国の文化的価値志向を反映している範囲もみている。

この研究調査のために，インド・中国・日本・アメリカのウェブサイトの文化面での特質を示すスコアが，シンの文化のエンコードシートを使用しながら算出され，前節で述べたホフステードの文化的要素の見解に基づいたスコアと比較し仮説が立てられた。

(1)個人主義対集団主義

4つの国の間では，アメリカが個人主義のスコアが最も高い。それに続いて高いのがインド，日本，中国である。このようなことからそれらに基づいて次の仮説を立てることができる。

> 仮説①　アメリカのウェブサイトは個人主義志向の高いレベルを示し，それに続いてインド，日本，そして中国のウェブサイトがその傾向にある。

> 仮説②　中国のウェブサイトは高いレベルの集団主義志向を示し，それに続いて日本，インド，そしてアメリカのウェブサイトがその傾向にある。

(2)不確実性の回避

リンチ（Lynch et al.）はアジア地域のウェブ上のオンライン消費者は，オンラインショッピングの時に安全性が低いことを明らかにした[4]。このことはアジアの国々で不確実性の回避のスコアが高い理由である。アジアの人々は技術的に洗練された媒体であるインターネットが，不確実性がある段階であり，この要素で高いスコアを示す人々は，オンライン購買においても安心できる不確実性の低い特性を必要としている。

4つの国の間では日本が最も高いスコアで，それに続いて中国，アメリカ，インドである。このようなことから次のような仮説を立てることができる。

> 仮説③　日本のウェブサイトは，不確実性を低くする特性において高いレベルを示すであろう。中国，アメリカ，インドのウェブサイトがそれに続く。

(3) 権力格差

　地位のアピールの要素が強い権力格差の社会のウェブサイトは，地位のアピールの関連した特徴を記述すると仮定しうる。中国とインドは権力格差において高いスコアであり，続いて日本，アメリカである。このことから次の仮説を立てることができる。

> 仮説④　中国とインドのウェブサイトは権力格差の特徴の高いレベルの記述をしているであろう。それに続いて日本とアメリカのウェブサイトがある。

(4) 男性型・女性型

　ホフステードの明らかにした男性型文化の社会は，ウェブコミュニケーションにおいても男性型価値志向の記述を行っていると推測できる。ホフステードは男性型文化が日本は最も高いスコアで，アメリカ，インド，中国がそれに続く。以上のことから次の仮説を立てることができる。

> 仮説⑤　日本のウェブサイトは，男性型思考の特徴において高いレベルを示し，アメリカ，インド，中国がそれに続く。

(5) 高コンテキスト文化と低コンテキスト文化

　ホフステードの分類に付け加えられたこの項目では，高コンテキスト文化におけるコミュニケーションが不明確で，間接的で，コンテキストの中に深く埋め込まれている一方で，低コンテキスト文化におけるコミュニケーションはより直接的でより明確に情報を提供する。

　ホール［1976］とホールとマイルドレッド（Hall & Mildred）［1990］によれば，アメリカは低コンテキスト文化で，中国と日本は高コンテキスト文化である。インドは高くもなく低くもないコンテキスト文化である。このようなことから次の仮説が立てられる。

> 仮説⑥　アメリカのウェブサイトは低コンテキスト志向の特徴が高いレベルであり，インド，日本，中国がそれに続く。

> 仮説⑦　日本と中国のウェブサイトは高コンテキスト志向の特徴が高いレベルであり，インドとアメリカがそれに続く。

4.2 結　果

　前項の7つの仮説をもとにシンはウェブサイトの質的・数量的評価方法を使用してまず第1に4国の企業のウェブサイトにおける文化的要素の評価を行い，各々の文化的要素のカテゴリーにおける記述の度合いを「記述している」から「顕著に記述している」までの5段階測定を行った。そして第2に多変量分散分析を行い，いかに4国のウェブサイトが文化的要素の記述において相違するかを分析し，ウェブサイト上の文化的要素の記述の度合いを測定した。また各々の文化的要素によるグループの違いを分析するために前後関係の分析も行われた。

　サンプルとしては，中国，インド，日本，アメリカの企業のウェブサイトが調査サンプルである。サンプルを作る資料としてはアメリカのForbesと

図表11-1 ▶ 7つの文化的要素の試験結果

要素	主な結果 国(C)	主な結果 産業(I)	相互作用 CXI	ターキーテスト グループ比較
集団主義	11.00**	ns	4.81**	Jp>In&US；Ch>US
個人主義	137.12**	4.75*	ns	US>Jp,In&Ch；Jp&In>Ch
不確実性の回避	7.58**	ns	ns	In>US&Jp
権力格差	25.81**	ns	ns	In,Jp&Ch>US；
性別	6.70**	ns	5.51**	Jp&In>US
高コンテキスト	114.19**	4.21*	3.61*	Jp>US,In&Ch；Ch>US&In
低コンテキスト	29.00**	ns	ns	US>Jp&Ch；In>Jp&Ch

Notes:a F-values, b comparison that are significant at ＜ 0.05 level are reported; c Jp=日本, In=インド, Ch=中国 and US=アメリカ合衆国,* p<0.05,**p<0.01

出所：シン，サオ，フ Nitish Singh, Hongxin Zhao & Xuaorui Hu [2003], 137頁。

Forbes.comから選ばれた25の日本企業と26のアメリカ企業、また21のインド企業と21の中国企業は、ともにインドと中国のヤフーのウェブから選ばれている。企業の分野は自動車産業と電気産業である。

結果は、4つの国にわたるウェブサイトの文化的要素の記述が著しい相違を示し、その国のウェブサイトはその国の文化的要素の記述をしていることがわかった（**図表11－1**）。

(1)個人主義対集団主義

集団主義の要素では、日本と中国のウェブサイトがアメリカとインドのウェブサイトと比べて集団主義の価値の記述において著しく高い数値を示した。このように仮説①は支持された。

個人主義の要素では前後関係のテストでアメリカのウェブサイトが個人主義志向の高いレベルを示しており、インド、日本、中国がこれに続いた。このように仮説②は支持された。

(2)不確実性の回避

提示された仮説③とは反対に、不確実性の回避の要素では、インドのウェブサイトがアメリカのウェブサイトよりも著しく高いスコアを示している。このように仮説③は支持されなかった。

(3)権力格差

権力格差の要素において、インド、中国と日本のウェブサイトはアメリカのウェブサイトよりも著しく高いスコアを示し、仮説④は支持された。

(4)男性型・女性型

日本とインドが仮説⑤で提示されているように男性型においてスコアが高い。中国とアメリカがこれに続く。

(5)高コンテキストと低コンテキスト

ホールの高コンテキストにおいても文化的要素の記述の度合いにおいて提示

されたものにその結果は従っている。高コンテキストの要素は日本が他のすべての国よりも著しく高いスコアが付けられていて、中国、アメリカ、インドがこれに続く。このように仮説⑥は支持され、仮説⑦に関しても、アメリカとインドが低コンテキストにおいて日本と中国よりも著しく高いスコアを付けているので支持された。

さらに文化的要素それぞれの中のカテゴリーが4つの国の間で相違するかも分散分析を行い、例えば家族テーマや国のシンボルなどの集団主義の特性を持つカテゴリーに関する記述は、中国と日本のウェブサイトが顕著に記述されている。また個人主義のスコアが高い国では企業の製品の独自性に関する記述や、ウェブページ自体の個性化が図られている。さらに権力格差が大きい社会は顕著に階層社会の性質に基づいた情報、地位のある人の肖像などに関して顕著に記述している。男性型文化が強い国では、明確な性別の役割や、製品の効果を強調する記述などが顕著である。高コンテキストの要素が最も強い日本では、柔軟な販売アプローチや、美的感覚のある記述などを特徴としている。他方でアメリカのような低コンテキストが強い国では旺盛な販売アプローチ、顧客を誘引するような企業ランキングの記述が目立っている。このようにカテゴリー別でも相違することを示しており、議論の余地のあるところである（**図表11－2**）。

5 既存のフレームワークとの相違点

5.1 ウェブ上の文化的要素

　前節のような仮説と実験の結果、インド、中国、日本、アメリカのウェブサイトが国の起源である文化的要素を反映するだけでなく、要素の互いの著しい違いも反映しているようである。シンの議論は、ウェブサイトの文化的要素の記述における相違点を国ごとに分析するが、ここでは不確実性の回避の要素において、シンが立てた仮説と唯一相違した結果が出たインドのウェブサイトの文化的要素の記述に関してみてみたい。

図表11－2 ▶ 文化カテゴリーの試験結果

カテゴリー	平均値				f値	グループ比較 ターキーテスト
	中国	インド	日本	アメリカ		
集団主義						
コミュニティ	2.95	2.67	3.68	4.04	9.9**	Jp>US>In&Ch
クラブ	2.48	1.76	3.00	1.69	8.0**	Jp>US&In
ニュースレター	3.86	3.00	3.56	3.08	3.5**	Ns
家族	3.57	2.62	3.40	1.50	24.1**	Jp&Ch>In;Jp,In&Ch>US
象徴（シンボル）	3.76	3.14	2.92	1.73	19.4**	Jp,In&Ch>US;Ch>Jp
忠誠心	1.33	2.24	2.52	1.85	5.5**	Jp&In>Ch
ウェブサイト	2.52	3.24	3.84	2.69	8.5**	Jp>US&Ch
個人主義						
プライバシー	1.05	1.81	2.08	3.81	120**	US>Jp,In&Ch;Jp&In>Ch
独立性	2.29	2.14	1.40	3.92	46.9**	US>Jp,In&Ch;Ch&In>Jp
独自性	2.48	3.14	3.28	4.15	19.1**	US>Jp,In,Ch;In&Jp>Ch
個性化	1.14	2.29	2.40	4.42	106**	US>Jp,In,Ch;In&Jp>Ch
不確実性の回避						
顧客サービス	3.29	3.95	3.96	4.31	10.8**	Us,In&Jp>Ch
案内	3.86	3.81	3.84	3.96	0.88	Ns
店舗	3.76	3.90	3.80	3.62	0.63	Ns
専門用語	4.19	2.86	3.04	1.92	22.6**	Ch>jp,In&US
人のつながり	3.14	3.33	2.92	3.04	0.68	Ns
感謝状	2.05	3.71	2.12	1.69	18.6**	In>Jp,Ch,US
伝統	3.81	2.29	3.64	2.23	18.5**	Jp>In&US;Ch>In&US
権力格差						
階層	3.00	3.52	4.04	2.31	13.3**	Jp>US&Ch;In>US
CEOの肖像	3.19	3.62	4.04	2.77	6.4**	Jp>US&Ch;In>US
性質	3.57	3.81	3.56	2.27	13.8**	Jp,In&Ch>US
ヴィジョン	4.10	3.67	3.84	2.62	13.6**	Jp,In&Ch>US
所有者の自尊心	3.95	3.76	2.60	2.35	26.6**	In>Jp&US;Ch>Jp&US
肩書	2.71	3.43	3.36	1.88	13.4**	Jp,In&Ch>US
性別						
駆け引き	1.86	2.43	2.48	1.92	3.0**	Jp&In>Ch
現実主義	2.62	2.86	2.72	2.88	0.58	Ns
効果	3.19	3.81	3.48	3.19	4.1**	In>US
女性の役割	2.81	3.05	3.40	1.85	10.6**	US>Jp,In&Ch
低コンテキスト						
地位	2.67	3.43	1.88	3.35	21.2**	US,In&Ch>Jp;US>Jp&Ch
旺盛な販売	1.81	3.14	1.84	3.38	23.2**	US>Jp&Ch;In>Jp&Ch
誇張した表現	2.76	3.19	2.08	3.15	11.0**	US,In&Ch>Jp
言葉遣いと身分	1.29	2.43	1.88	2.65	17.1**	US&In>Jp>Ch
高コンテキスト						
礼儀正しさ	3.33	1.95	4.16	2.04	46.6**	Jp>US,In&Ch;Ch>US&In
柔軟な販売	3.43	1.52	4.04	2.00	61**	Jp>US,In&Ch;Ch>US&In
美的感覚	3.95	2.10	4.56	1.92	61.3**	Jp>US&In;Ch>US&In

Notes:*p< 0.05,**p< 0.01;Turkey comparison that are significant at <0.05 level are reported;Jp=日本 In=インド，Ch=中国，and US=アメリカ合衆国

出所：シン，サオ，フ Nitish Singh, Hongxin Zhao & Xuaorui Hu [2003]，139頁。

5.2 インドに関する議論

　不確実性の回避のレベルに関する仮説③はこの研究において唯一支持されないものであった。ホフステードによれば，日本は不確実性の回避において高いスコアを付け，中国，アメリカ，インドがそれに続くというものであったが，シンの研究ではインドのウェブサイトが高いレベルの不確実性の回避の要素を示していることがわかった。

　このことは，インド社会の宗教的要因の役割に起因していると思われる。ヒンズー教はインドの主な宗教であるが，人生観に関しても，観念哲学に関しても宗教的であり，それはインド人がリスクを引き受けることを避け，運命を信仰することにつながっている。例えばインド人の誕生から結婚までのすべての出来事は占星術の影響を受けていることなどである。シンはこのことがウェブサイトでの不確実性の回避の要素の強さを示す一因となっているのではないかと推測している。

　また，インド社会は特に階層的な社会であり，カースト制による権力格差が存在する。上流，中流，下流の階層に分かれており，このカーストへの帰属意識は，政府が管理する文書の中でも，犯罪者の記録からあらゆる申請書まで個人の特定にあたっては父親の名と所属カーストを明記するほど浸透している[5]。インドのウェブサイトでも，企業の従業員の肩書（カーストなど）を著しく記述し，所属する組織でのランクの確認に使われている。このことは，権力格差の文化的要素であるとともに，信頼性や安全性を求める不確実性の回避の要素の高さを表すものとして捉えることもできる。

5.3 研究が示唆するもの

　シンの研究は，中国，インド，日本，アメリカの企業のウェブサイトが，文化的に中立であるか，またはそれぞれの国の文化的要素を満たしているかどうかを調査するものであった。この調査は国際マーケターと研究者に「国境を越えたウェブスタイル」が各国に共有されたイメージやカテゴリーの代わりに，文化的に独自のスタイルがウェブ上に拡大していることの証拠を示している。そのようなことから国際マーケターは，国際的に規格化されたウェブサイトを

始めるときに,それぞれの国において独特な文化のスタイルがあることを考慮に入れなくてはならないと思われる。石井・石原は,商品生産がその国の文化に規定されるという文化的視点の導入を提案しているが[6],商品生産に関係する国際的な企業のウェブサイトも,その国の文化を考慮したものでなくてはならない。

またインドのようにアジア地域の中でもウェブの文化的要素の記述において違いがあることもわかった。日本と中国のウェブを比較すると,インドのウェブは不確実性の回避の記述のレベルが高く,集団主義志向,高コンテキストコミュニケーションの記述のレベルが著しく低い。このようなことから日本,中国,インドを顕著に東側の文化的要素を持つ国としてグループ化することは困難であり,国際マーケティングのためのウェブコミュニケーションの材料を開発する前に,それぞれの国の文化に関する研究の必要性も示唆するのである。

6 おわりに

シンの研究から,その仮説と実験を検証し,既存の文化のフレームワークがウェブサイトの文化的要素の記述にも適応するかどうかを確認した。結論としては若干の相違点はあったが,ウェブサイトにおいてもその国の起源をなす文化的要素の記述があることが判明した。

仮説実験のもととなった文化的要素の解釈とその頻度を表すスコアに関して,シンの解釈とカテゴリー別の分析は,要素の解釈が既存の研究と若干相違する。さらにスコアを算出したカテゴリーの中の細かい項目の数が均一でないなど,仮説実験が正確に文化的要素を表現しきれているかに関しては今回立ち入っていっておらず,議論の余地のあるところである。

近年は企業価値を評価する際に,企業風土や組織文化を含む文化資産などもその評価の対象となっている。国際的な企業のウェブサイトも評価を得るうえでの重要な指標となるとみてよく,この点も国際マーケティングの情報戦略の中にも文化的要素の視点の必要性が生じることを示唆しており,今後の研鑽が待たれるところである。

●注

1　村井純［1995］『インターネット』岩波書店，77-80頁。
2　Luna, D.,Peracchio, L.A. & de Juan, M.D.［2002］, Cross-Cultural and cognitive aspects of web site navigation, *Journal of the Academy of Marketing Science*, Vol.30 No.4, pp.397-410.
3　川上量生［2015］『コンテンツの秘密―ぼくがジブリで考えたこと』NHK出版新書，22頁。
4　Linch, P.D., Kent, R.J. and Srinivasan, S.S.［2001］The grobal internet Shopper: evidence from shopping tasks in twelve countries, *Journal of Advertising Research*, pp.15-23.
5　藤井毅［2007］『インド社会とカースト』山川出版社，48-49頁。
6　石井淳蔵・石原武政［1996］『マーケティング・ダイナミズム―生産と欲望の相克』白桃書房，184-187頁。

●参考文献

Coskun Samli, A.［1995］*International Consumer Behavior*, Quorum Press.（阿部真也・山本久義監訳『国際的消費者行動論』九州大学出版会，2010年）
Hall, E.T. and Mildred, R.H.［1990］*Understanding Cultural Differences*, Intercultural Press Inc, Yarmouth, ME.
Nitish Singh, Hongxin Zhao & Xiaorui Hu［2003］*Analyzing the cultural content of web sites A cross-national comparision of China, India, Japan, and US*, Emerald Group Publishing Limited.
Nitish Singh,Vikas Kumar,Daniel Baack［2004］*Adaptation of cultural content:evidence from B2C e-commerce firms*, Emerald Group Publishing Limited.
石井淳蔵［2009］『ビジネス・インサイト―創造の知とは何か』岩波書店。
梅田望夫［2006］『ウェブ進化論―本当の大変化はこれから始まる』ちくま新書。
小林弘人［2014］『ウェブとはすなわち現実世界の未来図である』PHP新書。
鈴木謙介［2007］『ウェブ社会の思想―＜遍在する私＞をどう生きるか』NHKブックス。
鈴木謙介［2013］『ウェブ社会のゆくえ―＜多孔化＞した現実のなかで』NHKブックス。
西垣通［2007］『ウェブ社会をどう生きるか』岩波書店。
松田貴典・芝隆・辻野武・城順平・金子清美・黒木啓良［2007］『コーポレート・レピュテーション戦略―信頼される企業に向けて』工業調査会。
村井純［1998］『インターネットⅡ』岩波書店。
村井純［2010］『インターネット新世代』岩波書店。

第12章

企業と消費者の環境配慮行動における情報の重要性

1 企業の環境配慮行動

1.1 環境マーケティングの誕生

　地球環境問題が深刻化した要因の1つには，マーケティングが大量生産，大量消費の浪費型社会を助長してきたという面がある。その反省に立って，近年，企業は社会的責任としての環境配慮行動を選択するようになってきた。
　顧客満足を通して経済的利益と環境保全を同時に達成する環境マーケティングは，企業の環境配慮行動であり，その情報はマーケティング活動やCSR報告書を通して発信される。一方，リサイクルやグリーン購入のために必要なグリーン・コンシューマは，企業から発信される情報だけでなくグリーン・コンシューマ同士の情報交換を通して成長してきた。
　本章では，企業と消費者それぞれにおける情報の重要性と，企業と消費者の双方向コミュニケーションのあり方を考える。
　ピーティ（Peattie, K.）は環境マーケティングの目的を「より少ない原材料やエネルギー，より少ない環境汚染，より少ない包装，より少ない買い替え，より少ない間接費などと，より少なくてなおかつ多くの顧客満足を，しかも一定の利益を得て創造すること」とした。（ピーティ［1993］，邦訳90頁）また，大橋照枝は，環境マーケティングを「企業や組織が地球環境と生活の質および生活者満足との共生と調和をはかりながら，LCA（ライフサイクル・アセスメント＝Life Cycle Assessment）を用いて，商品・サービスの「ゆりかご」

(原材料採取段階)，から「墓場」(廃棄後のリサイクル，リユース等を行う段階) までの全プロセスで環境負荷を最小にするような商品企画・開発，生産，物流，販売のシステムを構築すること。そのために原材料や廃棄物のリデュース，リユース，リサイクル (以上を3Rともいう)，ゼロエミッション (廃棄物ゼロ) 化を組み込んだ，循環型システムを折り込むこと。その実現のために，従業員，ステークホルダー，投・融資家，生活者／市民，地域社会および政府／行政への環境情報開示と，コミュニケーション (情報のやりとり) によって，エコロジー (生態系との調和) とエコノミー (経済性) との両立をはかり，持続可能な発展を実現する活動」と定義している (大橋 [2002]，39-40頁)。

環境マーケティングは，従来のマーケティングとは全く異なる新しいマーケティングというわけではない。従来のマーケティングに環境への配慮を加えたものである。したがって，環境マーケティングにおける基本的な視点は企業側にあり，従来のマーケティングのように，その具体的な活動は，マーケティングの4Pで考えることができる。

1.2 環境マーケティングの4P

1.2.1 製　品

原材料を調達する段階から廃棄までのすべての段階で環境への悪影響を減らすよう設計された製品を環境配慮型製品という。そして，環境配慮型商品は，製造する段階，提供する段階，使用する段階といったさまざまな段階で考察される。

製造段階では，リサイクルしやすいように素材の併用を控えてなるべく同じ素材を利用することや，分離，分解しやすい環境配慮設計をしたり，原材料を環境負荷の少ないものに変えたり，そのための技術革新が求められる。また，製造工場やオフィスで省資源，省エネに配慮して国際標準化機構 (ISO) で作成された環境マネジメントシステム規格である環境ISO14001を取得することにより，従業員の環境意識を高め，組織だった環境対策ができるようになる。そうすることで，対外的には企業イメージの向上や取引先の満足と信用の増大が期待できる。

商品提供段階における環境配慮の例としては，包装に関する課題があげられ

る。贈答品に丁寧な包装をする日本では包装が過剰になりがちであるため，粗末にみえないような簡易包装を追求したり，空間容積を小さくしたりと，まだまだ工夫の余地はある。

商品の使用段階の例では，省エネルギーとなるような設計があげられる。すでに冷蔵庫やエアコン，照明器具などにおいて，消費電力をいかに少なくするか，各メーカーが激しい競争を繰り広げている。また，ビール瓶のように洗浄して再び利用できる商品を多くつくり出したり，詰め替え用の商品をつくって容器を長く利用できるようにしたりする工夫もなされている。

1.2.2 価　格

企業の環境対策で最も難しい問題が，環境コストをどうやって回収するかということである。省エネや省資源など，コスト削減に寄与するような対策であれば問題はないが，多くの場合，環境コストはそれまでのコストと比べて割高になることが多い。

その増加した分の環境コストをすべて市場価格に上乗せできれば良いが，一般の商品と比べて価格が高ければ購入しないという消費者が多いのが現状である。したがって，消費者がどのくらいの価格上昇なら許容するのか，どのようにして消費者にアピールすれば価格上昇を許容してもらえるか，また，競合企業に対して競争力低下にならないためには，どのくらいの価格に設定するべきかなどを探りながら価格を設定していかなければならない。

企業努力だけではどうしても吸収できないコスト増加分を国からの援助を仰いでまかなう方法もある。

2009年5月に始まった家電エコポイント制度は，地球温暖化対策の推進，経済活性化，地上デジタル放送対応テレビの普及を目的として，省エネ性能の高い地上デジタル放送対応テレビ，エアコン，冷蔵庫に対してポイントを付与し，そのポイントを消費者は指定商品と交換できるというものであった。この制度は11年3月まで続き，その間，省エネ家電製品の普及に伴うCO_2削減効果は年間約270万トンと推計される。また，家電3品目の販売を約2.6兆円押し上げ，経済波及効果は約5兆円，年間のべ約32万人の雇用を維持・創出したという（環境省「家電エコポイント制度の政策効果等について」）。

1.2.3 流　通

　従来のマーケティングでは，流通とは商品を生産者から消費者に運ぶ過程のことを指すが，環境マーケティングにおいて流通というときには，消費者が消費した後の流通も考慮しなければならない。つまり，動脈流通と静脈流通の双方を考えなければならないのである。動脈流通とは従来の商品流通であり，製造から卸売，小売，消費者へという流れである。これに対し，静脈流通とは，廃棄物を回収し，再利用，再使用，再資源化することで環境への負荷を軽減するという新しい視点に基づいた流通である。

　動脈流通の分野では，流通に関する包装資材の省資源化や，物流システムにおける省エネなどの対策が講じられる。例えば，野菜の輸送に段ボール箱を使用するのをやめ，プラスチック素材の箱を繰り返し使用することによりゴミの減量を果たしたり，多頻度少量配送をやめて共同配送したりすることによって，排気ガスの減少や交通混雑の緩和といった環境問題の解決に寄与することができる。

　静脈流通においては，製品のリサイクルシステムを自社内部に取り込む形もみられる。富士フイルムのレンズ付きフィルム「写ルンです」は，分解しやすく廃棄物が出ないように設計されているうえに，消費者が写真を撮り終えて現像に出した後の回収ルートが確立されているため，実に95％の再資源化重量率を誇っている。また，コンビニチェーンのミニストップでは，販売期限切れの弁当を回収し，乾燥飼料にして豚のえさにし，その豚をまた弁当のおかずとするシステムが構築されている。

　このような，入口も出口も同じ企業で，その処理プロセスも当該企業できちんとコントロールできるような，企業にとって「閉じた範囲での循環」であれば，入口で十分な供給量を確保でき，異物混入などといった危険も排除され，出口の需要も確保されることから，リサイクル・チャネルは長期的に安定する（西尾［1999］，148-150頁）。

　しかし，現実には閉じた範囲での循環に組み込むことのできない廃棄物のほうが多い。こうした生ゴミなどの一般廃棄物においても，環境負荷を考慮したリサイクルシステムが構築され，維持されるべきである。

1.2.4 販売促進

　環境マーケティングにおける販売促進は，従来のマーケティング以上に双方向のコミュニケーションを意識した行動が必要となる。

　例えばメーカーが，有害物質を生み出していた従来の素材に替えて，環境負荷の少ない代替素材を使用したとしても，商品をみただけではすぐにわからないことのほうが多いだろう。しかし代替素材を使ったがために価格が高くなってしまった場合は，消費者に説明し，納得して購入してもらわなければ，売り上げが落ちてしまう。そこで，消費者にどのような媒体でどのように伝えるかがカギとなる。

　「環境対策に力を入れている」と多くの消費者に認知されているトヨタ自動車は，他社に先駆けてハイブリッドカーを開発したことや，「CO_2削減に向けた取り組みが進んでいる」ことが評価されていた（日本総研［2010］，7-8頁）。それはトヨタ自動車がテレビCMやCSR報告書などで自社の環境への取り組みを常にアピールしてきたことが功を奏している。また，環境対策に力を入れている企業として，トヨタ自動車と並び高い評価を受けているパナソニックも，その理由の大半が「省エネなどの環境配慮型商品を提供している」や「CMのイメージ」であるという。このことからも，環境対策に取り組むだけでなく，CMやCSR報告書などで消費者とコミュニケーションをとることがいかに重要であるかがわかる。

　こうした環境コミュニケーションは一方的に情報を開示するだけではいけない。消費者の行動が反応として現れるような，双方向のコミュニケーションが必要なのである。

　コトラー（Kotler, P.）は，公衆衛生・治安・環境・公共福祉の改善を求めて，企業が消費者の行動改革キャンペーンを企画，あるいは実行することにより，消費者の行動が変化し，そのマーケティングから得られるベネフィットの多くは，ブランド・ポジショニングを確固たるものとし，ブランド選好を創造し，取引を構築し，販売量を増加させると述べている。消費者の行動が変化しなければ，マーケティングが成功したとはいえないのである（コトラー［2007］，132-165頁）。

1.3 CSR報告書

　環境配慮製品の広告・宣伝であれば，通常の販売促進戦略で行うものと何ら変わらないが，製品の販売課程ではなかなか目にすることのない自社の環境配慮行動については，CSR報告書や環境報告書で情報を提供する。これらの報告書は，環境配慮促進法で「名称や環境以外の分野に関する情報の記載の有無，報告を発信する媒体を問わず，事業者が自らの事業活動に伴う環境配慮の状況について定期的に公表しているもの」と定義されている。

　環境省が作成した「環境報告ガイドライン（2012年版）」では，環境報告を「事業者が意図した形で，自らの事業と関連する環境的側面及び関連する経済・社会的側面の影響や活動を説明する際において，重要な位置付けとなるもの」とし，環境報告書には「利用者の意思決定に影響を与える情報」をすべて網羅すべきであるとしている（環境省［2012］）。

　監査，税務，アドバイザリーサービスを提供しているKPMGが行った調査では，2013年に調査対象とした4,100社のうち71％の企業がCSR報告を行っており，世界的にみて，CSR報告が主流となっていることがわかる（KPMG［2013］）。

　また，KPMGの2011年の報告書では，CSR報告の動機を調査しているが，そこでは「評判」と「倫理的配慮」をCSR報告の動機付け要因としてあげる企業が多かった。そして，2013年の報告書で，KPMGのグローバル・チェアマンであるイヴォ・デブア（Yvo de Boer）は，「企業がCSR報告を行うべきか否かの議論はとうに終わったものだ」とし，すでに企業は何について報告を行うか，どのようにそれを報告するかを議論する段階に入っているとしている。

　また，ウェブ上でCSR報告書を公開する企業が増えたことで，インターネットを通してCSR報告書を目にする機会も増えた。東洋経済新報社の調査では，CSR報告書の報告媒体が紙のみは2.3％，Webのみ29.0％，紙とWebの両方での報告は53.7％である（東洋経済新報社［2015］，7頁）。

2 消費者の環境配慮行動

2.1 消費者に求められる環境配慮行動

　企業の環境マーケティングの中には，企業単独では完結できず，消費者の協力が必要なものがある。例えば，商品の使用段階において，消費者に適切な使用をしてもらわなければならないことや，環境コストにより高くならざるを得ない環境商品価格の受容，さらには静脈流通における廃棄物の適切な分別，企業が提供しているCSR報告書にきちんと目を通すことなどである。

　それらの環境配慮行動はどのような消費者により受容されやすいのか，西尾がそれまでの研究をまとめているが，年齢，性別，教育水準，世帯収入，社会階層，その他のデモグラフィック・社会経済的属性，パーソナリティ属性といったさまざまな属性と，環境配慮行動との間に，明確な因果関係は見いだせないという（西尾［1999］，53-72頁）。従来のマーケティングにおける市場細分化の変化と同様に，消費者のエコ購買行動の規定要因は，人口統計的規定要因ではなく，個性的規定要因や心理的規定要因なのである。

　行動は「信念→態度→意図→行動」という一連の一次元的流れの中で捉えられる。

　エコ購買行動意図に影響を与えるのは，人間自然関係指向，社会的規範，社会的責任感とエコ購買行動に対する態度なのである（李［2009］）。このとき，人間自然関係指向とは「人間は自然との調和を維持すべき」という考え方であり，社会的規範とは「家族や友人や地域は環境行動に積極的で，自分も環境行動をしなければならないと思う」こと，社会的責任感とは「環境保全に道徳的責任を感じる」こと，エコ購買行動とは「私はエコ購買の考え方が好きである」ということなどである。

2.2 グリーン・コンシューマへの期待と現状

　企業のマーケティングが大量生産，大量消費の浪費型社会を助長し，地球環境問題の深刻化を引き起こしたという面は否定できない。しかし一方で，企業

が生産する製品を受け入れ，物理的に豊かな社会を望んできた消費者にも責任の一端はある。そして，消費者もまた，そんな自分たちの行動が地球環境問題を助長するのだということに気づき，浪費型社会の転換を求めるようになるのである。

　カイナック（Kaynak, E.）は，マズローの欲求段階説に従って消費者の欲求を分析しており，生存の欲求から各欲求段階を上り，一番高い自己実現の欲求を達成すると，消費者満足・不満足の輪が完成し，元の生存の欲求や安全の欲求に戻るという（Kaynak［1985］, pp.31-46）。この，自己実現の欲求を満たした消費者が戻る生存の欲求は以前のそれとは異なり，環境を考慮する生活スタイルである。近年，スローフード，スローライフといわれる，地元の食材と食文化を大事にし，自然と調和してゆったりした時間の流れを楽しむ生活スタイルを好む消費者が増えている。それらの消費者はゆたかな生活を十分享受したうえで，昔の不便な暮らしを愉しんでいるのである。

　この，自己実現後の消費者の1つがグリーン・コンシューマである。グリーン・コンシューマとは，環境への負荷ができるだけ小さい商品を優先して購入し，ライフスタイルを環境負荷の少ないものにすることを目指す消費者のことである。1990年頃からグリーン・コンシューマの活動は徐々に広まり，1997年にはグリーン・コンシューマ全国ネットワークが結成された。

　グリーン・コンシューマが積極的にグリーン購入をすることによって規模の経済が働き，環境配慮型商品の単価が安くなり，グリーン・コンシューマではない一般の消費者が購入しやすくなることが期待される。ハイブリッド車の価格が，その普及とともにメーカーの開発競争を伴って下がってきたように，これから発売ラッシュを迎えるであろう電気自動車も，普及していくにつれて現在より低価格になることが期待される。

　したがって政府も企業も，グリーン・コンシューマの増加を期待しているが，現実にはまだ価格の高い環境配慮型商品の購入に積極的でない消費者が多く，すべての消費者が環境行動をとるまでには至っていない。

　環境省の『環境にやさしいライフスタイル実態調査（平成26年度調査）』によれば，環境配慮行動を「すでに行っており今後も引き続き行いたい」と回答した人が行っていることは，「ごみを地域のルールに従ってきちんと分別して

出すようにする」(82.7％)や,「日常生活において節電等の省エネに努める」(73.0％)といった日常生活の中で実施可能なものであるものが多い。一方,積極的に行動を起こさなければならない「不要品をバザー,フリーマーケット,ガレッジセール等のリユースにまわす」(31.6％)や「物・サービスを購入するときは環境への影響を考えてから選択する」(33.3％)などは割合が小さく,「体験型の環境教育・環境学習活動に参加する」(9.3％)や「講習会等で得た環境保全に関することを実践する」(13.7％)などといった,より積極的な参加が必要となる項目では,非常に低い結果となっている(環境省［2014］,38頁)。

このように,環境問題に対して,「日常生活における1人1人の行動が,環境に大きな影響を及ぼしている」(93.0％),「大人にも子どもにも,環境保全について理解を深めるための環境教育や環境学習は重要である」(93.0％)と考えてはいても,実際に環境配慮行動に直結していないのが現状である。

2.3 消費者の態度と行動の矛盾

篠木は「環境に配慮したい」という態度と「リサイクルを実行しない」といった行動の間にある矛盾から生じる不快な緊張状態を解消するために,消費者は正当化を行うという。

正当化戦略とは,環境問題は重要であるが,リサイクルは決して環境にやさしいものではないから行動を実行しても仕方がないという,行動貶化戦略,自分がリサイクルしても環境問題の解決には影響を与えないため行動を実行しても仕方がないと考える主観的合理性戦略,コストが大きいので行動を実行できない(この場合のコストとは,金銭的支出や時間的制約だけでなく,不快さなど主観的に定義されるものも含まれている)と考える高コスト戦略,リサイクル不実行時に自己のある特定の状況から生ずる価値のほうが,環境配慮よりも重要であるために行動を実行できないとする注意変更戦略の4つである。

調査の結果,篠木は行動貶化戦略と主観的合理性戦略をとる消費者はあまりおらず,ほとんどの消費者が高コスト戦略か注意変更戦略をとることを明らかにした。

そして,消費者を,「正当化戦略を採用しない行為者」,「注意変更戦略と高コスト戦略のうち1つかまたは両方を採用する行為者」,「すべての正当化戦略

を採用している行為者」の3つに分類し，そのそれぞれに対して，環境配慮行動を起こさせる要因を導き出している。

「正当化戦略を採用しない行為者」には情報提供をすることで行動変容の可能性が高い。「注意変更戦略と高コスト戦略のうち1つかまたは両方を採用する行為者」に対してはコミットメントや報酬・罰が効果を持つ。「すべての正当化戦略を採用している行為者」に対しては効果的な要因が見当たらないため，構造的要因の変化のみで行動変容を促すことは困難である。したがって，知識や価値観，他者への行動評価などの個人的要因への働きかけを同時に行い，環境配慮行動を受け入れる土台を作る必要があるというのである（篠木［2007］）。

企業のマーケティングの応用として考えられる環境マーケティングでは，どちらかというと消費者を環境に関心がある消費者とない消費者に分類し，環境に関心がある消費者をターゲットにするか，もしくは省エネなどのコスト削減をめざす消費者を対象にするかという対応をしてきた。

しかしこれからは，環境に関心があっても，それがなかなか環境配慮行動につながらない消費者に，環境行動をとらせるための効果的な手段を考えることが重要になってくる。

3 経済的取引システムへの情報通信技術発展の影響

3.1 情報化による取引費用と組織化費用の低下

産業廃棄物のほうが一般廃棄物よりもリサイクルが進んでいる要因の1つは，産業廃棄物の流通が，自由競争段階よりも統制されたシステムであり，垂直的に管理されたものだからである。つまり廃棄物チャネルは基本的に独占段階や垂直的マーケティング・システムのほうが有利ということになる。

フォワード・チャネルと循環型チャネルの，最も大きな違いは，取り扱う商品が価値のあるものか，価値のないものであるかということである。価値がないというよりも，処理費用というマイナスの価値を持つ廃棄物流通は，廃棄物処理という社会的費用についても考慮する必要がある。

ここで，経済的取引システムにおいて，新たな傾向が現れていることを指摘しておきたい。篠﨑は，「取引費用を情報費用とみなすならば，効果的なIT導入で市場の取引費用は大幅に低下し，マーケット・メカニズムが機能しやすくなる。ここで重要なのは，取引費用の低下は会社の経理や会計などで用いられる「経費削減」という縮小均衡の概念とは全く異なり，市場での取引が活発化することでフロンティアが拡大するプラス・サムの効果をもたらす点にある」と指摘している（篠﨑［2014］，156頁）。

そして，情報化の影響は，市場の取引費用低下にとどまらないという。「企業内分業のコミュニケーション問題」に着目すると，企業内部における管理機構の維持など「組織化の費用」を引き下げる有効な手段としても情報化が威力を発揮する。つまり，情報化は市場の取引費用と組織化の費用のいずれをも引き下げる効果があるのである。

篠﨑は，「ここで重要なのは，費用低下そのものではなく，企業の内部と外部で資源配分に必要となる費用の「相対関係に変化」が生まれ，これまで最適であった市場と企業の境界に「揺らぎ」が生じることである。これは，外部費用と内部費用のどちらがより大きく低下するかによって，企業の適正な規模と形態が大きく変わってしまうことを意味する」という（篠﨑［2014］，157頁）。

したがって，市場か組織かの選択は固定的ではないと考えるウイリアムソンは，時間と共に変化する条件の1つに情報処理技術をあげて「情報処理技術の変化」が生じれば「最初に選ばれたのとはちがったふうに諸活動を市場と階層組織に割り当てることが適切」になるため「効率性を周期的に再評価する必要がある」と述べており，垂直的マーケティング・システムが永遠に続く効率的なシステムではないことにも着目しているのである（篠﨑［2014］，158頁）。

3.2 売り手と買い手の情報の共有化

完全競争のように，消費者が完全な情報を持っている場合であればともかく，現代社会においては，消費者は不完全な情報しか持ち合わせていない。

フォワード・チャネルを流れるグッズの流通ですらそうなのであるが，循環型チャネルを流通するバッズに関してはさらに情報が少ない。

例えば，古着を売買することに抵抗のない消費者であっても，買い取ってく

れる古着屋がどこにあるのか，どのくらいの値段で売れるのか，まったく情報が無くては行動に移すことはできない。

さらに，多くの消費者が廃棄物として行政回収に出した古着が，どのように処理されているかを知らない。それがもしも「もったいない」と思うような処理の仕方をされているのだと知れば，何らかの行動を起こす余地が出てくるかもしれない。

そして現在では，このような細かな情報を消費者に伝達する情報通信技術が発達してきており，売手と買手の直接取引にかかる取引費用は減少傾向にある。

阿部は，インターネットに支えられた分権的でオープンなネットワークの事例に共通して気づくのは，直販取引といい，電子市場といい，市場での売り手と買い手とが直接に取引するいわば市場取引の原型に回帰している印象が強いと述べている（阿部［2009］）。

しかし，「原型」的な市場取引とは根本的に異なる要因は「多数の広域的な，いわばグローバルな規模の売り手と買い手が，IT技術の急速な発展による分散化した情報の共有化を通じて，従来の複雑な流通業者の介入を最小限に抑えたかたちで，市場取引が可能になったということである。卸売商人の投機的な介入による需給不均衡の累積というデメリットをおさえて，需給調整を進めていくのがこの種のネットワーク・システムの革新的なメリットであるといってよい。

消費者は，廃棄物を誰とでも交換できるわけではない。本来，行政が担ってきた廃棄物収集を，民間企業が担うとき，消費者は，行政と民間企業のどちらに廃棄物を流通させるかという選択肢を得ることになる。そしてそのときに，行政も廃棄物業者も環境にやさしいなどといった情報が正しく伝わっていれば，消費者はより利益の得られるほう，より費用のかからないほうを選ぶであろう。

これまで何度も述べてきたように，循環型チャネルが構築されるためには，消費者の無償労働が不可欠である。

しかし，循環型社会の重要性を理解し，3Rには1人ひとりの労働力が必要になると知らなければ，消費者は自分たちの労賃が不当に搾取されていると思うかもしれない。

消費者に環境配慮行動をとらせる要因として，適切な情報の提供，報酬や罰，

環境教育，行動の実施，が有用であることはすでに明らかにした（篠木[2007]，133-159頁）。しかし，グリーン・コンシューマの成長が十分ではない現状では，消費者に環境意識がなくても自発的に環境配慮行動に参加するようになる仕組みを構築する必要がある。

3.3 結果としての環境配慮行動

環境に配慮したいと思っているのに自身の行動が伴っていない消費者には，情報提供や報酬，罰，環境教育などを具体的に行っていく必要があるが，しかし，結果として表れる環境配慮行動を，すべて環境意識から出るものと評価してはいけない。

例えば，古着屋で洋服を買うか買わないかとその理由を尋ねたアンケートデータを使用し，樋口耕一作成のKH Coderを使用してテキストマイニングを行った（樋口[2014]）。

その結果，「買う」と答えた人は，それが「掘り出し物」であることや「気に入る」こと，「値段が安い」ことなど，さまざまな理由をあげているが，エコロジー関与や社会的規範などといった理由はあげていない。つまり，古着を購入することはエコロジー行動なのではあるが，今現在古着を買っている人には，「リユースを促進することは環境に良い」などという感覚はないのである。

一方，現在古着を「買わない」と答えた人の理由をみると，単に「嫌」だといった意見もあるが，「サイズがない」や「好みの問題」といった意見がみられる。

このことから，古着をリユースする人はエコロジーに関心があるとはいえない。しかし古着をリユースしたことがない人に対しては，エコロジー情報を与えることで，行動を促すことができるかもしれない。さらに，例えば古着などは，現在リユースしていない人の意識を，リユースしている人の「古着は掘り出し物がある」や，「古着はファッションだ」といったものに変えていくことで，エコロジーを強調しなくともリユースが進むこともありえ，そのほうが，リユースが進む可能性もある。こういった消費者の意識変化に対して，口コミの影響力が大きいということは明らかである。したがって，SNSの重要性が再認識されることになるのである。

4 双方向コミュニケーションの重要性

　1990年代，企業が発信する環境情報が少なく，また，発信していてもその内容が曖昧であると指摘された。したがって企業と生活者の環境コミュニケーションが成り立っていないといわれていた（大橋［2002］）。それが近年，環境報告書の義務化などにより，情報量は確実に増加している。しかし，環境マーケティングは，企業の側からどうやって環境に配慮するかという出発点であり，したがって企業の側しかみていなかった。

　一方，消費者は消費者で，環境情報自体には興味があるにもかかわらず，企業から発信される情報が少ないことに不満を抱き，お互いに，一方的なコミュニケーションを築いてきてしまった。これからは，まさにソーシャル・キャピタルとしての情報が必要とされる。

　フォワード・チャネルにおいては，独占段階や垂直的マーケティング・システムの効率がよい。そして，そんなフォワード・チャネルにおいて，情報技術の発達により，市場取引システムへの揺り戻しがみられる。

　そもそも，廃棄物においては消費者の無償労働を必要とすることが多いことから，拘束性の強いチャネルではなく，緩やかにつながったネットワークがよいと考えられるが，廃棄物は種類が多く，そのそれぞれで効率的なネットワークも違うと思われる。「①企業組織（または政府組織）のもつ官僚的で硬直的な組織を，市場組織の持つ弾力的で革新的な性格に変えていく動きと，②市場組織のもつバラバラで利己的な動きを，共通の目標をもった相互補完的な性格に変えていく動きとに大別でき」るネットワークをさらに詳細に調査し，どのようなネットワークがどの廃棄物に最も効果的なのか明らかにする必要がある（阿部［2009］）。そうすることで循環型社会をさらに発展させることができるからである。

　また，消費者に，循環型チャネル・ネットワークに必要な無償労働を，無理なく行ってもらうためには，消費者意識の変化が必要である。無理なくというのは，消費者が主観的に感じる負担感が少ないということである。そのためには，環境教育等を行ったり，啓発キャンペーンを行ったりするだけでなく，古

着の例にみられたように，エコロジー活動的な発想がなくても，自主的に循環型チャネル・ネットワークに加わってもらえるような仕組みづくりが必要である。

そして，近年無視できないのが，スマートフォンの普及である。スマートフォンは「ともに行動」を促進させる（井徳他［2013］，259-263頁）。

PCで机に向かって情報を得ていた，つまりAIDMAでアクションまでにメモリーがあった消費者ではなく，今の若者は，思い立てばすぐにスマートフォンで検索し，SNSで情報を共有し，行動に移す。換言すれば，スマートフォンがいつでも携帯されているため，態度と行動の乖離が小さくなるのではないかと期待できる。

双方向に情報が行き来すること，そのスピードを促進し，範囲を広げる役目をするスマートフォンの普及は，企業と消費者の環境配慮行動のどちらにも，より強い影響を与えるのではないだろうか。

● 参考文献

E. Kaynak & S. Wikstroem［1985］"Methodological Framework for a Cross-National Comparison of Consumerism Issues in Multiple Environments," *European Journal of Marketing*, Vol. 19, No.1, pp.31-46.

阿部真也［2009］『流通情報革命』ミネルヴァ書房。

井徳正吾・松井陽通［2013］『マーケティングコミュニケーション』すばる舎。

大橋照枝［2002］『環境マーケティング大全』麗澤大学出版会。

Philip Kotler and Nancy Lee［2004］"CORPORATE SOCIAL RESPONSIBILITY：Doing the Most Good for Your Company and Your Cause"（コトラー，フィリップ［2007］『社会的責任のマーケティング』恩蔵直人監訳，東洋経済新報社。）

篠木幹子［2007］『環境問題へのアプローチ―ごみ問題における態度と行動の矛盾に関する正当化メカニズム』多賀出版。

篠﨑彰彦［2014］『インフォメーション・エコノミー』NTT出版。

西尾チヅル［1999］『エコロジカル・マーケティングの構図』有斐閣。

樋口耕一［2014］『社会調査のための計量テキスト分析』ナカニシヤ出版。

Ken Peattie［1992］"Green Marketing"（ピーティ，ケン［1993］『体系グリーンマーケティング』三上富三郎監訳，同友館。）

細田衞士［2012］『グッズとバッズの経済学（第2版）』東洋経済新報社。

李振坤［2009］「エコ購買行動意図の規定要因」『横浜国際社会科学研究』第14巻第4号，79-91頁。

環境省『家電エコポイント制度の政策効果等について』
　https://www.env.go.jp/council/02policy/y020-60/mat03.pdf

環境省［2012］『環境報告ガイドライン（2012年版）』
　https://www.env.go.jp/policy/report/h24-01/full.pdf
環境省［2014］『環境にやさしいライフスタイル実態調査（平成26年度調査）』
　http://www.env.go.jp/policy/kihon_keikaku/lifestyle/h2704_01.html
KPMG［2013］『KPMGによるCSR報告に関する調査2013』
　http://www.kpmg.com/Jp/ja/knowledge/article/kpmg-sus-newsletter/Documents/sus-intl-report-survey2013-20131227.pdf
東洋経済新報社［2015］『第11回CSR調査　業種別集計結果』
　http://www.toyokeizai.net/csr/pdf/syukei/CSR_syukei2016_2.pdf
日本総合研究所［2010］『地球環境保護に関する消費者の実態と意識（単純集計結果）』
　http://www.jri.co.jp/MediaLibrary/file/pdf/column/study/4917/detail.pdf
（Web上の参考文献についてはいずれも2016年1月8日現在のもの）

第13章

ICT事業分野におけるプラットフォームの概念規定とその戦略的意義

1 いま，脚光を浴びつつも曖昧なプラットフォーム概念

　栄枯盛衰は世の常である。それは，今日の新自由主義的市場において一層顕現化する。内外を問わず，新旧企業間の下剋上が常態化し，さまざまな分野で世代交代が加速する。例えば，これまでわが国の電機メーカーは，その高い技術力やブランド力でグローバル市場をけん引してきたが，最近では，中国や韓国などいわゆる新興国のキャッチアップに脅かされる一方，米国のGoogleやAppleといった革新的(イノベーティブ)な巨大ベンチャーの急伸の煽りを受けて，凋落の兆しも見えてきた。国内に目を向けても，長い間，わが国の流通の主役を演じてきた百貨店やスーパーは，CVS（Convenience Store：コンビニエンスストア）はもとより，楽天，Amazon，iTunes Storeといったインターネットを介したショッピングサイト等の台頭により，その牙城が揺らいでいる。

　近年，これらの世代交代劇の裏に見え隠れするのが，「プラットフォーム戦略」の存在である。特に2008年に発生したリーマンショックに端を発する不況により，多くの企業が業績を落としたが，なかには急激な成長を遂げた企業も存在する。そうした企業には，プラットフォームを意識した戦略を採る企業も少なくない。先にあげたGoogle，Apple，Amazonの他にも，Twitter，Facebook，LINE，楽天，GREEなど，近年，着実な成長を遂げている企業は，いずれもICT（情報通信技術）分野において，プラットフォーム戦略を中核とした事業展開を図っているように思われる。このようにみてくると，特にICT分野

において，プラットフォーム戦略は，企業戦略を考えるうえで極めて重要なキーワードの1つであることは間違いないだろう。だが「プラットフォーム」あるいは「プラットフォーム戦略」「プラットフォーム・ビジネス」といったプラットフォームに関連する言葉が雑誌や新聞等で最近かなり頻繁に見聞されるようになっているとはいえ，その概念規定は曖昧であり，未だ統一されていないのが実情といわなければならない。本章では，特にICT事業分野を念頭に置いてプラットフォーム（戦略）を検討し，筆者独自の定義を提示したうえで，その戦略的意義を明らかにすることを目的とする。

2 プラットフォームの意義

プラットフォーム（platform）とは，水平面や台地という意味のフランス語"plate-forme"が語源とされており，元来，檀上や舞台，あるいは駅における電車に乗るための昇降場等，周囲より「一段高い場所」を意味する（小学館ランダムハウス英和大辞典編集委員会［1989］，1976頁）。そのため，選挙中に候補者が演説をするための一段高い場所である「演台」や「演壇」という意味や，それが転じて，政党や「政綱」，あるいは候補者の「公約」を表す場合もあり，実に多彩な意味を含んでいる。

プラットフォームという用語は，主にコンピュータ関連の用語として定着していった感がある。その場合「アプリケーションソフトを作動させる際の基盤となるOSの種類や環境，設定（インセプト「IT用語辞典　e-words」）」などの意味合いで用いられることが多い。マイクロソフトが提供しているOSのウィンドウズが好例である。同OSはマイクロソフトが単独で開発したが，その後，ソフトウェア，サーバー，CPU（Central Processing Unit：中央演算装置），さらにはプリンター等の周辺機器に至るまでOSとの互換性を意識して開発されるようになっていった。

やがてPC市場では，OSはウィンドウズが，CPUはインテルのPentium等の系列製品がデファクト・スタンダード（事実上の標準）となっていった。スタンダードモデルは，のちに「ウィンテルモデル」と呼ばれるようになったことは周知のとおりである。また，コンピュータ用語として使われるOS等のメカ

ニックなものを狭義のプラットフォームとすれば，事業モデルとしてのプラットフォームは広義のプラットフォームと捉えることもできる。

広義のプラットフォームに関しては，クスマノ（Cusumano［2002］），出口［2005］などの定義がみられる。クスマノ［2002］は，プラットフォームを「1つのシステムが1社またはそれ以上の企業が製造するパーツで成り立っているとき，このようなシステムの核として機能し，そのときにこそ価値が最大化するような基盤製品のことを意味する」と定義づけている（クスマノ［2002］，p.112）。

近年，台頭しているクラウドサービスにおけるプラットフォームを，阿部は「大規模データセンターとしての，クラウド・コンピューティングに支援されたかたちで『情報の収集，管理，販売』を行う管理部門。情報システムの頭脳的部分」（阿部・宮﨑［2012］，183頁）として捉えている。

このように，プラットフォームの定義は画一的ではなく，論者や言及する対象によって大きく異なっているのが実情で，微細な点まで検討すれば「各人各様」と捉えることもできよう。この点「実際には，プラットフォームといっても，人によってさす範囲が異なり，プラットフォームが何かを議論することそれ自体は生産的ではない」（依田［2011］，115頁）といった概念規定そのものに懐疑的な見解もみられる。だが，プラットフォームを明確に定義せずして現代の企業戦略を分析することが極めて困難であることも否定できない。

そこで，以下，これまで論じられてきたプラットフォームの分類やそれぞれの概念に共通する特徴を抽出しながら，筆者なりにプラットフォームの定義づけを行ってみたい。

3　プラットフォームの3つの特徴

プラットフォームには3つの特徴があると考えられる。階層の中間システム，ビジネス・エコシステムの中核エンジン，スイッチャブル・コンセプトがそれである。

3.1 階層の中間システム

　プラットフォームの定義は，多義的かつ曖昧だが，それぞれの定義を吟味すると，ある共通点が浮かび上がってくる。それは，プラットフォームは，何らかの補完製品あるいはサービス利用を媒介する中間的存在という点である。

　例えば，駅のプラットフォームは，列車・線路と鉄道サービスを媒介する中間的存在である。PCのOSは，PCのCPUとアプリケーションソフトの利用を媒介する中間システムといえる。また，クラウドサービスの場合は，情報の収集，管理，販売を行う管理部門がプラットフォームであり，それを基盤としてクラウドサービスの提供が可能となる。ただし顧客がサービスを享受するには，やはり回線や端末等のハードウェアが必要となる。

　このように考えると，プラットフォームは基本的に階層（multi-layer）の中間システムであることがわかる（**図表13－1**）。つまり，プラットフォームは単体では機能せず，補完製品やサービス等と階層をなすことによってはじめて機能するものである。出口［1993］は，プラットフォームについて「階層的にとらえることができる産業や商品において，上位構造を規定する下位構造（基盤）」（出口［1993］，41-46頁）とみている。

　だが一口に階層性といっても，常にシンプルな3層構造になっているわけではない。例えばOS（図表13－1中央）では，下位レイヤーにインターネット

図表13－1 ▶階層とプラットフォーム

駅	OS	クラウドサービス
鉄道サービス（上位レイヤー）	アプリケーションソフト（上位レイヤー）	クラウドサービス（上位レイヤー）
プラットフォーム	OS（プラットフォーム）	管理部門（プラットフォーム）
列車・線路（下位レイヤー）	PC（下位レイヤー）	回線・端末等ハードウェア（下位レイヤー）

出所：筆者作成。

回線が位置する場合もある。林［2014］は「情報通信分野は，その事業領域（レイヤー）が端末，ネットワーク，プラットフォームおよびコンテンツ・アプリケーションという4層に分類される」（林［2014］，27頁）と述べている。

さらに，下位レイヤーが複数の階層を形成しているケースもある。インターネット回線を例にとれば，それを提供するコンプリメンタ（補完業者）としてさまざまな規模のISP（Internet service provider）が存在する。末端ユーザーが契約するISPを下位ISPとすれば，その上流に位置する上位ISPが存在する。さらに各ISPを接続しているISPもいる，というように複雑に絡み合って1つのレイヤーが形成されている場合もある。

この様子を谷脇［2007］は，「インターネットの世界は，www（world wide web：世界規模のくもの巣）というたとえが当てはまり，そのなかで「上位ISP（＝大手ISP）と下位ISP（＝中小ISP）は，末広がりの階層構造（ヒエラルヒー）を構成している」（谷脇［2007］，80頁）と指摘している。確かに実態はそのとおりだろう。しかし複雑な構造を複雑なまま論じることは必ずしも生産的とはいえない。このように複雑なプラットフォームの現実を分析ツールとして昇華させるには，一定の抽象化が必要と思われる。

3.2 ビジネス・エコシステムの中核エンジン

複雑なプラットフォームを抽象化するには，プラットフォームを近年登場した「エコシステム」という枠組みの中で捉えることが有効である。プラットフォームはエコシステムの構成要素の1つだからである。

エコシステム（ecosystem）は，元来，生物学用語で「生態系」という日本語訳が当てられている。生物学のエコシステムは「自然界のある地域に住むすべての生物群集とそれらの生活に関与する環境要因とを一体としてみたもの（「大辞林」）」である。つまり生物とその環境の構成要素を1つのシステムとして捉えているのである。これが転じて「エコシステム」が経営やIT分野でも用いられるようになった。これらの分野では，主に次の意味で用いられている。

「複数の企業が商品開発や事業活動などでパートナーシップを組み，互いの技術や資本を生かしながら，開発業者・代理店・販売店・宣伝媒体，さらには消費者や社会を巻き込み，業界の枠や国境を越えて広く共存共栄していく仕組

みである」(「知恵蔵2015」)。また，平野［2010］は，プラットフォームを用いた戦略を「事業や製品に関連するグループを『場（プラットフォーム）』に乗せて新しい事業のエコシステム（生態系）を構築する経営戦略である」(平野［2010］, 1-2頁）と定義している。イアンシティ＆レビーン（Iansiti & Levien［2004a］）は，エコシステムを創造・けん引する企業を「キーストーン（Keystone：要石の意。一般的に物事の中心となる場所や人を指す)」と呼び，プラットフォームの重要性について次のように述べている。

「キーストーンは，数多くの方法でエコシステムに価値をもたらすことができる。ただし，まず求められるのは，通例，プラットフォームの創造である。そのプラットフォームとは，エコシステム内の他社にソリューションを提供するサービス，ツール，あるいはテクノロジー等のかたちをとる資産である」(Iansiti. & Levien,. ［2004a］, p.74）。

なお，井上［2010］は，経営やIT分野におけるエコシステムを，生物学的なエコシステム（生態系）と区別するために「ビジネス・エコシステム」と呼び「ビジネス・エコシステムというのは，出資者，パートナー，供給者，顧客から成り立つ協調的ネットワークを生態系メタファーによって示したものである」(井上［2010］, 556頁）と説明を加えている。

さらに事業を成立させる仕組みであるという点に着目すれば，ビジネスモデルの一形態と捉えることもできる。本章では，プラットフォームが介在するエコシステムないしビジネスモデルを「ビジネス・エコシステム」と呼ぶ。

井上［2010］は，ビジネス・エコシステムに関しては，次の２つを指摘している。第１は，競争のレベルは，個々の企業間ではなくビジネス・エコシステム間の競争であるということ，第２は，相互にシェアを争うという発想では，企業共同体の育成と発展のためのリーダーシップは発揮できないということである（井上［2010］, 556-557頁）。つまり，エコシステム内部では，競争ではなく協調の姿勢を貫くべきという考え方である。いずれにしても，このビジネス・エコシステムを機能させる中核エンジンこそがプラットフォームといえよう。

3.3 スイッチャブル・コンセプト

　プラットフォームは，図表13－1で示したように，基本的に上位レイヤーと下位レイヤーからなる階層の中間に位置する存在である。この場合，上位レイヤーとは，サービスやアプリケーション，コンテンツなど，いわゆる最終製品に当たる製品層が主となる。一方，下位レイヤーには，補完製品，端末などのハードウェア，回線，ネットワーク等のインフラなどが含まれることが多い。この考え方によれば，プラットフォームが中核エンジンとなって駆動させるエコシステムは，基本的には3層ということになる。

　しかし，すでに述べたとおり，実際には，必ずしも3つの層で成り立つエコシステムばかりではない。例えばGoogleは，自社で検索エンジンというプラットフォームにより，広告サービスを提供している。下位レイヤーは，検索エンジンを利用するための端末（PC，モバイル機器等）である。ただし，端末は単体ではなく夥しい数のパーツで構成されている。しかも端末で検索エンジンを閲覧するには，インターネット回線が不可欠である。つまりGoogleのエコシステムは，「広告」「検索エンジン」「端末」「パーツ・回線等」という4層で構成されているともいえる。Amazonや楽天，Appleでも同様のことがいえそうである（**図表13－2**）。

　図表13－2の4社以外でも，補完製品が複数にわたり，エコシステムが多層構造になっている事例がほとんどと考えられる。特にインターネットを下位レ

図表13－2 ▶ プラットフォームにおける階層例

Google	Amazon	楽天	Apple
広告	コンテンツ	商品・サービス	楽曲
検索エンジン	Kindle Store	楽天市場	iTunes Store
端末	Kindle（端末）	PC	iPod
パーツ・回線等	パーツ・回線等	パーツ・回線等	パーツ・回線等

出所：筆者作成。

イヤーとするインターネットビジネスにおいては，この傾向が顕著である。

谷脇［2007］は，このようなエコシステムが多層構造化することに関して，「各レイヤーがモジュール化した」（谷脇［2007］，156頁）と表現している。インターネットが普及し，低価格で利用できるようになったため，モジュール化されたレイヤー同士が回線を介して共同しながら，「まるでレゴブロックを積み上げるように」（谷脇［2007］，156頁）ビジネスモデルを構築できるようになってきたのである。この場合，ビジネス・エコシステムにおいては，「上位レイヤー・プラットフォーム・下位レイヤー」のサンドイッチが複数でき上がる。したがって，プラットフォーム戦略を講じる際，状況に応じてレイヤーを上下に切り替えながら検討することも可能である。その意味で，プラットフォームの概念は，固定的なコンセプトというより，いわばフレキシブルに視点の切り替え（スイッチ）が可能なコンセプトとみることもできよう。

筆者は，そのような特徴に着目して，プラットフォーム概念をスイッチャブル・コンセプト（switchable concept）として捉えるべきだと考えている。

3.4 プラットフォームの定義

これまで述べてきたように，プラットフォームの意義については，いまだ統一された定義は存在しないが，各研究で提示された内容を踏まえれば，その定義づけに当たっては，図表13-3に示す4つの特徴に留意すべきだと考える。

図表13-3 ▶プラットフォームの特徴

多義的概念	プラットフォームは極めて多義的な概念。使われる業界等により意味が大きく異なる。
補完製品等	プラットフォームは，そのものだけで価値を生むのではなく，それを補完する製品やサービス，およびそれらを提供するコンプリメンタの存在が前提となっている。
階層性	補完製品とプラットフォームは階層性を有している。その階層性は，2層あるいは3層にとどまらず，多層性になることが珍しくない。
エコシステム	複数のレイヤーとプラットフォームで構成される階層は，1つのエコシステムとして機能している。さらにいえば，プラットフォームは，そのビジネス・エコシステムの中核エンジンの役割を果たしている。

出所：筆者作成。

筆者は、これらの要素を総合して、ICT事業分野におけるプラットフォームを次のように定義したい。「プラットフォームとは、複数のレイヤーで構成されるビジネス・エコシステムにおいて中核エンジンとしての役割を担い、そこで提供される財やサービスへのアクセスや利用を可能とし、そのビジネス・エコシステムの価値を規定する中間システムである」。

なお、既述のとおり、プラットフォーム概念をスイッチャブル・コンセプトと規定すれば、視点をどこにおくかでプラットフォームの位置づけは変わってくるという性質を併せ持っている点に留意すべきである。さらにいえば、視点の問題とは別に、エコシステム内部で実際にプラットフォーム・リーダーの転換（スイッチ）が生じる可能性も否定できない。

4 プラットフォーム戦略の意義

4.1 プラットフォーム戦略の先行研究

プラットフォーム戦略に関する研究としては、クスマノ＆ガワー（Cusumano & Gawer［2002］）がよく知られている。クスマノは、特にハイテク市場に関して「重要なのは、技術がいかに高度であるかでも、市場の先駆者であるかでもなく、自社がマーケット・リーダーになれるポジションにいるかどうか」（Cusumano［2004］, p.107）と主張している。そのうえで、プラットフォーム・リーダー（キーストーン）としてエコシステムをコントロールするためのフレームワークとして、「4つのレバー」を提示した。これは、プラットフォーム・リーダーの成功要因（エコシステムをコントロールする要素）を4つのレバーで示した分析フレームワークで、①企業の領域（scope of the company）、②製品技術（product technology）、③外部との関係性（external relationship）、④内部組織（internal organization）の4つからなる。

また、伊佐田・栗本［2004］は、国内製造業がICT事業分野で競争優位性を得るための戦略フレームワークとして、「4Cモデル」を提示している。一般的に用いられている3Cモデル（Customer, Competitor, Company）にコンプリメンタ（Complimentor）も加味して競争戦略を考えるフレームワークである。

ただし，これらのフレームワークは，いずれもプラットフォーム製品を提供する企業，すなわちプラットフォーム・リーダーを対象とした競争戦略である。ということは，当然ながら，プラットフォーム・リーダーが単独の企業として競争優位性を得ることに焦点を当てて論じられることになる。一方，イアンシティ＆レビーンは，プラットフォーム・リーダーだけでなく「ビジネス・エコシステム全体としていかに競争優位性を獲得するか」という視点で戦略を論じ「ネットワーク化された環境においては，どの企業の行動も，それが単独のものとはみることができない」(Iansti & Levien [2004b], p.58) と指摘している。確かに，プラットフォーム・リーダーのみが，いかに一時的に競争優位性を獲得できたとしても，コンプリメンタが次々に撤退するようでは，やはり健全なビジネス・エコシステムとはいい難い。

4.2 プラットフォームと資源ベース論

ビジネス・エコシステムが健全に機能しているかどうかは，根本的には，その中核エンジンたるプラットフォームが優れ，有効なプラットフォームリーダーシップのもとで，コンプリメンタが優れた製品（資源）をそのエコシステム内に提供することができるかどうかにかかっている。つまり，プラットフォーム戦略を検討するうえでは，ビジネス・エコシステム内にいかに有効な資源（resource）を取り込めるかという点も重要な要素となるわけである。

そこで，プラットフォームを検討するフレームワークとして，資源に着目した戦略論である資源ベース論（Resourced Based View，以下，RBVと省略）を検討する。RBVは，企業が保有する有形・無形の資源が，その企業の競争優位性を規定するという考え方である。周知のとおり有形資源（tangible resources）には，土地，建物，機械設備等があり，無形資源（intangible resources）には，情報（知識），技術，システム，ノウハウ，評判，信用などがある。RBVが既存の経済学と異なるのは，経済学（特に新古典派）であまり重視されなかった無形資産を競争優位性上，極めて重視している点にある（宮﨑 [2002], 36頁）。また経済学では，市場には情報が「遍在（ubiquity）」し，市場参加者（企業や消費者）が対称的な情報を共有し，資源は均質的で自由に移動するものと想定されていた。しかし，RBVはこうした現実離れした見方を

真っ向から否定し，実際の市場にある情報は「偏在（mal-distribution）」し，市場参加者は非対称的な情報しか持たず，資源は異質的で完全には移動できないと主張している。そして，その点にこそ企業の競争優位性やレント（超過利潤）の源泉，ひいては企業の規模や実績における多様性の原因があるとされている（宮﨑［2002］，94頁；［2004］，35頁）。

では，競争優位性やレントをもたらす資源とはどのようなものか。バーニーは，次の3つをあげている（Barney［1991］, p.106, p.111）。

①価値を生む資源（valuable resources）：競争優位性をもたらすには，当然ながら，その資源は企業の効率性や有効性を高めるような価値を生み出す必要がある。

②希少な資源（rare resources）：いかに価値を生み出す資源を持っていたとしても，競合他社が同等の価値の資源を持っていれば競争優位性は得られない。競争優位性をもたらすには，その資源は，希少なものでなければならない。

③不完全に模倣可能な資源（imperfectly imitable resources）：模倣できる可能性が低い資源である。模倣可能性が低い理由として，「a.独自の歴史的な条件」「b.因果関係の曖昧性」「c.社会的複雑性」がある（**図表13−4**）。

さらにバーニーは，資源の模倣可能性や移動可能性とは別に代替可能性（substitutability）という概念を用い，競争優位性をもたらしうる資源に言及して

図表13−4 ▶ 模倣可能性が低い理由

a	独自の歴史的な条件	企業とは本来極めて歴史的・社会的存在で，企業が市場で獲得しているポジションは，そうした要因を色濃く反映したものである（バーニー［1991］）。
b	因果関係の曖昧性	卓越した企業のパフォーマンスとその源泉たるべき資源との因果関係が不明確なために模倣や代替資源の開発が困難となること。
c	社会的複雑性	バーニー［1991］は，企業資源の多くは，社会的複雑性を有していると指摘している（p.110）。企業の管理者間の「良好な人間関係」や「評判の良さ」「企業文化」などがこれに含まれる。

出所：筆者作成。

いる（Barney [1991], p.111）。また，「価値を生む資源や希少な資源，模倣しがたい資源を有する企業が持続的な優位性（sustained competitive advantage）を保持するには，他社には代替可能性をもつ資源がないことが必要である」（Barney [1991], p.111）と主張している。例えば，Aという企業が有能な経営者を迎えた場合，競合他社Bにも有能な経営者がいれば，代替可能ということになる。これは，類似資源による代替可能性である。あるいは，競合他社Bの経営者は，Aほど有能でないが，代わりに卓越した戦略的プランニングを全社的に遂行できる体制づくりが整備されていれば，やはり代替可能ということになる（非類似資源による代替可能性）。

以上のとおり，企業が有する資源は，持続的な競争優位性の獲得に重要な役割を果たしている。これらの関係をまとめたのが図表13－5である。こうした資源の存在は，競争優位性の維持，さらにはレントの長期累積化につながるとみられている。

さらに資源に着目した分析フレームワークとして，バーニーは，「VRIOモデル」を提示している（Barney [2001b]）。そこで同モデルにおける次の4つの問いをもとに，内部環境と外部環境を分析する。

①経済的価値（Value）：保有する経営資源は，外部環境の脅威や機会に適応できるか？
②希少性（Rarity）：経営資源をコントロールできるのは，ごく少数の企業に限られているか？

図表13－5 ▶資源の異質性と移動困難性，価値，希少性，不完全な模倣可能性，代替可能性，持続的な競争優位性の関係性

出所：Firm resources and sustained competitive advantage [1991], p.112. 筆者訳。

③模倣困難性（Inimitability）：その経営資源を保有していない企業は，その資源を獲得・開発する際，コスト的に不利だろうか？
④組織化（Organization）：企業が保有している，価値があり希少で模倣コストの大きい資源を活用できるだけの組織的な方針や手続きが整っているか？

以上の4つの問いに基づいて分析を行うことにより，自社が保有している資源についての分析が可能となる。具体的には，それぞれの問いの答えにより，**図表13－6**のように捉えることができる。

4.3 プラットフォームとビジネス・エコシステム

これまでRBVでは，企業の競争優位性は，各企業が保有し活用できる資源によって規定されると考えられてきた。だが，今日のように極めて多くの先端的なテクノロジー開発を伴うグローバルなアジルコンペティションが重要な時代においては，企業単体というよりもむしろ，プラットフォームを中核エンジンとするビジネス・エコシステムにおける資源優位性が競争優位性の源泉になるものと考えられる。プラットフォームの戦略的意義も，企業単体ではなく，もはやビジネス・エコシステム全体を単位として検討されるべき時代に立ち至っているといえよう。

図表13－6 ▶ VRIOモデル

その経営資源やケイパビリティは…

Value 価値があるか	Rarity 希少か	Inimitability 模倣コストは大きいか	Organization 組織体制は適切か	競争優位性	経済的パフォーマンス
No	—	—	No	競争劣位	標準を下回る
Yes	No	—	↕	競争均衡	標準
Yes	Yes	No	↕	一時的競争優位	標準を上回る
Yes	Yes	Yes	Yes	持続的競争優位	標準を上回る

出所：Barney, J.B.［2009］『企業戦略論（上）競争優位の構築と持続』，272頁参照。最上段のValue, Rarity, Inimitability, Organizationは筆者にて追記。

5　プラットフォームの戦略的意義とRBV

　以上，本章では，ICT事業分野を中心に，プラットフォームの定義およびその戦略的意義について検討した。まず定義を改めて記せば次のとおりである。
　「プラットフォームとは，複数のレイヤーで構成されるビジネス・エコシステムにあってその中核エンジンとしての役割を担い，そこで提供される財やサービスへのアクセスや利用を可能とし，そのビジネス・エコシステムの価値を規定する中間システムである」。
　特にICT事業分野においてプラットフォームが上記の特徴を有している背景には，インターネットの普及により，各階層のモジュール化が進んだことがある。モジュール化された階層を積み重ねることで，スピーディーなビジネス・エコシステムの構築が可能となる。それにより，技術進歩の速さや顧客ニーズの多様化といった経営環境の変化にも対応しやすくなる。
　従来，プラットフォーム戦略のフレームワークとしては，クスマノ＆ガワーの「4つのレバー」等が知られている（Cusumano & Gawer［2002］）。ただし，それらはプラットフォーム・リーダーのみに焦点が当てられている。これに対し，イアンシティ＆レビーンは，ビジネス・エコシステム全体で競争優位性を検討すべきと提示した（Iansiti & Levien［2004a］）。ただし，プラットフォーム・リーダーにしてもビジネス・エコシステムにしても，その競争優位性は，多くの場合，各企業が保有する経営資源に規定されることになる。そこで本章ではプラットフォーム戦略を検討するフレームワークとしてRBVの意義を強調した。RBVにおいては，価値を生み，希少であり，さらに模倣可能性や代替可能性が低い資源が，持続的な競争優位性をもたらすとされている。
　プラットフォームは，オープン・イノベーションの場である。繰り返しになるが，今日のように極めて多くの先端的なテクノロジー開発を伴うグローバルなアジルコンペティションが加速する時代においては，企業単体というよりもむしろ，プラットフォームを中核とするビジネス・エコシステムにおける資源優位性が競争優位性の源泉になるものと考えられる。その意味において，プラットフォームをめぐる戦略の巧拙がビジネス・エコシステムへの外部資源の取

り込みや内部資源との融合を規定する可能性が高いとみられ，まさにその点にこそ，プラットフォームの戦略的意義があるといえよう。

●参考文献

Barney, J.B. [1991] Firm resources and sustained competitive advantage, *Journal of Management*, 17, 99-120.
Barney, J.B., Wright, M. & Ketchen, D.J. [2001a] The resource-based view of the firm: Ten years after 1991, *Journal of Management*, 27, 625-641.
Barney, J.B. [2001b] *Gaining and Sustaining Competitive Advantage, 2nd ed.*, Addison-Wesley Publishing Company.（岡田正大訳『企業戦略論（上）基本編―競争優位の構築と持続―』ダイヤモンド社，2009年）
Cusumano, M.A. [2004] *The Business of Software*, Free Press.（サイコム・インターナショナル監訳『ソフトウェア企業の競争戦略』ダイヤモンド社，2004年）
Cusumano, M. A. & A. Gawer [2002] The Elements of Platform Leadership, *MIT Sloan Management Review*, Spring 2002, 43, 3, 51-58.
Iansiti, M. & Levien, R. [2004a] Strategy as Ecology, *Harvard Business Review*（March），68-78.（松本直子訳「キーストーン戦略：ビジネス生態系の掟」Diamond Harvard Business Review, May, 2004年）
Iansiti, M. & Levien, R. [2004b] *The Keystone Advantage: What the New Dynamics of Business Ecosystems Mean for Strategy*, Innovation, and Sustainability, Harvard Business Press.（杉本幸太郎訳『キーストーン戦略―イノベーションを持続させるビジネス』翔泳社，2007年）
Praharad C.K. and Hamel, G. [1990] The Core Competence of the Corporation, *Harvard Business Review*, May-June, pp.79-91.（坂本義実訳「競争力分析と戦略的組織構造によるコア競争力の発見と開発」『ダイヤモンド・ハーバード・ビジネス』ダイヤモンド社，1990年）
阿部真也・宮﨑哲也 [2012]『流通情報革命』秀和システム。
伊佐田文彦・栗本博行 [2004]「プラットフォーム・リーダーシップ・モデルの研究：ICT時代のテクノロジー・マネジメントについての一考察」『NUCB journal of economics and information science』48(2)，111-125頁，名古屋商科大学。
井上達彦 [2010]「競争戦略論におけるビジネスシステム概念の系譜―価値創造システム研究の推移と分類」『早稲田商学』423，539-579頁，早稲田商学同好会。
グロービス [1998]『MBAマネジメントブック』ダイヤモンド社。
小学館ランダムハウス英和大辞典編集委員会編 [1989]『ランダムハウス英和辞典』小学館。
谷脇康彦 [2007]『インターネットは誰のものか―崩れ始めたネット世界の秩序』日経BP社。
出口弘 [1993]「ネットワークの利得と産業構造」『経営情報学会誌』2(1) 経営情報学会，41-46頁。
出口弘 [2005]「プラットフォーム財のロックインと技術革新」『経済論叢』175(3)，京都大学経済学会，192-218頁。
林秀弥 [2014]「第2章 プラットフォームを巡る法と政策」岡田羊祐・林秀弥編，『クラウド進化論』勁草書房。

平野敦士カール［2010］『プラットフォーム戦略』東洋経済新報社。
宮﨑哲也［2002］「資源ベース論と市場構造──RBVの理論的貢献の可能性について」『流通研究』5 (2)，日本商業学会，35-49頁。
宮﨑哲也［2004］「第3章　マーケティング研究と資源ベース論」鈴木武・岩永忠康編『市場環境と流通問題』五絃舎，35-49頁。
依田高典［2011］『次世代インターネットの経済学』岩波書店。

「IT用語辞典　e-words」インセプト http://e-words.jp/
「大辞林」三省堂　http://www.weblio.jp/content/せいたいけい
「知恵蔵2015」朝日新聞出版 https://kotobank.jp/word/エコシステム-185508（Web上の参考文献についてはいずれも2015年9月20日現在のもの）

終章

ネット・イノベーションの世界再編成の未来像

1 インターネットの未来についての諸見解

1.1 ピュー財団の世論調査

　日本ではグーグルやアマゾンなどの新製品開発の動向などが報じられることが多いが，インターネットの将来についての本格的な調査を行ったものはあまりみられない。アメリカの著名なピュー財団（Pew Foundation）は2004年から12年にかけて多様なテーマでサーベイを行っており，参加者の個別意見もあわせて紹介している（アンケート調査の回答者は，会社経営者，大学教授，社会活動家，コンピュータ専門の学生など）。

　本節では筆者が選んだそのうちの一部を紹介する（ピュー財団のネット上に公開されたレポートを利用した。章末の参考文献を参照）。

1.1.1 モバイル・インターネット・コミュニケーションのインパクト

　2008年の調査はモバイル・インターネット・コミュニケーションについて，2020年を目標とした予測調査である。「2020年には，世界の多くの人々にとってモバイル・フォンが第1の接続用具となる」というピュー財団の予測シナリオに対し，回答者1,196名（以下，各年度におけるアンケートへの回答者の数もほぼ同数）に賛否を求めた。

　財団の提示した予測シナリオに対し，回答者のうち81％が賛成，19％が必ずしも賛成できないと答えている。

1.1.2 未来の諸制度（Institution）についてのインターネットのインパクト

2010年3月の調査の結果は，調査対象者の72％がピュー財団の予測シナリオに賛成を表明した。そのシナリオとは，「2020年までに，オンラインで結ばれた会社組織は今より以上に効率的なものとなり，政府や経済界，非営利団体やその他の主要な組織も，インターネットに対応するものとなる」というものである。

これに対して26％の回答者（2％が回答保留）は，「2020年に至るまで，政府や経済界，非営利団体やその他の主要な組織も，基本的には20世紀型の，オンライン・オフラインでの市民や消費者に対する対応行動モデルを保持しつづけるだろう」というネガティブな未来シナリオを支持している。

1.1.3 インターネットと社会関係（Social relation）の未来

2010年7月に行われた「社会関係の未来について」の調査結果はどうであろうか。肯定的な立場をとった85％の回答者の代表的な意見は下記のようなものであった。「2020年の壮大な構図に目を向け，私の個人的な友人関係，結婚やその他の関係を考えてみると，インターネットは私の社会的生活にきわめてポジティブな力を与えてくれると思う。インターネットのコミュニケーション能力の利用を否定することは出来ない。多くの人達が，インターネットが生み出した相互作用を通じて，自分たちの配偶者にめぐり逢った」と述べている。

これに対して反対の意見を持つ人々は回答者の14％で，他のテーマに比べて少数であり，インターネットが広く生活の中に広がり根づいてきているといえそうである。

1.1.4 ビッグデータのもたらす影響

2012年に行われた「ビッグデータ」の未来についての報告書には，その冒頭で次のように書かれている。「専門家たちは，情報分析の新たな形態がわれわれの才知を高め，適応力をより大きなものにすると述べている。しかし彼等はまた，この新しい用具を十分に理解し利用するための人間の能力について心配

している」。

インターネットのこの分野の未来についても，肯定的な意見と懐疑的な意見があり，その比率は53％対39％となっている。このテーマは，日本でも近時1つの大きな論点となっているが，これまでみてきたピュー財団の他のテーマに関する賛否の比率の中で，賛同者の比率が最も低く，懐疑的な意見の比率が最高となっている点については，注目しておく必要があろう。

1.2 ネットの未来についての楽観論と懐疑論

アメリカの有識者と呼ばれる人々の間でも，インターネットの未来について意見の一致がみられるわけではなく，また未来を考えるテーマについても，テーマの性格によって賛否の割合が変わってくることも明らかになった。ここでは総括的な視点から，ネットの未来に対する楽観論と懐疑論を代表すると思われるいくつかを，簡単に紹介しておく。

1.2.1 山岸俊男・吉開範章［2009］『ネット評判社会』

議論は，「集団主義的秩序」と「個人主義的秩序」という人間の歴史にもみられ，現代社会にも存在する2つの社会類型の区別から出発する。集団主義の秩序というのは，原始共同体の場合のように地域集団の外部的な交流の機会は希薄で，集団の秩序は集団内の規律や家父長的な統制に依存することにより守られた。これに対して「個人主義的秩序」は，むしろ近代社会以降に発展し，人々の地域を越えた移動や流出入が活発化し，インターネットによる交流や移動はその最先端に位置づけられる。

だがここでいう2つの社会集団と秩序の類型は，それぞれが単独で存在することは少なく，多くの場合，両者は相互に補い合い，そのいずれかに多くの比重を置くという形で存在してきた。著者の山岸は，わが国の年功序列制や終身雇用制を集団的秩序の一例として取り上げているが，このような秩序のもとでは，人間関係は閉鎖的で外に開かれていない。

しかし経済のグローバル化が進んでくると，従来からの集団的秩序にこだわることなく，人々は「個人的秩序」を新たに構築する方向に動き出し，インターネットを介した資材の購入や製品の販売など，未知の人々との新たな信頼の

構築の必要性が高まるのである。
　山岸はインターネットのつながりの最大の特徴は、その開放性にあると明言している。

1.2.2 ジットレイン（J.Zittrain）[2008]『インターネットが死ぬ日』

　ジットレインは現在のネットの懐疑論を展開する前に、ネットの初期の登場期の生き生きとした姿を次のように書いている。「インターネットやそのユーザーの挙動を管理しようという考えはないに等しかった。開発が始まった瞬間から、ネットワークの設計は完全に公開されていた」（[2008]、邦訳52頁）。これは私が序章の1.2項「初動期のネットスピリット」で述べたものと同じ状況を記したものであり、これが「商用化」の波に乗って「大化け」したのである。

　この間、インターネットは次第にパソコン依存型から、携帯電話、iPod、iPhoneといった集中管理型の「ひも付き」情報端末依存型へと変わっていったとジットレインはいう。より正確にいえば、ネットの初動期の大学に置かれたパソコンは「生み出す力を持つ肥沃な土壌」であり、パソコンにかなりの自由度が与えられていたからこそ、ウイルスやスパム、なりすまし、などの事故やいたずらなどの発生する可能性が高かったのである。

　しかしこのような事故や事件が多発し、ネットのセキュリティが脅かされるようになると、もしセキュリティが確保されるならば、多少の自由度が制限されてもいいと考える人が増えるのは当然の結果である。いま人々の前にはパソコンを捨てて、iPodやiPhoneなどの集中管理型の「ひも付き」端末への移行という選択肢が与えられることになる。若者を中心に多大の支持を集め、急成長したiPhoneについて、ジットレインは次のように宣言する。それは「独創性を刺激することがなく、いわばやせた不毛の技術である。自分でプログラムを追加することができない」（[2008]、邦訳7〜8頁）。

　「生み出す力を持つ肥沃な技術」が、「やせた不毛の技術」によって代位される危機をジットレインは「インターネットが死ぬ日」と表現したのである。しかし一定の規律を維持しながら、インターネットが生み出す力を持ち続ける可能性はあるという。彼はウェブ2.0で注目されるようになったウィキペディアの統治管理様式を高く評価している。

2 ネットのグローバル展開とライフサイクルの現局面

インターネットの現時点の評価とその未来の姿についていくつかの見解をみてきたが，その明るい未来だけでなく懐疑的な見地も現れてきているのは，インターネットの導入からその普及過程がかなり進み，ただスマートフォン端末などの急成長を歓喜するだけでなく，そこでの新たな問題点が感知されてきていることの結果ではないだろうか。ここでネットの導入から普及過程に向けてのライフサイクルの現局面と，そこでの問題を把握しておく必要があると思われる。

2.1 世界の品目別端末出荷量の推移

まず世界市場における従来型パソコン，通常，スマホと呼ばれるiPhoneなどのモバイルフォン，および最近高い伸び率を維持しているタブレットなどのウルトラ・モバイルの出荷量と，2014年から2017年までの（16年，17年は予測値）の伸び率（％）をみてみよう。**図表終－1**がそれである。

まず第1に注目されるのは，インターネット時代を切り開いたパソコンが，ここでは年次ごとの出荷の伸び率がマイナスになっている点である。この商品が製品のライフサイクルの局面では，すでに成長の段階から飽和と衰退に向け

図表終－1 ▶ 世界の品目別端末出荷量の推移

(単位：百万台)

年次 端末の種類	2014年	2015年	2016年	2017年
従来型パソコン	277.1 (100%)	252.8	243.6	236.3 (85.2%)
ウルトラ・モバイル （タブレットなど）	227.0 (100%)	236.7	257.9	276.0 (121.5%)
モバイル・フォン （iPhoneなど）	1,878.9 (100%)	1,943.9	2,017.8	2,055.9 (109.4%)
合計	2,383.0 (100%)	2,433.4	2,519.3	2,568.2 (107.7%)

注：2014年〜17年，ただし16，17年は推計値。
出所：ガートナー社のプレス・リリースによる http://www.gartner.com/newsroom/

ての段階に入っているということである。

これに対して第2の注目点は、通常、スマホと呼ばれるiPhoneなどのモバイルフォンがその出荷量が14年で18億台、17年の予測値では20億台を記録して、図に示された端末の種類の中では最高を維持しており、しかもパソコンとは異なってまだかなりの成長率（17年／14年対比で9.4％）を確保しているという点である。「さよならパソコン、こんにちはスマホ」という流行語を生み出しているのである。

ただ今回の図表終－1では、新たに、タブレットと呼ばれるウルトラ・モバイルの急成長が示されている点も注目される。

2.2 先進国と発展途上国での普及率の変化

以上は、世界市場全体を平均的に見た場合の、各種のインターネット端末の普及率の概況であった。しかし世界市場は所得水準などで捉えた場合に、先進国と発展途上国という大きな区分があり、したがって世界市場でのインターネットの普及状況をより正確に把握しようと思えば、そのような区分に即した分析が必要とされる。図表終－2にそれが示されている。

予想されるとおり、先進国と発展途上国の間では、パソコンの保有家庭の比率やインターネットの利用者の比率での大きな差が認められ、2012年時点でも先進国と発展途上国の間には3倍程度の普及の開きがある。ただ、ここで重要な事実は、モバイル端末の購入者の比率については、先進国・発展途上国ともかなり高い比率となっていることである。モバイル端末の全世界的な普及率の広がりが示されているといえる。

各種の情報機器の普及率やインターネットの利用率をより詳しくみるには、具体的な国名を挙げて検討するのがベターだと思われるので、まず発展途上国の中の成長率が高く、しかも人口規模の大きいBRIC諸国（Brazil, Russia, India, China）を取り上げて先進諸国と比較してみる。

図表終－3がそれであるが、先進諸国の1人当たり所得は、全体的にみてBRIC諸国のそれとの間にかなりの開きがあるのがわかる（図表の第1縦欄）。ただ、この図表には記されていないが、先進国のGDPの年平均成長率（2001年〜2006年）の平均値が4％なのに対して、BRIC諸国のそれは8％と2

図表終-2 ▶ 先進国と発展途上国での普及率の変化
(住民100人当たり％，2006年〜2014年)

コンピュータ保有家庭の比率

年次	2006	2008	2010	2012	2014
先進国	58.6	66.1	71.4	75.5	NA
発展途上国	15.8	19.6	22.8	27.6	NA
合計	28.0	32.6	36.2	40.7	NA

モバイル端末の購入者の比率

年次	2006	2008	2010	2012	2014
先進国	92.9	107.8	113.3	116.0	120.8
発展途上国	30.1	49.0	68.5	82.1	90.2
合計	41.7	59.7	76.6	88.1	95.5

インターネット利用者の比率（個人）

年次	2006	2008	2010	2012	2014
先進国	53.5	61.3	67.1	73.1	78.3
発展途上国	9.4	14.6	21.2	27.4	32.4
合計	17.6	23.1	29.4	35.5	40.4

注1：2014年は推計値。
注2：先進国，発展途上国の区分はUN（国際連合）の基準による。
注3：インターネット利用者はコンピュータ，モバイル端末，ゲーム機を含む。
注4：数字はITU（国際電気通信連合）の資料による。

倍であり，人口の平均値が先進諸国で72（百万）人なのに対して，BRIC諸国は694（百万）人となっているのをみると，1人当たりの所得では，BRIC諸国は先進諸国に大きく引き離されているが，しかし人口規模やGDPの成長率でみたBRIC諸国の成長性が明らかである。

ここでとりわけ注意すべきは，図表終-3に記されているモバイル端末の伸びの数値である。この数値は先進諸国とBRIC諸国でのモバイル端末の2001年から2006年にかけての伸び率の平均であるが，先進諸国ではアメリカが13％で最も高く，カナダ・オーストラリアが12％でこれに続き，日本は6％という具合である。ところがBRIC諸国でのその伸び率は，インドの91％が最高で，ロシアの81％，ブラジル28％，中国26％と続いている。

図表終－3 ▶ 先進国と発展途上国（BRIC）における
モバイル端末の所有者数と伸び率（2006年）

地域と国		1人当たり所得（USドル）	モバイル端末の所有者（百万）	人口数（百万）	モバイル端末の伸び（％）
先進諸国	アメリカ合衆国	44,970	233	301	13
	カナダ	36,170	17	33	12
	イギリス	40,180	70	60	9
	ドイツ	36,620	84	83	9
	フランス	36,550	52	61	7
	スペイン	27,570	46	43	9
	日本	38,410	102	128	6
	オーストラリア	35,990	20	20	12
	香港（中国）	28,460	9	7	10
	シンガポール	29,320	5	4	10
	韓国	17,690	40	48	7
BRIC	ブラジル	4,730	100	189	28
	ロシア	5,780	120	143	81
	中国	2,010	461	1,324	26
	インド	820	161	1,120	91

注1：モバイル端末の所有者数はITU（国際電気通信連合）の資料による。
注2：モバイル端末の伸び率は2001～2006年にかけての平均年率。
出所：Chircu, A.M. & Mahajan, V. [2009] *The Journal of Product Innovation Management* に若干の修正を加えた。

モバイル端末の伸び率が先進諸国のそれと比べて著しく高く，それは人口総数に対比しての端末の所有者数が先進諸国と違ってかなり低い状況を反映したものと思われる。つまり先進諸国では端末の普及状況がすでに1人で2台というような飽和段階に達しているのに対して，BRIC諸国ではその豊富な人口に対してまだまだ普及過程が広がる余地があり，ライフサイクルでの成長段階をたどっていると考えられるのである。

2.3 最後で最初のフロンティア―アフリカ市場の未来―

世界市場を先進国市場と発展途上国市場に区分し，そこでのインターネット市場の展開の可能性を検討してきた。先進国市場がすでに飽和の段階に達し，

既存市場での再利用に向かうことが予想されるのに対して，BRIC諸国という発展途上国の中の恵まれた地域が，インターネット利用の新市場として期待されるということを述べてきた。それだけでなく，このBRIC諸国は他の途上国にとってのフロントランナーであり，事実，BRICの中にアフリカの優等生，南アフリカ共和国を含めてBRICSと呼ぶこともある。

ただ忘れてならないのは，アフリカ市場はこれまで開発がなされてきた地球上のどの地域よりも多様性に富んだ地域だということである。経済的な指標としてのGDPでみても，10億ドル以下の低所得国と5,000億ドル超の豊かな国とが地域内に点在し，大陸の北側にはイスラム教を信仰する人々が多く，南側にはキリスト教を信仰する人々が多い。当然インターネットという情報化推進の基幹となるシステムの普及と利用の状況は多様であり，まさにアフリカ大陸の持つ多様性に寄り添うかたちで，開発が進められねばならない（この点の詳細については，『一橋ビジネスレビュー』63巻1号を参照）。

そのアフリカ諸国を2つの主要なグループに分け，それと先進諸国とを対比したインターネット利用者比率の推移を見た図表がある。**図表終－4**がそれであるが，一見してわかるのは，アフリカ諸国と先進諸国を対比した際における，

図表終－4 ▶ インターネット利用者の住民100人当たり比率（個人）

国名	年次	2000	2002	2004	2006	2008	2010	2013
アフリカ諸国	南アフリカ共和国	5.35	6.71	8.43	7.61	8.43	24.00	48.00
	アンゴラ	0.11	0.27	0.46	1.91	4.60	10.00	19.10
	ナイジェリア	0.06	0.32	1.29	5.55	15.86	24.00	38.00
	中央アフリカ共和国	0.05	0.13	0.22	0.31	1.00	2.00	3.50
	モーリタニア	0.19	0.36	0.48	0.98	1.87	4.00	6.20
	ニジェール	0.04	0.13	0.19	0.29	0.70	0.83	1.70
先進国	日本	29.99	46.59	62.39	68.69	75.40	78.21	86.25
	アメリカ	43.08	58.79	64.76	68.93	74.00	71.69	84.20
	イギリス	26.82	56.48	65.61	68.82	78.39	85.00	89.84

注1：インターネット利用者はコンピュータ，モバイル端末，ゲーム機を含む。
注2：数字はITU（国際電気通信連合）の資料による。
注3：アフリカ諸国について，点線より上位はGDP上位国，点線より下位はGDP下位国（2015年3月の資料）。

ネット利用者の比率の大きな差である。アフリカ諸国はGDPの上位国と下位国に分けられているが，上位国では南アフリカ共和国をはじめ，2013年には普及率48％に達したものもあり，2000年から2013年にかけてのネット普及率の急速な成長をみることができる。しかしその際立った動きをみせる南アフリカ共和国でも2013年の利用率は先進諸国の半分程度であり，中央アフリカ共和国に代表されるGDPの低位諸国の動向にまで目を向けると，そこには大きな違いが認められる。

これらの「遅れた国々」に対して，BRIC諸国はアフリカ大陸の54の諸国と10億人の人々にとっての新しい変革の起動力となるだろうか。しかしこの点を立ち入って考えるためには，最近時の急速な成長が注目されるモバイル・ネットを，インターネット普及過程全体の中にどう位置づけるのかという，新しい理論問題の検討が必要になってくる。

2.4 ネット商品のライフサイクルの補完と代替

パソコンの飽和化と成長鈍化傾向のみられるなか，新しい成長商品としてのモバイルフォンの登場は，これらのネット商品のライフサイクル上の位置づけをどう把握するかという新しい理論問題を提起することになった。

その問題提起が，さきの図表終－3を用いて先進諸国とBRIC諸国を比較したチルキュとマハジャンの2009年の論文でなされているのである。ここでこの論文に注目する理由は，この論文がその冒頭で述べた次の言葉である。「この論文は，BRIC諸国が他の発展途上国のフロントランナーとして役立つことができるかどうか，つまりそこでの技術普及をめぐる論点が他の発展途上国に応用できるかどうかを論じようとするものである」(Chircu & Mahajan [2009]，p.455)。つまりBRIC諸国にみられるモバイル端末を軸とする新しい成長路線が，他の発展途上国にどこまで拡張できるかを問題としているのである。

ここで1つの理論問題が提起されている。それは先進諸国やBRIC諸国で急速に普及したモバイル技術が，アフリカやアジアなどの発展途上国で革新的技術として採用されていった場合，ライフサイクルの視点からみたとき，それは代替（substitution）か補完（complement）かという問題である。「これらのモバイル技術は他の高コストの情報技術つまりコンピュータやそのネット関連

商品の代替商品なのかそれとも補完商品なのかということが今後の研究によって明らかになろう」(Chircu & Mahajan [2009], p.463)。ここでは問題提起にとどまったこの論点が2010年のピアース (R. Peres), ミューラー (E. Muller), マハジャン (V. Mahajan) の論文で詳しく論じられる。

2.5 国際的な普及過程における「異質性」の問題

　ライフサイクル理論では, 普及過程は新規採用者の減少と市場の飽和化によって終結するといわれる。しかし既存製品はより進化した属性を持った新世代 (generation) 商品によって代位 (substitute) されていく。だがこの点に関しては議論があり,「多くの商品について新旧世代が長期にわたって共存することもある」(Peres et al. [2010], p.101)。モバイル・フォンについてみても, アナログ・フォンの利用者はデジタル技術が普及してもなお存在を続けた。白黒TVはカラーTVという新技術世代の商品が開発されても, 小型のTVとして利用されている。この場合, 新旧世代は補完商品として需要を相互に補強し合う関係にある。

　それでは新旧世代商品の共存補完関係の存続ではなく, 新技術の開発によって新製品が登場し, それによって旧世代の商品が代位され, その市場が縮小していくケースはなぜなのか。そこで作用する重要な要因は何なのか。この論文の著者たちは, 新製品の採用過程における異質性 (heterogenity) の問題を提起し,「技術的『代替性』の論点が, 新製品採用者たちの『異質性』という問題を提起することになった」(Peres et al. [2010], p.96, カギカッコは筆者) と書いている。

　この「採用過程の異質性」という考え方は, 国家間の相互作用 (cross-country-interaction) において, とりわけ重要な意味を持ってくる (Peres et al. [2010], p.103)。これは途上国における新技術の採用が, 先進国のそれの補完的なものにとどまるのではなく, それに代替しうる本格的な革新となるためには, これらの国々における固有の「異質性」に配慮し対応したものでなければならないということであろう。

3 情報資本主義の時代認識とその未来

3.1 主要産業の市場規模の推移

　本書の最終章の締めくくりとして，わが国を念頭に置いて，情報産業の全体像を日本の産業構造の中に位置づけることから始めたい。情報産業の中にどこまでを含めるかも1つの問題であるが，ここでは総務省の『情報通信白書』のデータを利用することにしたい。

　図表終－5はそれを示したものである。1995年（平成7年）から2012年（平成24年）までの，日本の主要産業の実質国内総生産額の推移をみることができる。まず第1に確認しておきたいことは，情報通信産業と呼ばれるものが，産業の生産額として，総合商社などを含む卸売業や，自動車産業を含む輸送機械，さらには電気機械や鉄鋼業などよりも，高い地位を占めていることである。

　鉄鋼業や自動車産業あるいは電気機械産業などは，戦前から戦後にかけて，日本資本主義の成長を支えた産業であった。しかし現在，その代表的主要産業

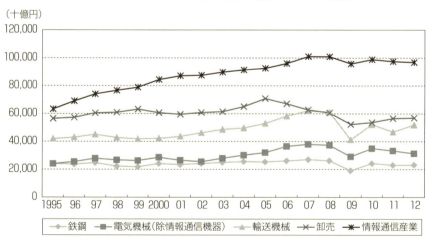

図表終－5 ▶ 主要産業の市場規模の推移（2005年価格）

出所：総務省［2014］『情報通信白書』。

と呼ばれるような地位は，情報通信産業によって代位されたといってよい。

ただ，同じ情報通信産業の中で急成長を示すものに「情報サービス業」と呼ばれるものがあり，この中にはソフトウェア業や情報処理サービス業などが含まれているのであるが，これらの成長分野の活動が，情報通信産業を日本のトップ産業に導いていった。

3.2 バーチャル空間の拡大と諸産業の依存度の増大

上記の成長分野としての「情報サービス業」について注目すべきデータが紹介されているので，それを検討しておくことにする。現時点でのインターネット事業の概要を把握し，いわゆるバーチャル空間の急速な拡大がリアルの産業構造にどのようなインパクトを与えているかを知るうえで，極めて有益である。

図表終－6をみていただくと，「情報サービス業の受注先別年間販売額比率」というタイトルになっているが，これは日本の情報サービス業者が，日本の他の産業部門の企業，つまり製造業や金融・保険業，公務，卸・小売・飲食業等に対してどれほどの取引，つまり情報の提供・販売を行っているかが，年次別に記されている。

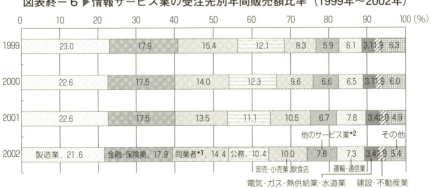

図表終－6 ▶情報サービス業の受注先別年間販売額比率（1999年～2002年）

注1：情報サービス業は以下のものを含む。情報処理サービス，受注ソフトウェア開発，ソフトウェア・プロダクツ，システム等管理運営委託，データベース・サービス，各種調査。
注2：＊1は「情報サービス業務を行う同業者」を指す。＊2は「情報サービス業以外のサービス業」を指す。
出所：経済産業省［2003］『特定サービス産業実態調査報告書（情報サービス業編）』。

比率でみると製造業が最も多く，金融・保険がこれに次いでいるが，卸・小売・飲食や運輸・通信業の比率が年次的にみて増加しているのもわかる。つまり情報サービス業者，例えば情報システムの管理運営委託を行う業者が，メーカーや金融・保険業者と強い結びつきを持っているのがわかるし，また年次的にみると，卸・小売・飲食などの中小企業チェーンを情報的に支援する活動が高まっているのも予想される。

全体としてみると，情報サービス業の販売額は1998年（平成10年）の10.7兆円から2012年（平成24年）の17.7兆円へと65％の急増となっているので（総務省編『情報通信白書』平成26年版），この情報サービス業以外の例えば「情報通信関連サービス業」などの急成長も考慮に入れると，これらのバーチャル空間の拡大に貢献している諸活動の日本の他の産業分野に与えるインパクトは軽視できるものではない。

3.3 情報産業の歴史的地位

以上で明らかにしたのは，情報サービス業などの日本の他の産業部門に対しての多様な情報支援の実状であった。もちろんこのような結び付きは現在から将来にかけて量的にも質的にも高まっていくだろう。ビッグデータの時代といわれるように，これまで述べてきた企業間および産業間の構造的データだけでなく，消費者・市民からの情報の受発注も急速に高まっている。これらの多様なデータを企業経営やマーケティングに利用する技術も進んできている。

つまりこれらのビッグデータの蓄積と利用技術の発展が，リアルの経済システムにおよぼす影響は今後も増加を続けるに違いない。かつて前世紀の初期つまり1900年代の初め頃，資本主義の産業構造が大きく変貌し，企業の集中や集積が急速に進展したとき，その変貌を大きく支え促進したものとして，銀行の役割が強調されたことがあった。

例えばレーニンはその名著『帝国主義』において，「銀行は仲介者という控えめの役割から成長転化して……その国や幾多の国々の生産手段および原料資源の大部分を自由にする全能の独占者となる」（邦訳，51頁）と書いている。

ところで，今，IT革命の進展による情報サービス業等の影響力の増大，バーチャル空間のリアル空間への作用力の拡大が急速に進行しているのをみた。

今日ではまだその情報サービス業等はただ情報の「仲介者という控えめの役割」を果たしているに過ぎぬようにもみえる。しかしそれが「成長転化して……その国や幾多の国々」の多くの産業に多大の影響力を行使する「全能の独占者となる」可能性はないだろうか。

しかし前世紀末から百年を経過した今日の情報通信産業の地位の拡大が，百年前と同じような結果をもたらすとは思えない。それは一方では，たしかにグーグルなどの巨大企業に情報の集積と管理を委ねることになるだろう。しかし他方では，本書の序章でも触れたように，今日の情報技術，とりわけインターネット技術は情報の分散的所有と管理を本質的特徴とするものであり，世界的な規模での消費者・市民の側からの情報の発信とその管理への参加を抑えることはできない。

インターネットの未来についての思考を深めたライアン（J. Ryan）はそのインターネットに関する著書 [2010] の中で，今日のデジタル化の進んだ社会の特質を「求心力のない世界の管理」（control in a centrifugal world）と名付けている。そして次のように続ける。「自分のプラットフォームへの管理の維持への欲求と，それに対抗するインターネットのオープン化へ向けての力のバランスが，デジタル企業の今後の繁栄か衰退かを決めることになろう」（p.138）。

デジタル化の時代で何が新しいかといえば，それはインターネットの求心力のないオープン化に向けての不可避の動きであるという。それは前述したネット上のグローバルな広がりのなかでの消費者・市民の発信と参加が進むことであり，この点にこそ，百年前の金融資本化の時代との歴史的な段差が認められる。消費者・市民のネット空間を通しての参加と発信は，デジタル企業と社会のあり方を方向づけるすべてではないが，その重要な一端を担う責任の重さを忘れてはならない。

●参考文献

Chircu, A.M. & Mahajan, V. [2009] "Perspective: Revisiting the Digital Divide: An Analysis of Mobile Technology Depth and Service Breadth in the BRIC Countries," *The Journal of Product Innovation Management.*

Lenin, V. I. [1917] *Der Imperialismus als jüngste Etappe des Kapitalismus.*（宇高基輔訳

『帝国主義』岩波文庫）
Peres, R., Muller, E. & Mahajan,V. [2010] Innovation diffusion and new product growth models, *International Journal of Research in Marketing*.
Ryan, J. [2010] *A History of the Internet and the Digital Future*, REAKTION BOOKS.
Zittrain, J. [2008] *The Future of the Internet and How to Stop it*, Yale University Press.
　（井口耕二訳『インターネットが死ぬ日』早川書房, 2009年）
山岸俊男 [1998]『信頼の構造』東京大学出版会。
山岸俊男・吉開範章 [2009]『ネット評判社会』NTT出版。
「特集・最後のフロンティア・アフリカ」『一橋ビジネスレビュー』(2015, 63巻1号) 東洋経済新報社。
経済産業省 [2003]『特定サービス産業実態調査報告書（情報サービス業編）』。
総務省 [2014]『情報通信白書』。

Gartner Newsroom
　http://www.gartner.com/newsroom/
ITU（International Telecommunication Union：国際電気通信連合）
　http://www.itu.int/ITU-D/Statistics/
Pew Research Center
　http://www.pewinternet.org/topics/future-of-the-internet.aspx

索 引

●人名・企業名索引

■英 数

2ちゃんねる（2ch） ················ 129
Amazon（アマゾン） ············ 60, 205
Apple ···································· 205
au ·· 52
Facebook（フェイスブック） ······ 8, 130
GNX（グローバル・ネット・エクスチェンジ） ····································· 49
Google（グーグル） ·········· 3, 14, 205
Instagram ······························ 130
iPhone ································ 6, 140
LINE ····································· 129
mixi ······································ 130
Now Playing ·························· 140
NTTドコモ ······························· 52
Twitter ·································· 129
WEAR ··································· 135
WWRE（ワールドワイド・リテイル・エクスチェンジ） ··························· 49
YouTube ······························· 129
ZOZOTOWN ·························· 135

■あ 行

アスクル（ASKUL） ···················· 49
東浩紀······················ 27, 138, 171
阿部真也·········· 41, 108, 173, 200, 207
アリババ··································· 49
イアンシティ（Iansiti, M.） ·········· 210
池尾恭一······························· 135
伊佐田文彦··························· 213
石井淳蔵···················· 82, 100, 187
石原武政················ 39, 98, 165, 187
依田高典······························· 207
井上達彦······························· 210
今田高俊······························· 170
上原征彦······························· 166
ウォルシュ（Walsh, G.） ··············· 64
ウォルマート・ストアーズ············· 49
ウォレス（Wallace, P.） ··············· 103
江上哲······················ 44, 102, 165
エリソン（Ellison, N. B.） ············ 116
大澤真幸······························· 102
大竹光寿······························· 106
岡本哲也································· 41
小川進····························· 80, 99
荻上チキ······························· 103
オグイン（O'Guinn, T. C.） ········· 106
オライリー（O'Reilly, T.） ··········· 114

■か 行

カイナック（Kaynak, E.） ··········· 196
樫村愛子································· 97
カステル（Castells, M.） ·············· 86
カプラン（Kaplan, A. M.） ·········· 115
柄谷行人························· 25, 102
カルチュア・コンビニエンス・クラブ ··· 152
カルフール······························· 49
ガルブレイス（Galbraith, J. K.） ·································· 23, 95
ガワー（Gawer, A.） ·················· 213
ギデンズ（Giddens, A.） ············· 107
木村忠正······························· 131
木本喜美子··························· 169
クスマノ（Cusumano, M. A.）··· 207, 213

237

クックパッド……………………… 134
久保村隆祐……………………… 39
クラーク（Clark, F. E.）…………… 37
栗木契………………………… 82, 101, 136
栗本博行………………………… 213
コトラー（Kotler, P.）……………… 160, 193
コルナイ（Kornai, J.）……………… 41

■さ　行

サイバーエージェント……………… 152
佐久間英俊……………………… 165
サンスティーン（Sunstein, C. R.）
　　　　　　　　　　　………… 103, 155
シアーズ・ローバック……………… 49
篠木幹子………………………… 197
篠﨑彰彦………………………… 199
嶋口充輝………………………… 161
シン（Singh, N.）………………… 175
鈴木謙介………………………… 90
スタートトゥデイ………………… 50
スロウィッキー（Surowiecki, J.）… 141

■た　行

武井寿…………………………… 104
立原繁…………………………… 54
谷口吉彦………………………… 38
谷脇康彦………………………… 212
田村正紀………………………… 40
出口弘…………………………… 208
デランティ（Delanty, G.）………… 86
デル（Dell）……………………… 4
デル（Dell, M.）………………… 4
ドラッカー（Drucker, P. F.）……… 102

■な　行

中田善啓………………………… 138
西尾チヅル……………………… 192, 195
西川英彦………………………… 99

野口正人………………………… 54

■は　行

バーニー（Barney, J. B.）………… 215
ハーバーマス（Habermas, J.）… 29, 170
バウマン（Bauman, Z.）…………… 97
パットナム（Putnum, R. D.）……… 88
馬場克三………………………… 11
林秀弥…………………………… 209
パリサー（Pariser, E.）…………… 105, 155
ピーティ（Peattie, K.）…………… 189
ヒッペル（Von Hippel, E.）………… 98
ピュー財団……………………… 221
平野敦士カール………………… 210
ブラケット……………………… 50
プラハラード（Prahalad, C. K.）… 95, 161
古川一郎………………………… 79
ヘンレン（Haenlein, M.）………… 115
ボイド（boyd, d.m.）……………… 116
ボーダーフォン（のちのソフトバンク）
　　　　　　　　　　　………… 52
ボードリヤール（Baudrillard, J.）… 105
ホール（Hall, E. T.）……………… 177
ホフステード（Hofstede, G.）……… 177
ボルツ（Bolz, N.）………………… 31

■ま　行

マイクロソフト…………………… 206
丸田一…………………………… 89
水越康介………………………… 99
宮澤薫…………………………… 106
ミュニズ（Muniz, A. M.）………… 106
ミルグラム（Milgram, S.）………… 114
向井鹿松………………………… 37
村上剛人………………………… 95
森田正隆………………………… 104
森田雅憲………………………… 33

■や 行

ヤフー・ショッピング……………… 49
ヤフオク！………………………… 50
山口重克…………………………… 97
吉村純一…………………………… 173

■ら 行

ライアン（Ryan, J.）……………… 235
ラインゴールド（Rheingold, H.）… 85
楽天（市場）…………………… 49, 60, 205
ラマスワミ（Ramaswamy, V.）…… 95
リースマン（Riesman, D.）……… 96
リッツア（Ritzer, G.）…………… 97
リテール・リンク………………… 49
ルソー……………………………… 27
レヴィ（Levy, S. J.）……………… 163
レビーン（Levien, R.）…………… 210

◉事項索引

■英 数

4Cモデル ………………………… 213
４つのレバー……………………… 213
CGM（Consumer Generated Media）
  …………………………………… 132
CMC ……………………………… 115
IoT（モノのインターネット）…… 90
ISP ………………………………… 209
SixDegrees.com …………………… 118
UGC ……………………………… 115
VRIOモデル ……………………… 216

■あ 行

淡いコミュニティ………………… 104
『意識性』………………………… 11
依存効果…………………………… 95
イノベーションの民主化………… 80
『インターネットが死ぬ日』…… 224
インターネット的世界…………… 82
インターネット利用者数………… 110
インタラクション・パラダイム… 162
インタラクティブ・マーケティング
  …………………………………… 163
インタレスト・グラフ…………… 123
インド社会の宗教的要因………… 186
ウィンテルモデル………………… 206

ウェブコミュニケーション……… 176
ウェブ社会………………………… 90
エコシステム……………………… 209
炎上（flaming）…………………… 103
オープン・イノベーション……… 218
オンライン・コミュニケーション… 116
オンライン・コミュニティ……… 118
オンライン人口…………………… 176

■か 行

カースト制………………………… 186
価格情報…………………………… 126
カスタマイズ……………………… 155
仮想統合企業……………………… 44
過多性…………………………… 64, 65
価値共創…………………………… 161
環境マーケティング……………… 190
関係性パラダイム………………… 161
関係性マーケティング…………… 161
間接効果…………………………… 52
「間接的」マーケティング……… 30
キーストーン……………………… 210
機関代替性………………………… 40
企業価値…………………………… 187
「記号」情報……………………… 126
技術の論理………………………… 173
既存の知識に近い未知…………… 105

キュレーション……………………………… 134
競争的使用価値……………………………… 165
協働型マーケティング……………………… 167
勤労主義……………………………………… 167
グーグル化社会……………………………… 27
偶有性………………………………………… 100
草の根の電子掲示板BBS…………………… 118
グリーン・コンシューマ…………………… 196
クリティカル・マス………………………… 56
権力格差……………………………………… 178
個人情報……………………………………… 146
個人情報保護法……………………………… 146
個人情報保護法の改正……………………… 149
《固着した》関係性………………………… 107
古典的なコミュニティ……………………… 121
コネクション………………………………… 131
個別資本運動説……………………………… 11
コミュニケーション………………………… 111
コミュニティ…………………………… 87, 131
固有値・固有ベクトル………………… 32, 34
コンテキスト………………………………… 177
コンプリメンタ……………………………… 209

■さ　行

資源ベース論（RBV）……………………… 214
事前情報収集………………………………… 67
実店舗探索…………………………………… 67
資本の論理…………………………………… 166
社会関係の個人主義化……………………… 87
社会性………………………………………… 44
社会の論理…………………………………… 173
集合知………………………………………… 132
集団成極化（group polarization）… 103
熟議民主主義………………………………… 29
手段‐目的の連鎖…………………………… 101
受動的………………………………………… 122
主要産業の市場規模………………………… 232
消費者参加型製品開発……………………… 80

消費者の「意識性」………………………… 173
消費者の生活意識…………………………… 167
消費者の病理性……………………………… 173
消費欲望……………………………………… 171
商品知識……………………………………… 65
情報格差……………………………………… 165
情報過多……………………………………… 63
情報化による商業排除……………………… 44
情報過負荷…………………………………… 64
情報産業の歴史的地位……………………… 234
情報縮減……………………………………… 31
情報通信産業連関表………………………… 19
情報のハード化……………………………… 34
情報の非対称性……………………………… 168
情報偏在パターン…………………………… 168
情報流通……………………………………… 41
商用化の急展開……………………………… 3
スイッチャブル・コンセプト……………… 212
スイッチングコスト………………………… 53
ステレオタイプの消費生活………………… 35
スマートグリッド…………………………… 141
スモール・ワールド現象…………………… 114
生活主義……………………………………… 168
生活世界……………………………………… 170
生活の自己組織性…………………………… 168
総記録社会…………………………………… 172
相互関連性…………………………………… 122
相互共有性…………………………………… 122
相互交通情報………………………………… 126
操作型マーケティング……………………… 166
ソーシャル・グラフ…………………… 123, 144
ソーシャル・メディア……………………… 8
ソーシャル・メディア利用者……………… 110
ソサエティ…………………………………… 131
ソフト（部門）のソフト化…………… 21, 22
ソフト（部門）のハード化…………… 21, 35

■た 行

ターゲットレコメンデーション…… 141
タイトな社会………………………… 179
多義性………………………… 64, 65
他者…………………………………… 102
他者らしくない他者………………… 107
多変量解析………………………… 32, 34
地域SNS……………………………… 89
地域情報化…………………………… 89
中間システム………………………… 208
直接効果……………………………… 52
データサイエンティスト……… 138, 154
テキストマイニング………………… 137
デファクト・スタンダード………… 206
電子商取引…………………………… 4
伝統的コミュニティ………………… 83
取り引き可能な他者………………… 105

■な 行

ニューウェーブの技術……………… 160
ネット完結型コミュニティ………… 83
ネット・コミュニティ……………… 83
ネットスピリット…………………… 2
ネットのライフサイクルの現局面… 225
『ネット評判社会』………………… 223
ネットワーク外部性………………… 51
ネットワーク化された個人主義…… 87
ノイズ………………………………… 140
能動的………………………………… 122

■は 行

パーソナライゼーション…………… 155
パーソナルデータ…………………… 145
バーチャル（仮想）なコミュニティ
　……………………… 79, 92, 118
バーチャル・コーポレーション…… 4
配給機能……………………………… 38

ビジネス・エコシステム…………… 210
ビッグデータ…… 30, 32, 33, 34, 138, 222
ビッグデータ社会…………………… 18
評価基準・ルール…………………… 66
フィルタリング……………………… 155
不確実性からの回避………………… 178
不十分性……………………… 64, 65
プラットフォーム…………………… 206
ブランド・コミュニティ
　（Brand Community）………… 106
文化的視点の導入…………………… 187
文化的要素研究のフレームワーク… 175
文化のエンコードシート…………… 180
ポストモダン………………………… 131

■ま 行

マーケティング3.0 ………………… 160
マーケティング・パラダイム……… 162
無意識の欲望のパターン…………… 172

■や 行

ユーザー起動法
　（User Driven Method）………… 99
ユビキタス社会……………………… 19

■ら 行

ライフログ…………………………… 143
リアル・コミュニティ……………… 90
リアル社会接続型コミュニティ…… 83
リアル-バーチャル空間の融合化… 90
リード・ユーザー（lead user）…… 98
リフレクション（効果）…………… 100
流通ICT化………………… 42, 43, 45
流通機能の機関代替性……………… 46
流通情報革命………………………… 46
類似性………………………… 64, 65
ルソーの「一般意志」……………… 28
ロックイン効果……………………… 55

■執筆者紹介

阿部　真也（あべ　しんや）　　　　　　　　　　　序章・終章
福岡大学名誉教授　九州情報大学客員教授

江上　　哲（えがみ　さとし）　　　　　　　　　　第 1 章
日本大学経済学部教授

山口夕妃子（やまぐち　ゆきこ）　　　　　　　　　第 2 章
佐賀大学芸術地域デザイン学部教授

秋吉　浩志（あきよし　こうじ）　　　　　　　　　第 3 章
九州情報大学経営情報学部准教授

久保　康彦（くぼ　やすひこ）　　　　　　　　　　第 4 章
相模女子大学学芸学部准教授

大野　哲明（おおの　てつあき）　　　　　　　　　第 5 章
九州産業大学商学部教授

河田　祐也（かわた　ゆうや）　　　　　　　　　　第 6 章
旭川大学経済学部助教

林　　優子（はやし　ゆうこ）　　　　　　　　　　第 7 章
名桜大学国際学群上級准教授

吉村　純一（よしむら　じゅんいち）　　　　　　　第 8 章
熊本学園大学商学部教授

伊藤　祥子（いとう　さちこ）　　　　　　　　　　第 9 章
東洋大学現代社会総合研究所客員研究員

中西　大輔（なかにし　だいすけ）　　　　　　　　第10章
岐阜経済大学経営学部講師

内田　寛樹（うちだ　ひろき）　　　　　　　　　　第11章
福岡大学商学部非常勤講師

武市三智子（たけち　みちこ）　　　　　　　　　　第12章
東洋大学総合情報学部准教授

宮﨑　哲也（みやざき　てつや）　　　　　　　　　第13章
大阪国際大学国際教養学部教授

■編著者紹介

阿部　真也（あべ　しんや）

福岡大学名誉教授。九州情報大学客員教授。経済学博士。
1932年生まれ。九州大学大学院経済学研究科博士課程修了。福岡大学商学部教授，九州情報大学教授などを経て，現職。

主著：『現代流通経済論』（有斐閣，1984年）
　　　『グローバル流通の国際比較』（有斐閣，2003年）
　　　『いま流通消費都市の時代』（中央経済社，2006年）
　　　『流通情報革命』（ミネルヴァ書房，2009年）　　など

江上　哲（えがみ　さとし）

日本大学経済学部教授。博士（商学）。
1948年生まれ。福岡大学大学院商学研究科博士後期課程修了。1998年〜1999年ジョンズ・ホプキンス大学政策研究所客員研究員。九州国際大学経済学部教授を経て，現職。

主著：『現代流通のマクロ分析』（ミネルヴァ書房，1996年）
　　　『なぜ日本企業は「消費者の満足」を得られないか』（日本経済新聞社，1999年）
　　　『「もしドラ」現象を読む』（海鳥社，2012年）
　　　『ブランド戦略から学ぶマーケティング』（ミネルヴァ書房，2013年）
　　　『NPOと公共サービス』（監訳，ミネルヴァ書房，2007年）　　など

吉村　純一（よしむら　じゅんいち）

熊本学園大学商学部教授。博士（商学）。
1962年生まれ。福岡大学大学院商学研究科博士課程後期満期退学。宮崎産業経営大学専任講師，ロードアイランド大学客員研究員などを経て，現職。

主著：『マーケティングと生活世界』（ミネルヴァ書房，2004年）
　　　『地域再生の流通研究』（編著，中央経済社，2008年）
　　　『流通動態と消費者の時代』（編著，白桃書房，2013年）　　など

大野　哲明（おおの　てつあき）

九州産業大学商学部教授。博士（商学）。
1962年生まれ。福岡大学大学院商学研究科博士課程後期満期退学。近畿大学産業理工学部准教授などを経て，現職。

主著：『地域再生の流通研究』（編著，中央経済社，2008年）
　　　『格差社会と現代流通』（編著，同文舘出版，2015年）
　　　『流通経済から見る現代』（共著，ミネルヴァ書房，2003年）　　など

インターネットは流通と社会をどう変えたか

2016年9月25日　第1版第1刷発行

編著者	阿　部　　真　也
	江　上　　哲
	吉　村　純　一
	大　野　哲　明
発行者	山　本　　継
発行所	㈱中央経済社
発売元	㈱中央経済グループ パブリッシング

〒101-0051　東京都千代田区神田神保町1-31-2
電話　03 (3293) 3371 (編集代表)
　　　03 (3293) 3381 (営業代表)
http://www.chuokeizai.co.jp/
印刷／文唱堂印刷㈱
製本／㈱関川製本所

Ⓒ 2016
Printed in Japan

＊頁の「欠落」や「順序違い」などがありましたらお取り替えいたしますので発売元までご送付ください。（送料小社負担）
ISBN978-4-502-19581-5　C3034

JCOPY〈出版者著作権管理機構委託出版物〉本書を無断で複写複製（コピー）することは，著作権法上の例外を除き，禁じられています。本書をコピーされる場合は事前に出版者著作権管理機構（JCOPY）の許諾を受けてください。
JCOPY〈http://www.jcopy.or.jp　eメール：info@jcopy.or.jp　電話：03-3513-6969〉